SFV

HANNS-JOSEF ORTHEIL

HECKE

ERZÄHLUNG

S. FISCHER

Satz und Druck: Georg Wagner, Nördlingen
Einband: G.Lachenmaier, Reutlingen
Printed in Germany 1983
ISBN 3-10-057602-0

HECKE

Für Mia

MONTAGABEND

Gestern abend habe ich meine Mutter zur Bahn gebracht, nun bin ich allein. Als sie mich am Telefon fragte, ob ich während ihrer Abwesenheit das Haus hüten wolle, habe ich sofort zugesagt. Es ist März, und an den Abenden hält sich die Wärme schon auf der kleinen Anhöhe, auf der das Haus mitten im Wald steht. Ich habe im Winter viel gearbeitet, die Ruhe hier wird mir guttun. So brauchte ich nicht lange zu überlegen. Im Büro hatte niemand etwas gegen meine Abwesenheit einzuwenden. Ich bin Architekt, aber ich liebe meinen Beruf nicht besonders. Meine Gedanken sind, wie man so sagt, oft woanders. Ich habe eine starke Neigung zur Musik, und wenn dies und das sich erfüllt hätte, wäre ich ein guter Pianist geworden. Aber es genügte mir nicht, ein mittelmäßiger Pianist unter tausenden zu sein. Ich war ehrgeizig, und als mich der Ehrgeiz aufzufressen begann, entschloß ich mich, einen Beruf zu wählen, in dem er nichts ausrichten konnte. Wahrhaftig, allmählich ist dieser Siegeswille erstickt. Das ist gut so. Ich bin recht bescheiden geworden. Ich lebe allein, die meisten Frauen langweilen mich. Sollte ich ihnen meine Gegenwart zumuten, die Gegenwart eines ruhelosen und schließlich doch nur mit sich selbst beschäftigten Einzelgängers, der zuviel gelesen und zuviel Musik gehört hat, um sich in dieser Welt noch auszukennen? Nein, mir liegt kein Werben, kein freundliches Gesicht, in gewissem Sinn erscheine ich streng. Die Kollegen achten mich, das ist gut so. Mehr verlange ich nicht. Innerlich bin ich mit anderen Dingen beschäftigt. Käme eine Frau, um mich besitzen zu wollen – sie müßte einen Berg erstürmen, sie müßte die Kräfte von Titaniden haben. Wem sollte ich das zumuten? Einmal wäre es fast soweit gekommen. Aber im letzten Augenblick habe ich bemerkt, daß ich verurteilt sein würde, ein Leben zu zweit zu führen. Weiß einer genau, was das heißt? Ich wußte es plötzlich. Soviel Verantwortung kann ich nicht tragen. Ich würde meine Frau enttäuschen, und es gelingt mir ganz gut, allein zu sein. Nein, ich bin nicht unzufrieden, nur störrisch, nur besessen von meinen Launen. Aber niemand nimmt einen Schaden daran. Im Büro erscheine ich selten freundlich, aber man kann sich auf mich verlassen. Ich helfe meinen Kollegen, wenn sie einmal früher nach Hause wollen, um auszugehen oder mit der Familie einen schönen Abend zu verbringen. Ich besitze kein Fernsehen, Fernsehbilder fesseln mich nicht; ich lese viel, ich höre Musik bis spät in die Nacht, oh, ich bin gerne allein.

Auch in diesem Jahr ist mein Vater wieder in die Schweiz gefahren, um sich für einige Wochen zu erholen. Meine Mutter hält es nicht so lange dort aus. Die Fremde beunruhigt sie. Gerade in Städten, die sie noch nicht gut genug kennt, gerät sie mit der Zeit in immer größere Verstörung. Oft zieht sie sich in ihr Hotelzimmer zurück, um dort die Nachmittage zu verbringen, an denen die Zeit, wie sie sagt, sehr langsam vergeht, viel langsamer als daheim. Erst an den Abenden traut sie sich hinaus. Mein Vater hat dann meist schon weite Spaziergänge gemacht; er ist hier und da stehengeblieben und hat seine Unterhaltungen mit den Einheimischen aufgenommen, durch deren Geschichten ihm der fremde Ort immer vertrauter wird. Meine Mutter möchte davon nichts hören. Sie bestellt sich ein Glas Wein auf ihr Zimmer und beginnt mit ihrer Lektüre. Wenn es dämmert, kleidet sie sich um, kämmt das lange Haar aus, wechselt die Schuhe. Dann wagt sie sich in die Hotelhalle, wo mein Vater sie abholen wird. Sie spricht noch einige Sätze mit dem Empfangschef, aber sie will nur die Zeit überbrücken, bis mein Vater in der Drehtür erscheint. Er lacht, er hat einen schönen Tag verbracht, er ist weit gegangen; meiner Mutter macht das nichts aus. Sie freut sich, wenn sie ihn so lachen sieht. Dann gehen die beiden hinaus; irgendwo werden sie einkehren, um zu essen. Mein Vater wird eine Flasche Wein bestellen, und sie werden sich unterhalten. Sie unterhalten sich gut, obwohl sie schon mehr als vierzig Jahre verheiratet sind. Wenn ihnen nichts mehr einfällt, sprechen sie von mir, vielleicht auch jetzt, an diesem Abend.

Meine Mutter wird nur eine Woche in der Schweiz bleiben, wie gewöhnlich, aber sie läßt das Haus nicht gern im Stich. Die Dinge haben hier eine beinahe übernatürliche Ordnung. Alles steht an seinem Platz, der Keller ist aufgeräumt, auf dem Boden liegt nichts herum. Im Erdgeschoß befinden sich die Wohnräume meiner Eltern, zum Garten hin die große Küche, daneben das Speisezimmer, an das sich, nur durch eine Schiebetür getrennt, das Wohnzimmer anschließt. Seit mein Vater herzkrank ist, haben sie auch das Schlafzimmer nach unten verlegt, um im Notfall nicht die Wendeltreppe hinaufsteigen zu müssen. Oben könnte eine zweite Familie leben, und daran hatten meine Eltern wohl auch gedacht, als sie das Haus bauen ließen. Küche, Bad, drei schöne, geräumige Zimmer. Aber hier wohnt niemand. Die Räume bleiben meistens verschlossen. Nur ich darf sie benutzen, und mit der Zeit habe ich viele Gegenstände, die ich nicht gern entbehren möchte, hierher gebracht, darunter zahllose Bücher, so daß aus einem der Räume ein Bibliothekszimmer geworden ist.

Aber auch im oberen Stock ist die Ordnung übernatürlich. In den letzten Jahren hat sich kaum etwas verändert. Da ich unfähig wäre, eine solche Ordnung von einem Tag zum anderen aufrechtzuerhalten, bewundere ich den sicheren Zugriff meiner Mutter. Nach meiner Abreise stellt sie alle Gegenstände an ihren ursprünglichen Platz zurück, so daß ich sie einige Wochen später wieder vorfinde, zeitversunken, als hätte nie jemand an ihnen gerührt. Das Gefühl, das mich jedesmal überrascht, wenn ich nach einer solchen Ankunft das obere Stockwerk betrete, möchte ich für mein Leben nicht missen. Ich stelle das Gepäck ab, ich gehe umher, ich setze mich, ich atme tief durch, ich gehe ans Fenster, der weite Blick: der steil abfallende Garten vor dem Haus, die schmale Landstraße, die Wiese, der Tannenwald, und weiter und weiter, Äcker, Wiesen, unscheinbare Straßen, ganz in der Ferne eine höhere Erhebung, der Hümerich, ein Blick, mit dem ich für Minuten eine unergründliche Ruhe einsauge, die mich alles abschütteln und vergessen läßt, was ich in der Stadt erlebt und hinter mich gebracht habe. ›Ruhe nach dem Sturm‹, sagt meine Mutter, doch sie begleitet mich nie nach oben, sie wartet, bis ich diese Minuten der Beruhigung genossen habe. Ist das ein Heimatgefühl? Mag sein; es ist eine Art Wiederfinden, eine Begrüßung des ruhenden, neugeborenen Ichs. Wenn ich aus dem Fenster schaue, weiß ich: alles, was du in den letzten Wochen getan hast, taugt nicht viel, wenn du es mit diesem Blick vergleichst. All deine Arbeit, die Baubesichtigungen, die Konferenzen, die ungezählten Termine, zerfallen in ihrer Bedeutung. Daher hat mich dieser Blick etwas gelehrt; ich schätze vieles anders ein, ich rege mich nicht mehr auf, wenn mir etwas dazwischen kommt; meine Arbeit ist nur ein Rumoren im All, ich lasse Steine zu kleinen Gebäuden verschieben. Dieser Blick ist etwas anderes: ›alles, was der Natur entspricht, ist wertvoll‹, habe ich einmal gelesen. Das ist es. Oder irre ich mich?

Ich gebe zu, während der Abwesenheit meiner Mutter halte ich mich nicht den ganzen Tag im Haus auf. Mir fehlt ihre Unterhaltung, und es ist beinahe zuviel verlangt, dieses Haus in Besitz zu nehmen wie ein Eroberer, der sich nicht viel denkt. Denn die übernatürliche Ordnung, von der ich sprach, ist die Ordnung, die meine Mutter den Dingen gibt. Mein Vater trägt sie mit, aber er vernichtet sie auch an manchen Tagen mit der Willkür eines Eingekreisten, dem die Fürsorge seines Pflegers auf die Nerven geht. Ich selbst liebe die Einrichtung des Hauses so, wie sie meine Mutter geplant hat. Müßte sie meinen Zwecken entsprechen, würde ich die Möbel verschieben, die Bilder umhängen, die Tapeten von den Wänden reißen. Doch dies Haus ist vor allem das Haus meiner Mutter, daran wird sich nichts ändern, erst recht nicht, wenn ich es hüte.

Daher ziehe ich an den Abenden in das kleine Blockhaus, das ich mir vor einigen Jahren im oberen Teil des Waldes errichtet habe. Nie hat mir ein Bau soviel Vergnügen gemacht; Waldarbeiter haben mir geholfen. Ich hatte bemerkt, daß in der Gegend Telefonmasten ausgewechselt wurden, und als ich mich bei der Post erkundigte, stellte sich heraus, daß die alten Masten für wenig Geld zu haben waren. Sie sind gut imprägniert, sie werden für Jahrzehnte halten. Das Haus hat zwei Fenster, eins zur Seite hin, so daß man in den Wald schauen kann, das andere nach vorn, so daß der Blick aufs Wohnhaus fällt. Ich habe mir eine Liege, einen Tisch und einen Stuhl anfertigen lassen, sie entsprechen ganz meinen Vorstellungen.

Am Abend nehme ich ein paar Bücher, eine Flasche Wein und einen Packen Papier mit, ich ziehe ins Blockhaus. Auf diese Weise entferne ich mich doch einige Schritte von den Ordnungen meiner Mutter. Im Blockhaus läßt es sich freier denken. Ich lese eine Weile, ich trinke den gut gekühlten Riesling, den ich mir aus dem Weinkeller geholt habe. Nichts ist zu hören. Das Licht fällt auf die weißen Papierbögen. Gut, also – ich schreibe.

Gestern kam ich gegen Mittag hier an. Das Haus auf dem einsam gelegenen Waldgrundstück ist für einen Fremden nicht leicht zu finden. Im Sommer liegt es verborgen zwischen den mächtigen Bäumen, die der heftig wehende Wind zurechtgedreht hat, im Winter hinter den Wällen aus Schnee, die es an manchen Tagen sogar unerreichbar machen.

Oft denke ich, es ist ein Versteck. Ich fahre den kleinen Waldweg herab, ganz in der Nähe des Hauses kommt der Wagen zum Stehen. Da sehe ich sie schon, erst ihre hell gekleidete, hinter dem Fenster hin und her huschende Gestalt. Wahrscheinlich hat sie die letzten Stunden auf diesen Augenblick gewartet. Sie mag vor dem Fenster gesessen haben, mit irgendeiner kleinen Tätigkeit beschäftigt; vielleicht hat sie es auch einmal geöffnet, um das Motorengeräusch frühzeitig zu hören. Doch das glaube ich nicht. Das Fenster stand noch nie offen, wenn ich ankam, vielmehr bemerke ich erst kurz nach meiner Ankunft ihren eiligen Griff, der es öffnet. Sie winkt, und dabei höre ich die in die Stille des kleinen Wäldchens einschlagenden Freudenlaute, die niemand außer uns beiden versteht. An diesen Lauten erkennen wir uns.

Ich antworte ihr, aber erst wenn sie mein Rufen, dieses Erkennungsbegrüßen, gehört hat, kommt eine stärkere Bewegung in ihre Gestalt. Sie löst sich vom Fenster, und ich weiß, daß sie mir jetzt entgegenkommt, das Haus verläßt, während ich mein Gepäck neben den Wagen stelle. Mein Vater wartet im Haus.

So ist es meist gewesen. Früher kam mir diese Begrüßung merkwürdig vor. Erst seit einigen Jahren habe ich mich daran gewöhnt. Ich sehe ihre Freude über meine Ankunft, aber ich bin dann doch etwas verlegen, wenn sie meinen Oberkörper zu sich herunterzieht.

Wir lassen das Gepäck wie einen Fremdkörper neben dem Wagen stehen, wir haben es eilig, ins Haus zu kommen; später werde ich Koffer und Taschen hineinbringen. Sie hakt sich bei mir ein, und da sie erheblich kleiner ist als ich, gehe ich mit ihr, wie durch ein Gewicht zur Seite gebogen, auf den Eingang des Hauses zu. Sie erklärt mir die Veränderungen, die sich seit meinem letzten Besuch im großen, wild wachsenden Garten ereignet haben. Aber sie spricht eilig, als bedeute dies Gerede nichts, und sie mag inzwischen auch wissen, daß ich noch nicht gut zuhören kann.

Ein Beobachter könnte wohl meinen, wir sprächen da miteinander. Das ist es aber nicht. Wir werfen uns lediglich Sprachbrocken zu, sie haben nicht viel zu bedeuten. Merkwürdig, früher überkam mich ein seltenes Wohlbehagen, wenn sie die Tür öffnete. Es war doch, als käme ich nach Haus. Das ist jetzt anders. Es ist, als träte ich ein in unbekannte Dunkelheit. Soll man diesen Gefühlen vertrauen oder sollte man versuchen, sie zu erklären?

Oft fuhr ich hierher, wenn ich mit meiner Arbeit nicht vorankam. Mit dem Wagen brauche ich etwa zwei Stunden. Hier lassen sich die für unüberwindbar gehaltenen Probleme meist lösen. Ich gehe spazieren, ich laufe in den ersten Stunden geistesabwesend herum. ›Er schäumt‹, sagt meine Mutter, ›bald erkenne ich ihn wieder.‹ Eine Zeitlang lassen meine Eltern mich in Ruhe. Wir sprechen nicht viel, sie gehen ihren Verrichtungen nach. Am zweiten Abend kommt es zum längeren Gespräch. Dann habe ich meist die wichtigsten Entschlüsse schon gefaßt. Der Entwurf einer Zeichnung geht mir leicht von der Hand, eine Skizze interessiert mich wieder, jeder Strich ist nur so und nicht anders denkbar. Ich hasse das Gefühl, dem Ungefähren preisgegeben zu sein, der Zufall ist eine Nötigung. Statt dessen verfolge ich eine Idee, einen Plan oft mit zuhälterischer Intensität. Ich muß einem Gedanken auf der Spur bleiben, ihn Tag und Nacht unter Bewachung halten. Im Unterbewußtsein geht er seinen Gang, aber er treibt am Ende auf das eine Ziel, die eine Gestalt, die einzige Lösung zu. Es gibt nie mehrere Lösungen, es gibt nur die Lösungen, die mit der inneren geheimen und endlich doch ans Tageslicht gebrachten Form meiner Vorstellungen übereinstimmen. Diese Übereinstimmung, der Einbruch des umgewandelten Gedankens ins Gehäuse meiner Natur, läßt mich so etwas wie Glück empfinden. Alles erscheint plötzlich leicht; das ist für mich der Lohn des Nachdenkens, der Arbeit. Es gibt keinen anderen Lohn.

Diesmal stehen keine solchen Probleme an. Wie gesagt, ich habe während des Winters viel gearbeitet. Zwei Kollegen fielen wegen schwerer Erkrankungen wochenlang aus. Ich habe getan, was ich konnte. Ich freue mich auf diese Woche, niemand wird mich belästigen. Vielleicht werde ich einige Besuche machen, man wird sehen. Auch solche Besuche in der Nachbarschaft bedürfen der Vorbereitung, ich will niemandem in die Quere laufen.

Unvorhergesehene Treffen haben mich oft genug erschreckt. Aber wem sollte ich hier, an diesem einsamen Platz, schon begegnen? Der nächste Ort, das kleine Dorf Knippen, liegt eine halbe Stunde Fußmarsch entfernt. ›Wir wohnen außerhalb‹, sagt meine Mutter, und auch das hat sie so gewollt. Viele Verwandte wohnen im Dorf, aber sie sind auf meinen Wunsch hin nicht von meiner Anwesenheit verständigt. Ich werde sie aufsuchen, wenn es sich so ergibt.

Knippen liegt an der Sieg, im nördlichsten Teil des Westerwaldes. Der Ort schmiegt sich in eine Krümmung des Flusses, eine kleine Hügelkette schließt ihn nach

Norden zu ab. Doch ich werde nicht häufig hinuntergehen, alles, was ich brauche, ist im Haus vorhanden. Die Vorratskammer ist meist gefüllt, da auch meine Eltern keine Lust haben, täglich nach Knippen zu fahren. Es lohnt sich nicht. Dieselben Menschen, dieselben Gespräche. Lüstern tasten einen die Dorfbewohner nach Neuigkeiten ab, eine Zeitlang witterten sie meine Heirat voraus. Ich mußte sie enttäuschen, aber es war gut, daß ich über solche Angelegenheiten nie laut gesprochen habe. Sie schätzten mein Alter, ich mußte an der Reihe sein; aber sie vergessen schnell. Ich bin jetzt knapp über dreißig Jahre alt, da ist es für viele hier zur Heirat zu spät. Schon die jungen Mädchen schleichen mit Brautaugen umher, noch immer. Sie kommen nicht weit hinaus, und die Familien sind kinderreich, so daß die Eltern froh sind, wenn die Kinder das Haus verlassen. Ein paar flüchtige Bekanntschaften, ein paar längere Blicke, die erste gemeinsam verbrachte Nacht – schon sind sie aneinandergeschweißt und lassen einander ein Leben lang nicht mehr los. Man hat mich nie mit einer Frau in Knippen gesehen. Das ist gut so. Das Gerede verstummt vor meinem unbeweglichen Gesicht. Ich erkundige mich nach den neusten Ereignissen, den Geburten und Todesfällen. Aber man weiß, ich bin daran nicht beteiligt, der Kreislauf der Gerüchte erreicht mich nicht. Es ist von Vorteil, ein Unbekannter zu sein und doch von allen gekannt zu werden.

Nach meiner gestrigen Ankunft verbrachte ich den ganzen Tag mit der Mutter. Wir aßen zusammen, wir gingen spazieren. Sie erzählte von den ausgiebigen Schneefällen der letzten Wochen. Das Haus war meterhoch zugeschüttet, an einen Ausgang war nicht zu denken. Auch ich habe solche Schneefälle früher erlebt. Als Kind saß ich auf dem Fensterbrett und wartete darauf, eingeschlossen zu werden. Man konnte sich nicht wehren, von Stunde zu Stunde wurde es nur noch schlimmer. Bald war der Gehweg nicht mehr zu sehen, längst war der letzte Wagen vorbeigefahren. Dann wurde der Schneefall noch dichter, sackte die Sträucher ein, bog die Tannen zur Erde, leckte die Bäume wie dürre Streichhölzer. Ich saß ganz still, nichts rührte sich mehr, nun konnte man sterben.

Später nannte ich dieses Gefühl ›den leichten Tod‹. Ich hatte die Wendung irgendwo gehört und benutzte sie das erste Mal, als während der Weihnachtszeit der Schnee beinahe ununterbrochen drei Tage lang fiel. ›Wir sterben einen leichten Tod‹, sagte ich an einem Abend in die Stille hinein. Ich werde den Satz nie vergessen, weil mir zum erstenmal befohlen wurde, einen Satz kein zweites Mal auszusprechen, ja ihn nie zu wiederholen. Ich begriff nicht: wie konnten Worte und Sätze eine solche Macht entfalten? Hatte ich einen Zauberspruch entdeckt, ein Geheimnis offenbart, an etwas Verbotenes gerührt?

Ich zog mich ins Bad zurück und wiederholte den Satz im stillen. Schwankte nun die Erde, strafte mich ein Blitz? Ich bemerkte nichts, aber das Unbehagen war nicht zu unterdrücken. Ich hatte einen Satz entdeckt, der vom Kopf bis in den Magen reichte, auf- und absteigend wie eine unter Druck stehende Flüssigkeit, die nicht entweichen durfte.

Doch davon war gestern nicht die Rede, und ich habe mir nicht vorgenommen, auf diesen Blättern von meiner

Kindheit zu berichten. Ich will vielmehr die Ruhe dieser Tage an den Abenden festhalten. Erst das Schreiben verankert die Tätigkeiten in meinem Bewußtsein. Auch das ist eine Entdeckung, die ich schon in der Kindheit machte, denn als ich das Schreiben lernen sollte, fiel mir das anfangs schwer. Ich sträubte mich gegen die Verwandlungsfähigkeit der Buchstaben. Sie waren beweglich wie Quecksilber, sie veränderten andauernd ihr Aussehen, sie irritierten mich. Als ich einen Satz von der Schultafel ablesen sollte, geriet ich ins Stottern. Die Buchstaben zitterten wie eine Fata Morgana in der erwärmten Luft. Ich konnte das flimmernde Bild nicht zum Stehen bringen, sosehr ich mich auch anstrengte. Es war wie ein innerer Krampf, ich sollte etwas erkennen, das mir fremd war, ich sollte etwas wiederfinden, das ich noch nie in der Hand gehabt hatte. Das Stottern ließ auch später nicht nach. Mir wurde übel, wenn man mich zum Lesen zwang. Geräusche entstanden, jemand schmatzte vor sich hin, gurgelte mir einige Laute vor – warum sollte ich es ihm nachtun? Die Schrift erschien mir als eine Belastung, eine Bestrafung für Stumme, die nicht ausdrücken konnten, was ein Gesunder leicht über die Lippen brachte. Ich zog mich zurück, ich wollte kein Wort mehr sagen, wenn es einem durch die Schrift doch nur verdorben wurde. Erst meine Mutter hat mir geholfen. Sie schnitt die Buchstaben aus buntem Papier zurecht, wir legten sie auf den Tisch, und ich durfte sie beschreiben. ›Das H geht auf Stelzen‹, ›das E greift nach Feuer‹, ›das O denkt nach‹, ›das T schützt vor Regen‹. So lernte ich die Buchstaben besser kennen. Jeder von ihnen enthielt einen Zauber; nacheinander aufgeschrieben, hüteten sie das Geheimnis der Welt. Alles, was ich nicht verstand, wurde durch sie bezeichnet und zur Ruhe gebracht. Ein Tag, den ich längst schon vergessen hatte, konnte noch einmal entstehen und auf dem Papier für immer sichtbar werden. Ich begann zu schreiben, allmählich löste sich meine Verkrampfung. Seit ich zehn Jahre alt bin, habe ich geschrieben, ohne Zweck, ohne Ziel, alles, was mir einfiel. Anfangs setzte ich Romane fort, deren Ende mich enttäuscht hatte, später erfand ich selbst Figuren, die, wie man so sagt, nach dem Leben gebildet waren. Durch mein Schreiben kamen sie mir näher. Ich zog sie langsam zu mir heran, ich legte ihnen die Schlingen der Buchstaben um den Hals, ich tauchte sie in die Tinte, mit der ich schrieb. Das Schreiben entwickelte meine Phantasie; durch sie herrschte ich über die langweilig leere Welt. Tote konnten auferweckt werden, Freunde konnten mich besuchen, eine Schar von Gefährten bestand mit mir Abenteuer und Kriege. Ich träumte, aber nur die Schrift gab diesen Träumen eine Bewährung, nur sie umschloß ihren Sinn und ließ sie nicht verkümmern. Denn nur durch die Schrift nahmen meine Träume Gestalt an, wurden fortsetzbar und traten mit der Zeit an die Stelle erlebter Geschichten. Ich schrieb wie ein Verführter, ja wie ein Gefangener, der mit jeder Zeile einen Stab des Gefängnisgitters bricht. Heute weiß ich, ich fühlte mich allein. Die Buchstaben ersetzten die Brüder, die es nicht gab. An Schwestern dachte ich nie.

Wenn meine Mutter im Haus ist, finde ich keine Zeit zum Schreiben. So auch gestern abend nicht. Wir sehen uns so selten, daß jeder nicht gemeinsam verbrachte Abend eine Kränkung bedeuten würde. Hinzu kommt, daß ihre Gegenwart mich vom Schreiben ablenkt. Wir sprechen viel miteinander, und sie sorgt dafür, daß keine Pausen entstehen. Manchmal wäre es mir lieber, sie schwiege einmal für einige Zeit, aber sie käme nie auf diesen Gedanken. Sie will die wenigen Stunden unseres Zusammenseins ausfüllen, mit Worten, mit Sätzen. Eine Pause ließe den Ablauf eines Gesprächs zusammenbrechen. Meine Mutter hat keinen Sinn für Pausen, daran liegt es. Sie versteht ihre Bedeutung nicht. Sie glaubt, daß Pausen zwischen den Sätzen Lücken aufreißen. Sie verliert den Faden, muß von neuem beginnen, überspringt etwas Wichtiges, kommt aus dem Tritt. Wenn ich es so überlege, ist meine Mutter eine Erzählerin, aber eine besonderer Art. Wenn sie eine Geschichte erzählt, wird sie diese Geschichte immer in derselben Weise erzählen, man mag sie noch so oft bitten. Sie wird dieselben Worte benutzen, dieselben Details erwähnen, dieselben Wertungen beibehalten. Eine Geschichte hat in ihrer Erinnerung einen unumstößlichen Platz. Noch heute erzählt sie Geschichten, die vierzig, ja fünfzig Jahre zurückliegen, so, wie sie alles früher erzählt hat. Es gibt nicht die geringste Abweichung, und oft erscheint es einem so, als zitiere sie diese Geschichten nur, als läse sie diese weitausholenden Erzählungen von einer Schriftrolle ab, die der Zuhörer durch sein Nachfragen Stück für Stück weiter aufrollt.

Im Februar 1933, erzählt sie dann etwa, ging ich wie an jedem Sonntagmorgen in die Pfarrbibliothek. Die befand sich damals gleich neben der Kirche, auf dem Kirchplatz, in jenem Teil des Dorfes, das man früher »den halben Mond« nannte. Die Ausleihe war nur an Sonntagmorgenden geöffnet, dann kamen die meisten Knippener zum Gottesdienst. Während der Woche hatte kaum einer Zeit. Du mußt bedenken, viele arbeiteten hart. An den Wochentagen hatten sie kaum eine freie Stunde. Doch sonntags nahmen sich selbst die Bauern aus der Umgebung die Zeit, in die Kirche zu gehen, zu Fuß, oft kilometerweit. Nach den Gottesdiensten stand man auf dem Kirchplatz zusammen, man unterhielt sich und zog nach der letzten Messe in Stocks Wirtschaft. Dort setzte man die Unterhaltungen fort, bis über den Mittag hinaus; viele gingen erst am Nachmittag zu den Höfen zurück, und einige schauten auch bei mir hinein, um sich ein, zwei Bücher auszuleihen. In Knippen gab es damals nur eine Bibliothek, und ich durfte sie leiten. Die Woche über war ich damit beschäftigt. Ich ordnete die Bücher, ich brachte die Kartei auf den neusten Stand, ich füllte Bestellisten aus; wenn die notwendige Arbeit getan war, hatte auch ich Zeit zum Lesen. Oh, ich habe dort viel gelesen, denn uns Kindern war es im Elternhaus verboten. Die Mutter sah es nicht gern. Die Mädchen sollten Handarbeiten machen, die Jungen hatten sowieso kein Interesse, außer Carl, dem Ältesten, der viel gelesen hat und zurückgezogen von uns anderen lebte. Carl war der Lieblingssohn, nicht nur weil er der älteste war. Er war stiller als wir, er richtete nichts Schlimmes an, er fiel nicht auf. Seine Geduld konnte uns aufregen; nie geriet er in Zorn, nie gab er ein böses Wort zurück. Wir Mädchen hatten es schwer mit ihm. Waren wir ihm böse, heiterte er uns durch eine Geschichte auf, anstatt uns die Bosheit heimzuzahlen; lachten wir über ihn, zog er sich zurück, ohne uns etwas nachzutragen. Wir kannten uns lange nicht aus mit ihm ...

Ja, so erzählt meine Mutter, und ich breche hier ab, um ihre Geschichten nicht zu wiederholen. Ich kenne viele dieser Erzählungen, manche habe ich unzählige Male gehört. Sie visieren etwas Wichtiges an und verlieren es dann aus den Augen. Man kann es leicht erkennen. In der angebrochenen Geschichte wollte sie von einem Februarsonntag 1933 erzählen, einem Tag, den sie nie vergessen wird. Es ist ein wichtiger Tag, für meine Mutter, aber auch für Knippen. Doch es gelingt ihr nicht, das Wichtige in knappen Zügen zu erreichen, es hervorzuheben, es schließlich zu treffen. Statt dessen wandert sie, sie streunt in ihren Erzählungen um das Wichtige geradezu herum; man könnte das entschuldigen, man könnte sagen, es handelt sich um eine gewisse Weitschweifigkeit. Sie trägt Schicht für Schicht heran, und über der bedeutsamen Erzählung wuchert immer mehr das Unkraut der Erinnerung. Menschen treten hinzu, die in dieser Geschichte nichts zu suchen haben, die Erinnerungen fluten ineinander. So verwandelt sich die Geschichte eines Februarsonntags in die Geschichte meines Onkels, aus dieser entwickelt sich wiederum eine andere, schon wächst das Geflecht immer undurchdringlicher zusammen.

Meine Mutter erzählt nicht, wenn man es streng nimmt; sie gibt den Erzählungen Raum, freien Auslauf. Das macht es mir so schwer, ihr zuzuhören. Was kommt am Ende dabei heraus? Man ist durch einen Garten spaziert und hat den Ausgang verloren, man sucht verzweifelt nach dem Brunnen, dessen Plätschern man schon seit Stunden hörte. Viele Knippener Geschichten leiden unter diesen Fehlern, es sind Dorfgeschichten, die wie Rauch in den Himmel steigen. Der eine erzählt ein Ereignis so, der andere versucht es auf seine Weise. Hält man alle Geschichten gegeneinander, entsteht nichts anderes als ein undurchdringlicher Wust von Rätseln und Sprüchen. Die Knippener prosten sich mit ihren Geschichten zu. ›Zum Wohl, schluck mit mir‹, so könnten sie sagen, wenn sie anfangen zu erzählen. Aber es bleibt keine Trunkenheit zurück. Wovon auch immer sie erzählen, die Geschichten hinterlassen keine Spur. Die Erzähler sitzen im Käfig ihrer eigenen Worte, sie decken sich beinahe liebevoll mit ihnen zu, sie wühlen sich wie Erdmäuse immer tiefer ins Dunkel.

Erst spät habe ich bemerkt, daß man nur auf diese Weise vergessen kann. Daher sträube ich mich gegen die Erzählungen meiner Mutter. Sie verbirgt die wichtigsten Ereignisse hinter den Nebensächlichkeiten, sie erzählt mit unerschütterlicher Gewißheit darüber, wie es weitergehen muß. Aber während sie spricht, rückt das Wichtige in Vergessenheit, es kippt langsam ins Dunkel, und statt dessen blüht meine Mutter, immer eifriger fortfahrend, in der Wiedergabe ihrer Geschichte auf, unbeirrbar der Meinung, sie nähere sich ihrem Ziel. Meine Mutter vergißt, indem sie erzählt; aber nur indem sie erzählt, beherrscht sie ihr Vergessen.

Es ist spät geworden. Eigentlich wollte ich vom gestrigen Abend berichten, vom heutigen Tag ganz zu schweigen. Doch ich will den aufgenommenen Faden fortspinnen. Mir ist etwas aufgefallen.

Die Erzählungen meiner Mutter sind vielen bekannt, meine Mutter findet immer gute Zuhörer. Durch ihr Lesen hatte sie sich mit der Zeit einen flüssigen Stil angewöhnt, den so manche bewunderten. Die Knippener dagegen erzählen weit umständlicher; sie brechen mitten im Satz ab, sie sind es nicht gewohnt, den Sätzen Klang und Schönheit zu geben. Meine Mutter legt darauf großen Wert. Sie spricht, ohne aus dem Fluß zu geraten; sie findet aus jedem Nebensatz den Weg ins Freie, sie streut die Adjektive so, als seien sie mit den Substantiven verheiratet. Viele Zuhörer wissen das nicht, aber sie empfinden es als wohltuend. ›Katharina, erzähl!‹ heißt es dann, und meine Mutter lehnt sich zurück, sammelt ihre Gedanken und verstreut sie so unter das Volk, wie ich es eben beschrieb. Sie kann durch ihre Erzählungen verführen, man fühlt sich geborgen, mag sie von noch so entsetzlichen Dingen berichten. Das genießen ihre Zuhörer. Sie quittieren ihre Berichte mit dankbarem Aufatmen, sie versuchen, alles im stillen zu wiederholen, ohne daß es ihnen freilich gelänge, denn niemand findet die Worte, die meine Mutter findet. Das alles ist mir nicht fremd. Auch ich bin den Erzählungen meiner Mutter erlegen. In meiner Kindheit war sie die beste Erzählerin, die ich mir denken konnte. Ich hörte zu, wie sie die einfachsten Sachverhalte auszuschmükken wußte; ich verlor alle Zweifel, wenn sie mich durch ihre Geschichten zu einer anderen Sicht bekehrte. An den Abenden saßen wir oft zu dritt beisammen, meine Mutter, mein Vater und ich. Wie war es? Mein Vater gab die Stichworte, meine Mutter setzte sie in Erzählungen um, ich aber träumte mit ihren Worten, erlag dem Ton ihrer Stimme, seufzte auf, wenn sie einhielt, begehrte nach mehr, wenn sie am Ende war.

Als ich schreiben konnte, wollte ich es selbst versuchen. Ich stellte mir vor, wie meine Mutter ein Ereignis beschreiben, wie sie es darstellen und mit welchen Urteilen sie es versehen würde. Nun war ich an der Reihe. Ich erhielt ein schwarzes Heft, in das ich meine Bemühungen, meine Fleißarbeiten und Pflichtübungen, eintrug. Am Abend las ich sie den Eltern vor, und mein Lohn war das ansteckende Lachen des Vaters und die Begeisterung der Mutter, die mit einem Mal ihre eigenen Erzählungen fortgesetzt fand, aufgenommen und unbeholfen variiert von einem Sohn, der noch stotterte, aber bereits zu erzählen wußte. Ich kannte die Welt nicht, aber ich sah sie mit den Augen meiner Mutter. Genügte das nicht? Meine Schulaufsätze waren gefragt. Die Mitschüler baten den Lehrer, meine Fassung einer Geschichte vorzulesen. Kaum einer konnte glauben, daß da noch ein Kind erzählte, aber ich selbst bemerkte mit der Zeit, daß ich ins Lügen geriet. Ich täuschte Kenntnisse vor, die ich nicht besaß, ich schilderte Situationen, die ich mir nicht einmal recht vorstellen konnte. Aber im stillen brauchte ich nur hinzuhorchen: trafen meine Worte und Sätze den Tonfall meiner Mutter? Rauschte es aufwendig? Verschlangen die Klänge den Inhalt? Konnte ich diese Fragen bejahen, war ich mir sicher. Ich begriff nicht vollständig, was da mit mir geschah, denn ich geriet während der Niederschrift meiner Geschichten in einen Paroxysmus, wie ihn sich ein anderer vielleicht kaum vorstellen kann. Ich fror, ich glühte; ich erlebte den Fortgang meiner Erzählung innerlich voraus, aber ich war dazu verurteilt, das vorgelegte Tempo einzuhalten. Mein Körper hielt mit meinen Phantasien Schritt. Es rüttelte mich durch, am Ende tauchte ich auf; nie gelang es mir, das Geschriebene noch einmal mit ruhigem Blick zu prüfen. Ein solcher Blick hätte die glühende Masse zum Erkalten gebracht. Ich war froh, meine Aufzeichnungen abgeben zu dürfen. Sie verschwanden in der Tasche eines Lehrers, sie blieben für einige Zeit verborgen, als sie Wochen später wieder ans Licht kamen, verstand ich sie nicht mehr.

Was ich während der Niederschrift gehört hatte, war Musik, der vorwärtsdrängende Tonfall meiner Mutter, die den Worten keine Ruhe, den Sätzen keine Pausen schenkte. Diesen Tonfall beschwor ich mit immer neuen Versuchen. ›Du ahnst gar nicht, was du da geschrieben hast‹, sagte einmal ein Lehrer, und ich erstarkte vor Stolz. Indem mir die Sprache gehörte, gehörte mir die Welt. Ich konnte in anderen Fächern weniger glänzen, ich konnte in den Sportstunden mit hilfloser Einfalt den Ball an den Nebenmann abgeben, all diese Fehlversuche zählten nichts, solange mir die Sprache gehorchte.

Das änderte sich lange Zeit nicht. Erst als ich schon beinahe fünfzehn Jahre alt war, traf ich auf einen Menschen, der mich strafte, indem er meine Sätze kaum beachtete. Die Klasse hatte einen neuen Lehrer bekommen. Er war jung, beherrscht, schnell. Er räumte auf, und plötzlich stand ich wie ein Magier da, der seine Zaubersprüche verlernt hatte. Korrekturen überzogen meinen Text, Anweisungen, es anders und besser zu machen, verwirrten mich. Ich fand den alten Ton nicht mehr, die Unschuld war verloren. Ich überlegte, zögerte, verbesserte, begann von neuem, aber all das offenbarte mir nur mein Scheitern. Kein Satz erweckte das Tote zum Leben, jedes Wort verblaßte vor meinen Augen, die Buchstaben wurden zu Monstern, die mich fremd und unbeteiligt anstarrten. Ich wußte nichts, ich hatte in all den Jahren nichts gelernt, auf meine Erfahrungen konnte ich mich nicht verlassen. Als ich mich über die schlechten Noten beschwerte, geriet ich ins Stottern.

Erst nach und nach entdeckte ich einen Ausweg. Ich spielte Klavier. Tagelang zog ich mich in mein Zimmer zurück, ich begann zu üben, wo ich vorher nur geklimpert hatte. Die Töne, die Klänge – sie brachten etwas von der alten Leidenschaft zurück. Ich durfte wieder gehorchen, meine Passion war gefragt. Nun blieb nur noch die Aufgabe, an Sicherheit, an Tempo zu gewinnen. Die meisten Stücke spielte ich viel schneller, als es nötig gewesen wäre. Die schwierigsten Griffpassagen brachte ich hinter mich, indem ich sie, ohne die Miene zu verziehen, überstand. Nach außen erschien ich unbeteiligt, aber im Inneren stellte sich bald jene Verzückung ein, die ich gut genug zu kennen glaubte. Musik! Das Sprechen ohne Worte, die Klänge ohne Täuschung! Ich genoß die Zustimmung, man feuerte mich an, Hausarbeiten wurden mir erlassen, vor Wettbewerben wurde ich wochenlang freigestellt. Die Freunde schenkten mir wieder ihre Bewunderung, die Mutter hörte mir zu. Wie gut das tat! Sie konnte stundenlang in meinem Zimmer sitzen, um meine Fortschritte zu erleben. Sie sprach nicht, sie las oder schaute zum Fenster hinaus. Manchmal küßte sie mich. Meine neue Herrschaft war besiegelt, man hatte mir Grund und Boden gegeben, sie auszuüben. Ich träumte nicht mehr, ich spielte, ich griff mit beiden Händen zu, ich schlug die Tasten, ich vergaß die Zeit . . .

Der Februarmorgen 1933 – ich wollte vom gestrigen Abend erzählen. Es dunkelte, als wir zum Spaziergang aufbrachen. Wir gehen langsam, meine Mutter spricht, ich vergesse die Umgebung, während meiner Mutter nichts entgeht. Sie bleibt stehen und schaut auf. Die Blüten eines Strauchs, das erste Grün eines Baumes. Wir verließen das Grundstück und bogen nach rechts ab, gingen noch weiter die Anhöhe hinauf, bis wir den höchsten Punkt erreichten. Dort steht eine Bank. Wir setzten uns. In der Ferne liegt Knippen, rechts die Walzwerks-, links die Hüttenkolonie. Man erkennt die Kirche, erahnt den kleinen Dorfplatz. Mit diesem Blick gerät für meine Mutter alles in Bewegung; das Terrain erscheint abgesteckt, der Rauch aus den Schornsteinen facht die Erinnerung an, wir sitzen still, nicht einmal Motorenlärm ist zu hören.

Manchmal gelingt es mir in solchen Momenten, die Stille mit einer eigenen Erzählung zu unterbrechen. Denn ich weiß: meine Mutter holt aus, innerlich bereitet sie sich vor. Hastig überlege ich, wie ich dem Kommenden vorbeugen könnte. Ich erzähle von der Arbeit im Büro, aber ich halte sie nur auf. Meine Berichte haben mit dieser Umgebung und mit dem Blick in die Ferne nichts zu tun. Es sind armselige Gegenwartsgeschichten, und sie berichten von Menschen, die meine Mutter nicht einmal kennt. Soll ich sie dafür begeistern? Sicher, sie hört mir zu, sie faltet die Hände ineinander, sie stellt ein paar höfliche Fragen. In Wahrheit prallen jedoch all diese Berichte an dem ab, was in ihr vorgeht. Denn ich bin ihr bevorzugter Zuhörer.

So ergeht es uns oft. Auch gestern abend fand ich keinen Ausweg. Die Fahrt mit dem Wagen hatte mich ermüdet, ja, ich ließ mich gehen.

›Früher‹, begann meine Mutter, ›war Knippen längst nicht so groß wie heute. Das Dorf reichte vom Bahnhof bis zum Kirchplatz, und du konntest die Entfernung in ein paar Minuten hinter dich bringen. Um so erstaunter waren sie ja alle, als sie mich damals nicht fanden, an diesem Februarsonntag 1933.‹

›Wer konnte dich nicht finden‹, frage ich, um ihren Erzählfluß zu verzögern, aber es ist schon geschehen, ich habe ihr das Stichwort gegeben.

›Niemand wußte, wo ich war‹, fährt sie fort, ›denn man fand mich nicht in der Pfarrbibliothek, wo ich jeden Sonntagmorgen saß, man fand mich nicht in der Nähe der Siegwiesen, wo ich manchmal spazierenging, aber nur in den freien Stunden, und auch Carl, der mich suchen sollte, konnte nichts in Erfahrung bringen, solange er auch umherlief, zwischen dem kleinen Bahnhof und der Kirche. Noch nie hatte man nach mir suchen müssen, ich war immer zur Stelle gewesen, an jedem Sonntagmorgen hatte ich die Tür der Bibliothek geöffnet, den dunklen Mantel abgelegt, die Karteikästen aus den verschlossenen Schränken hinter der Ablage hervorgeholt. Kurz nach dem Ende der letzten Messe wurde die Ausleihe eröffnet, da hatte ich meist schon frische Blumen ins Fenster gestellt, die neuen Bände daneben gruppiert und mich auf den kleinen, lehnenlosen Stuhl gesetzt, damit der Verleih zügig abgewickelt werden konnte, denn auch die jungen Männer, die als erste eintrafen, wollten eilig weiter, in Stocks Wirtschaft oder hinab zur Siegbrücke. Dort traf man sich und unterhielt sich bis zum Mittagessen.

Diesmal jedoch war die Tür verschlossen, Schmidts Theo hatte es als erster bemerkt, daran gerüttelt, durch die Scheibe ins Innere geschaut, aber nur meinen Mantel erkennen können, der an dem Haken neben den Regalen hing. Wenig später kamen andere hinzu, man wartete eine Weile, nichts geschah, die meisten wandten sich ab. Schließlich gab sich Theo einen Ruck und lief die Marktstraße hinauf, um im Elternhaus nachzuschauen. Dadurch hatte er aber die Bewegung erst recht ins Rollen gebracht, denn auch dort konnte man mich nicht finden, obwohl man in allen Räumen nachschaute, ›Katharina, Katharina, bist du da‹. Niemand wußte eine Erklärung dafür, daß plötzlich etwas anders sein sollte als sonst, auch Carl konnte nicht glauben, daß ich woanders sei als in der Pfarrbibliothek. Deshalb liefen die beiden, Carl und Schmidts Theo, noch einmal zum Kirchplatz, um sich zu überzeugen. Dort aber standen nur noch die letzten Wartenden, die ihre Bücher unbedingt umtauschen wollten.

Wo konnte ich sein? Sollten sie bei meinen Freundinnen suchen, aber warum sollten sie dort suchen, wo doch feststand, daß ich den Platz in der Ausleihe nicht zum Zeitvertreib verlassen haben würde. Carl wußte nicht, was er tun sollte, er lief in die Sakristei, um sich einen Zweitschlüssel auszuleihen und nachzusehen. Ein paar Wartende standen noch immer vor der Tür, Carl schloß sie auf, konnte aber drinnen nichts entdecken, keine Spur, keine Veränderung, nicht einmal die Karteikästen waren aus den verschlossenen Schränken geholt worden. Nur die Blumen hatte ich anscheinend ausgetauscht, aber wohl in aller Eile, denn der verwelkte Strauß lag noch im Waschbecken.

Als auch der Pfarrer aus der Kirche in die Bibliothek eilte, wurde die Aufregung noch größer. Er bemühte sich, die Wartenden zu vertrösten, und schickte sie in die nahe Wirtschaft. Carl aber machte sich mit Schmidts

Theo erneut auf den Weg, nach mir zu suchen. Auf dem Marktplatz trennten sie sich, um so schneller zum Erfolg zu kommen.

An diesem Februartag hatte sich ein starker Nebel gebildet, er zog vom Fluß hinauf ins Dorf, so daß man nicht weit sehen konnte. Wie sollte man da nach mir suchen, man konnte nicht das ganze Dorf durch lautes Rufen aufscheuchen, aber vielleicht hatte mich jemand gesehen, trotz des Nebels, der die Kaiserallee völlig verbarg, nur die Hakenkreuzfahnen nicht, die an einigen Häusern unterhalb der Fenster angebracht worden waren. Vor kaum mehr als zehn Tagen waren die Nationalsozialisten an die Macht gekommen.

In der Nähe des Bahnhofs war es still, Carl hatte sich geirrt, dort Auskunft erhalten zu können. Vor einigen Monaten hatten sich hier noch die Arbeitslosen getroffen. Jetzt wartete nur der kleine Zweispänner, den die Hoteldirektion geschickt hatte, um die Reisenden abzuholen. Der Hoteldiener stand allein bei den Pferden, er rauchte seine Pfeife, nein, er hatte mich nicht gesehen. Auf seinen Rat hin lief Carl zum Hotel, wo er aber auch keine Auskunft erhielt. Der Portier wußte von nichts, doch im Nebenraum der Gaststube hielt sich unser Vater auf, der dort wie an jedem Sonntagmorgen Billard spielte. Vater kam aus dem Zimmer, und Carl erklärte ihm, daß man mich nicht finden könne. Vater zog seinen Mantel über und ging mit ihm nach draußen, auch die anderen, die mit Vater gespielt hatten – Kürsch, der Bürgermeister, Binder, der Uhrmacher, Stampel, der Schuster, und Baldus, der Dreher –, gingen ein paar Schritte mit hinaus und blieben vor dem Eingang des Hotels stehen, bis ihnen zu kalt wurde.

Inzwischen hatte Theo Bolands Schankwirtschaft erreicht, die schon seit Jahren das Vereinslokal der Nationalsozialisten war. Er geriet aus dem kühlen Nebel in den Bierdunst des Lokals, konnte dort aber in der Eile kaum etwas erkennen, nur eine große Menge von SA-Leuten, die einem Redner zuhörten. Theo wurde auch sofort von einem Saalordner am Arm genommen; er sollte sich setzen, einige riefen auch schon nach ihm, »schaut da, der Schwarze, der schwarze Theo kommt hierher«, doch er machte sich wieder frei und lief hinaus. In der Kolonie vermutete er mich nicht; ich hätte mich nicht dorthin gewagt, seit es im Jahr zuvor zu Arbeiteraufständen und Streiks gekommen war, bei denen man einen Arbeiter erschossen hatte. Da Theo sich aber nicht mehr zu helfen wußte, lief er doch in die Kolonie; dort war alles wie ausgestorben, zwei Hunde tauchten aus dem Nebel auf und liefen neben ihm her, Theo konnte keinen Menschen erkennen, nur die Hunde begleiteten ihn, obwohl er sie immer wieder fortscheuchte. Sie liefen sogar noch neben ihm her, als er den Kirchplatz erreicht hatte. Der Pfarrer hatte dort inzwischen meinen Platz eingenommen.

Als Theo bemerkte, daß er nichts ausrichten konnte, lief er zu unserem Elternhaus zurück, wo der Vater und Carl eingetroffen waren. Die Aufregung war groß, der Vater blieb im Haus zurück, um unsere Mutter zu beruhigen, Carl und Theo machten sich erneut auf den Weg, sie liefen zur Siegbrücke, trafen aber dort wegen der großen Kälte nur einige Burschen der katholischen Jungschar. Niemand hatte etwas gesehen oder gehört, die Hunde, die Theo die ganze Zeit begleitet hatten, verloren sich am Wasser. Als Carl und Theo aber noch ratlos am Fluß standen, hörten sie aus dem Dorfinneren einen lauten Gesang herüberdringen; eilig machten sie sich wieder Richtung Kirchplatz auf den Weg. Gerade als sie ihn erreichten, traf dort ein SA-Trupp ein, der singend, »SA marschiert, SA marschiert«, vor der Kirche Stellung bezog. Carl begriff sofort, daß hier nichts auszurichten war. Fenster öffneten sich, die Anwohner schauten hinaus, während Carl und Theo in die Wirtschaft eilten. Dort trafen sie jedoch nur auf die vielen dunkel gekleideten Männer, die an ihren Tischen saßen, wie zu einer Beerdigungsfeier bestellt. Keiner sagte ein Wort, nur Stocks Gustav, der Wirt, rief ihnen zu, sie sollten Platz nehmen. Carl wollte sich nach mir erkundigen, als der Pfarrer hinzukam und fragte, »ist sie hier, ist Katharina hier«. Carl muß mit einem Mal sehr erschrocken gewesen sein, er erzählte mir später, daß er bei dieser Frage die lauten Gesänge mit meiner Abwesenheit verbunden habe. Man hörte es ganz deutlich, »die Fahne hoch, die Reihen fest geschlossen«. Da zog Carl Theo mit hinaus, während in der Wirtschaft einer aussprach, was die meisten empfanden, »die Mäckeser trauen sich nun schon vor die Kirche, die Lumpen, man darf das nicht zulassen«.

Damit war jedoch den beiden Suchenden wenig geholfen. Sie fragten bei meinen Freundinnen und Freunden in der Nachbarschaft nach, niemand hatte mich gesehen. So zog am Ende eine ganze Schar von besorgten Bekannten mit den beiden zum Elternhaus, wo unser Vater noch immer vor der Tür stand. Einige überlegten, ob ich den Schönsteiner Weg genommen haben könnte, andere dachten an den Kucksberg, von wo aus man einen schönen Blick auf das Dorf hat. Doch Schmidts

Theo beharrte darauf, daß ich nicht weit gegangen sein könnte; hätte ich bei einem solchen Vorhaben, das mir, nebenbei gesagt, nie in den Sinn gekommen wäre, meinen Mantel zurückgelassen?

So fand man keine Lösung des Rätsels, alle standen hilflos herum, bis einer den Gendarmen erkannte, der auf unser Haus zuhielt, die Wartenden durch sein Näherkommen trennte, den Vater beiseite nahm und ihm meldete, ich sei am Morgen festgenommen worden.‹

Meine Mutter schaute am Ende ihrer Erzählung nicht einmal auf. Sie behielt das Dorf im Blick, als könnte sie mit diesem Blick alles noch einmal erkennen. Kann man eine Sehnsucht danach empfinden, dieser Vergangenheit zuzuhorchen? Ich sagte es schon; sie erzählt nicht nur, sie sagt eine Geschichte auf, und dabei bringt sie etwas zum Leben, das sie selbst überrascht, überfällt und ihre ganze Aufmerksamkeit beansprucht. Sie hört sich in die Vergangenheit hinein, und während sie spricht, mögen ihr die Stimmen, die Lieder, die Chöre in bestürzender Vielfalt neu in die Erinnerung treten. Nein, es läßt sie nicht mehr los, obwohl sie äußerlich ruhig ist. Aber wie erzählen wir, was wir nicht begreifen?

Noch immer erscheint es meiner Mutter merkwürdig, daß sie an jenem Februarmorgen des Jahres '33 mit einem Mal, ohne Vorbereitung, ohne Ankündigung, aus ihrem bisherigen Leben herausgerissen wurde. ›Warum ich?‹ fragte sie einmal, und natürlich gibt es auf solche Fragen keine zureichenden Antworten. Sie hat das Unbegreifliche zu fassen gesucht, und, wie man sieht, hat sie es mit einem gewissen Geschick unternommen. Sie beginnt ihre Erzählung nicht mit ihrer Festnahme, sie stellt sich zunächst die Aufregung derer vor, die sie suchten. Es schwingt, wie ich glaube, ein gewisser Stolz, ein Rest von Eitelkeit in ihrer Erzählung mit. Es ist die Eitelkeit des jungen Mädchens, das plötzlich erlebt, daß sein Fehlen, seine Abwesenheit die anderen verstört und entsetzt. Sie machen sich auf den Weg, die Verlorene zu suchen, sie bereuen, ihr jemals Unrecht getan zu haben, im stillen verzeihen sie ihr jede Untat, wenn sie nur herbeikäme und der Schrecken ein Ende nähme! Der Genuß, den der empfindet, nach dem gesucht wird, rührt daher, daß die Wahrheit, also der endgültige Blick auf die Stetigkeit und Festigkeit der persönlichsten Bindungen, neu hervortritt. Man sucht mich, man vermißt mich, niemand kommt ohne mich aus – so lautet die Steigerung, die diesen Genuß auslöst. Es mag also sein, daß meine Mutter diese Erzählung schon in ihrer Jugend als Auferstehung jenes Wertes und jener Bedeutung empfand, die einem während eines langen Lebens immer mehr abgesprochen werden. Nichts verdirbt die Beziehungen, die Menschen miteinander unterhalten, mehr als die Gewöhnung.

Ich käme nicht auf diese Gedanken, wenn ich nicht vermuten würde, daß dieser Februartag '33 das Leben meiner Mutter wahrhaftig verändert hat. Ich werde versuchen, diese Veränderungen zu ergründen. Vorläufig will ich nur festhalten, welchen Genuß ihr diese Erzählung, die so etwas wie ein Signal für den Beginn einer Katastrophe wachruft, bereitet. Meine Mutter übergeht dieses Signal, vielleicht nimmt sie es nicht einmal deutlich wahr. Man erkennt leicht: sie hat sich umgehört. Sie muß den Bruder, den Vater, die anderen Suchenden nach ihren Eindrücken und Erlebnissen befragt haben, und sie hat aus diesen Berichten ihre eigene Geschichte geformt. Nein, meine Mutter erzählt nicht von den Zusammenhängen, die zu ihrer Festnahme führten; der Februartag '33 erscheint wie ein beliebiges Datum, und es kommt einem vor, als sei sie an diesem Tag ohne ihr Zutun in den Mahlstrom der Geschichte geraten. Für sie bezeichnet dieser Tag den Beginn einer jahrzehntelangen Furcht. Und noch immer fragt sie sich danach, wer diese Furcht über sie verhängt hat.

Wir haben davon am gestrigen Abend nicht gesprochen. Da uns zu kühl wurde, machten wir uns wieder auf den Weg. Es war ein schöner Märzabend, frisch, die Sicht klar, so daß man von der Höhe aus die ganze Umgebung erkennen konnte. Aber ich hatte dafür kaum ein Auge, obwohl ich sonst nichts lieber sehe als die weit ausschwingenden Hügelketten, die schnell ziehenden Wolken, das aufkeimende Frühlingsblau des Himmels, das am Horizont in eine schwache Abendröte überging. Der Wind wehte heftiger, und wir verkürzten den Weg, indem wir den kleinen Fußpfad entlang der Felder nahmen.

Natürlich wußte ich von der Festnahme meiner Mutter, aber ich konnte mich nicht erinnern, diese Geschichte schon einmal in ihrer vollständigen Fassung gehört zu haben. In der Kindheit wird sie es mir so erzählt haben, und damals wird es eine abenteuerliche Geschichte für mich gewesen sein. Später aber wollte ich davon nichts mehr hören. Ich wurde unruhig, wenn man in meiner Gegenwart die Zeit des Dritten Reiches erwähnte. Abscheu, Haß und tiefer Ekel ließen mich nicht mehr los und galten am Ende auch dem, der erzählte, mochte er sich auch noch so sehr bemühen, mir etwas zu erläutern oder zu erklären. Stets bedrängte mich der Gedanke, daß es so nicht gewesen sein durfte: es war unmöglich, sich diese Zeit vorzustellen, ja bereits die bloße Vorstellung rief alle Empfindungen eines Widerstandes hervor.

Ich begriff diese Zeit nur von ihrem Ende her. Ich hatte die Bilder der verwüsteten Städte, der Toten, der Vergasten gesehen. Ich selbst empfand mich als einen Fremden, der in die Städte eines Landes versetzt worden war, in dem Barbaren gehaust, gemordet, vernichtet hatten. Doch gleichzeitig beschämte mich jede Photographie, die mir aus dieser Zeit in die Hände kam. Ich selbst sollte ein Sohn, ein Enkel dieses mordenden Geschlechts sein? Ich sollte diese Soldaten als meine Vorfahren, diese Marschierer als meine Vorläufer erkennen?

Damals tobte ich gegen die Geschichte an. Man konnte mir Gründe nennen, ich wollte nicht verstehen. Ich hielt mir die Ohren zu. Nein, ich wollte mit dieser Zeit nichts zu tun haben. Ich war einige Jahre nach dem Ende des Krieges geboren worden. Der Krieg – das war die Zeit vor meiner Geburt, eine andere Zeit, die zu dem, was ich erlebte, in keinem Verhältnis und keiner Beziehung stand. Wie ich mich täuschte!

Ich dachte daran, als ich gestern abend hinter meiner Mutter herging. Der Boden war vom Regenwasser der letzten Tage noch aufgeweicht. Wir kamen nicht schnell vorwärts, und der Wind wurde stärker, als wir auf dem freien Feld nicht mehr durch den nahen Wald geschützt waren.

Was ging in ihr vor? In mir stieg die alte Verdrossenheit hoch. Sie hatte mir eine Geschichte erzählt, die mich schweigend zurückließ. Ich ertappte mich bei der Neigung, sie zurechtzuweisen. Aber wofür sollte ich sie zurechtweisen? Hatte sie mich verletzt, hatte sie mich gekränkt? Davon konnte nicht die Rede sein. Sie ging weiter vor mir her, es war gut, daß sie sich nicht umdrehen konnte, um sich mit mir zu unterhalten. Sie hatte auf den Weg zu achten. Andererseits behagte mir gerade unser Schweigen nicht. Woran dachte sie? Rechnete sie damit, daß ihre Erzählung einen Eindruck auf mich machen würde? Sollte ich mich als aufmerksamer Zuhörer zu erkennen geben? Sollte ich nachfragen, sie bitten, die Geschichte fortzusetzen?

Ich hätte diese Bitten nicht über die Lippen gebracht. Ich wunderte mich. Es war diese alte Lähmung, die ich von früheren Tagen her kannte, ein Unwohlsein, das mit jedem weiteren Wort nur genährt worden wäre. Ich versuchte, mir die Zusammenhänge zu vergegenwärtigen. Februar '33: Hitler war an die Macht gekommen, wenig später hatte Hindenburg den Reichstag aufgelöst, Neuwahlen waren festgesetzt worden, Hitler wollte die absolute Mehrheit für seine Partei. Die Festnahme meiner Mutter fiel in die Zeit des Wahlkampfes. Versammlungen der anderen Parteien wurden gestört, verboten. Auch im katholischen Knippen hatte sich die Anhängerschaft des Zentrums, der früher mit großer Mehrheit regierenden Partei, verringert. Viele Nationalsozialisten kamen von außerhalb, aus den Nachbardörfern, in denen sie sich leichter durchgesetzt hatten. Knippen galt als eine Bastion der »Schwarzen«, man versuchte, Druck auszuüben. Meine Mutter saß an einem nicht unwichtigen Platz, sie leitete die einzige Bibliothek des Dorfes. Aber das konnte nicht gereicht haben, um sie festzunehmen. Was war der Anlaß für diese Festnahme?

Ich nahm mir vor, sie später zu fragen. Denn auch die Vergegenwärtigung der zeitlichen Zusammenhänge half mir nicht weiter. Sie beruhigte mich ein wenig, die Erzählung meiner Mutter geriet in eine gewisse Distanz, ich konnte mich befreiter fühlen.

Sie ging noch immer vor mir her. Ich stolperte gegen den Grasrand des Feldes und lief von nun an mit einem Fuß auf dem erhöhten Rand, mit dem anderen auf dem kleinen, von Pfützen durchzogenen Pfad weiter. Ich geriet in leichte Aufregung, das unwegsame Gelände störte meine Gedankengänge. Die Zusammenhänge, die historischen Daten – ja, sie beruhigten mich, in ihrer Wiederholung empfand ich eine gewisse Sicherheit. Sie setzten Kenntnisse voraus, sie gaben der Erzählung meiner Mutter ein Gerüst, in dem sie aufgehoben werden konnte. Doch wenn ich es genau überlegte, blieb die Unruhe bestehen. Februar '33, wiederholte ich nochmals, Hitler, Hindenburg, Wahlen, der zweite Schritt der Machtergreifung. Genügte das? Nein, diese Überlegungen setzten einen Zuschauer voraus, sie machten aus mir einen Berichterstatter, der mit souveränem Überblick Ereignisse, Ursachen und Folgen verband. Nur aus diesem Grund behagten sie mir; sie schmeichelten meinem geschichtlichen Verständnis, sie erhoben mich zum Deuter all jener Erzählungen, vor deren Schilderung ich mich geekelt hatte. Aber sie beseitigten diesen Ekel nicht. Ich hatte ein sich stetig ausbreitendes Geschwür entdeckt; ich konnte sezieren, beobachten, eine Diagnose stellen. All das reichte nicht bis auf den Grund meiner Empfindungen.

Als wir endlich die Straße erreicht hatten, die in einem großen Bogen zum Haus zurückführte, atmete ich auf. Ich wollte festhalten, was mir eben durch den Sinn gegangen war, doch ich begann sofort von etwas anderem zu sprechen, als ich zu meiner Mutter aufschließen konnte. Wir gingen schneller, wir hatten uns zu lange aufgehalten. Sie wollte den Nachtzug in die Schweiz nehmen. Sie fährt gern in der Nacht. Ich hatte ihr ein Schlafwagenabteil reservieren lassen, doch ich wußte, sie würde im Zug nicht schlafen. Sie liegt still auf dem ausgeklappten Bett, sie öffnet das Fenster, wenn der Zug an einer Station hält, sie hört den nächtlichen Lautsprecheransagen zu, die leiser sind als am Tage. Sie hat noch nie sehr viel Schlaf gebraucht. Am liebsten wäre es ihr, sie käme ganz ohne Schlaf aus.

Im Haus war es sehr warm. Sie hatte den Thermostaten auf eine hohe Temperatur gestellt. Ich half ihr beim Packen und stellte das Geschirr auf den Tisch. Sie erzählte von ihrem vorigen Schweizer Aufenthalt, und ich bemerkte, daß sie sich auf die Reise freute. Sie hatte die Tage, die sie allein verbracht hatte, gut überstanden, aber jetzt sehnte sie sich nach meinem Vater. Die beiden bilden ein wie seit Urzeiten aufeinander eingeschworenes Paar. Es scheint so, als könnte ihnen nichts mehr etwas anhaben. Sie haben das Schlimmste überlebt, und gemeinsam sind sie in diesem Überleben stärker geworden. Aber sie sprechen nie darüber. Ja, es war auffallend; in den letzten Jahren waren sie Gesprächen über die Vergangenheit ganz ausgewichen. Aber ich hatte sie auch nicht zu diesen Gesprächen gedrängt. Wir kamen gut miteinander aus, solange wir uns auf das Notwendigste beschränkten. In ihren Augen lebte ich in der Ferne. Vielleicht konnten sie nicht mehr nachvollziehen, was mich beschäftigte. Sie waren froh, mich zufrieden zu sehen, wenn ich einige Tage bei ihnen verbrachte. Wir machten gemeinsame Unternehmungen, wir fuhren in die nähere Umgebung, Streitgespräche kamen selten auf, nur in vielen politischen Fragen waren wir verschiedener Meinung. Doch niemand versuchte, den anderen zu bekehren. Jeder sagte, was er dachte, die kleinen, unvermeidlichen Spitzen, die bei solchen Gesprächen ausgetauscht wurden, waren zu überhören.

Wir aßen zusammen zu Abend, ich räumte das Geschirr ins Spülbecken und stellte die Koffer in die Nähe der Tür. Meine Mutter reichte mir ihren Mantel, und ich hielt ihr ihn hin, damit sie hineinschlüpfen konnte. Dann gingen wir hinaus. Ich brachte das Gepäck unter. Wie meist, wenn sie aufbricht, waren wir viel zu früh auf dem kleinen Bahnhof.

Auf dem Bahnsteig führt man die überflüssigsten Gespräche. Die Zeit scheint nicht zu vergehen. So war es auch diesmal. Ich erinnerte mich an ihre Erzählung. Warum waren wir ausgerechnet heute auf ein solches Thema gekommen, und warum hatte ich nichts dazu gesagt? In drei Minuten fuhr der Zug. Nun konnte sie nicht mehr ausholen, um mich mit ihren Erzählungen zu fangen. Sie mußte sich kurz fassen. ›Warum hat man dich damals verhaftet?‹ fragte ich. Sie war nicht einmal überrascht. Sie tat so, als hätten wir eben davon gesprochen. ›Ich wurde nicht verhaftet, ich wurde festgenommen‹, antwortete sie. Die Kleinigkeiten! Mein Fehler! ›Ich werde es dir einmal genauer erzählen‹, sagte sie.

Es ging nicht, sie ließ sich nicht vom Weg abbringen. Sicher hatte sie die Fortsetzung ihrer Geschichte genau im Kopf. Sollte ich warten, bis sie zurückkam? Jetzt nur keinen weiteren Fehler machen! ›Gut, du erzählst es mir später‹, sagte ich, ›jetzt will ich nur den Grund wissen.‹ Sie zog einen Koffer näher zu sich heran, sie erwartete die Einfahrt des Zuges. ›Es ist in der Eile nicht zu erzählen‹, antwortete sie. Oh, sie wollte sich die Erzählung nicht entgehen lassen! Ich hätte fluchen können, aber ich hielt mich zurück. Wie sie mich in den Kindertagen mit ihren Erzählungen süchtig gemacht hatte, so wollte sie es wieder versuchen. Ich sollte zuhören, diesem Singsang verfallen, mir vorstellen, wie es damals war.

In diesem Augenblick, eine Minute vor Abfahrt des Zuges, zuckte es mir, während wir beide in das Dunkel starrten, aus dem der Zug nicht auftauchen wollte, durch den Kopf. Sie wollte mich in ihre Erzählungen hineinziehen! Ich sollte nicht nur zuhören, ich sollte alles mit ihren Augen sehen. Ich sollte teilhaben an ihrer Vergangenheit; das allmähliche Wachsen des Grauens, der Furcht, die Dämmerungen vor der endgültigen Katastrophe sollte ich miterleben. Der alte Spruch! ›Man muß es miterlebt haben, niemand kann darüber sprechen, der es nicht miterlebt hat!‹ Sie wollte ihn wahrmachen, sie wollte mir beweisen, daß ich nichts verstand, nichts begriff, daß all mein mühsam erworbenes historisches Wissen über diese Zeit nichts taugte. Und – hatte sie Recht? Noch an diesem Abend hatten mich meine Überlegungen hilflos gemacht. Sie trafen meinen Widerwillen nicht, sie beseitigten nicht meinen Ekel. Ich sah das Häßliche jener Zeit, die roten Hakenkreuzfahnen unterhalb der Fenster, den SA-Trupp, der singend durch Knippen marschierte und auf dem Kirchplatz eintraf, diese kleinen Vorbereitungen größerer Gewalt. Meine Mutter war festgenommen worden, und ihr Bruder suchte sie im ganzen Dorf. Der Vater stand vor der Tür des Hauses, der Pfarrer hatte ihren Platz in der Bibliothek eingenommen, es war ein kühler Februarsonntag 1933, Nebel stieg von der Sieg aus hinauf ins Dorf, man konnte nicht einmal hundert Schritte weit sehen, Katharina, Katharina – niemand wußte, wo Katharina war.

Sie hatte alles in Bewegung gebracht, sie hatte mich hinausgelockt aus meiner Überheblichkeit. Wahrhaftig: ich wußte nichts, gar nichts. Ich konnte mir jene Zeit nicht einmal vorstellen, ohne Übelkeit zu empfinden. Um das Häßliche zu begreifen, mußte ich es nachvollziehen.

Der Zug fuhr ein, ich hatte ihn nicht einmal deutlich kommen sehen. ›*Du* erzählst mir nichts‹, sagte ich laut. ›Was sagst du?‹ rief sie, als sie schon in den Wagen gestiegen war und ich ihr die Koffer nachreichte. ›*Du* erzählst mir nichts‹, schrie ich beinahe und bemerkte sofort, wie wenig diese erregten Worte zu unserem Abschied paßten.

Die Tür sprang zu, der Zug hatte Verspätung. Meine Mutter zog das Fenster herunter. ›Auf Wiedersehen‹, rief sie, ein wenig lauter als sonst. Ich streckte die Hand aus, aber der Zug war schon angefahren. Ich war nicht mehr fähig, ihr nachzuwinken, ich verließ den Bahnsteig.

DIENSTAGABEND

Vielleicht hatte ich mich gestern zu sehr ereifert. Jedenfalls hatte ich nicht mehr darauf geachtet, wie spät es geworden war. Als ich das Blockhaus verließ, war es schon weit nach Mitternacht; es hatte begonnen, leicht zu schneien, und im ersten Augenblick war ich über den Schnee so überrascht, daß ich stehenblieb und mich umschaute, als müßte ich den Weg erst suchen. Unerwartete Schneefälle sind hier keine Seltenheit, aber gestern hatte ich gewiß nicht damit gerechnet. Es war ein schöner Märztag gewesen, ich war den ganzen Tag spazierengegangen, wie ich es immer tue, wenn ich gerade hier angekommen bin. Ich muß mich an die Landschaft gewöhnen, und ich gerate auf solchen langen Spaziergängen in eine oft naturtrunkene Laune, ich brumme vor mich hin, ich grüble, ja es kommt mir vor, als öffnete ich mich so erst ganz der Umgebung. Heutzutage begegnen einem kaum noch Fußgänger. Die meisten haben ein Auto und betrachten lange Fußmärsche als lästige Zeitvergeudung. Die jungen Burschen aus der weiteren Nachbarschaft begegnen mir mit ihren Motorrädern, die Bauernsöhne von den großen Höfen in der Umgebung haben ihre alten Wagen neu überholt und fahren manchmal am Abend in die Kreisstadt. Aber mir ist es recht so.

Durch das Schreiben und den anstrengenden Spaziergang war ich sehr müde geworden. Aber ich blieb noch eine ganze Weile im Schneegestöber stehen. Die Flocken fielen nicht sehr dicht, man konnte sie beinahe einzeln mit den Händen auffangen. Am nächsten Morgen würde außer einer nassen Schicht auf dem Boden nichts mehr zu sehen sein. Ich schloß das Blockhaus ab und ging ins Haus. Oben schaltete ich das Licht aus, das den ganzen Abend gebrannt hatte; ich hatte mir vorgenommen, ein Stockwerk regelmäßig zu beleuchten, um den Eindruck eines belebten Hauses zu erwecken. Trotz der großen Müdigkeit hatte ich noch keine Lust, ins Bett zu gehen. ›Die alten Launen‹, dachte ich, ›nun beginnt es wieder.‹ Vor ein paar Jahren hatte mich Nacht für Nacht eine quälende Schlaflosigkeit überfallen. Ich wußte nicht, woran es lag. Den ganzen Tag beschäftigte ich mich in nervöser Hast, um am Abend müde genug zu sein. Ich ging zum Arzt, man riet mir von Schlaftabletten ab. Ich strengte mich tagsüber noch intensiver an, aber es half nichts. Ich konnte noch so müde sein, gerade in dem Augenblick, in dem ich mich ins Bett fallen ließ, setzte eine neue Lebendigkeit schlagartig ein. Ich las meist noch eine Weile, geriet aber dadurch nur noch mehr in den frischen Zustrom von Gedanken, die auferstanden, als sollte ich sie alle auf einmal zu fassen bekommen. Seltsam, in diesen Stunden fiel mir am meisten ein; während des Tages arbeitete ich still und mit beinahe blindem Eifer vor mich hin. Damals begannen meine nächtlichen Ausflüge, ich wurde ein zielloser Flaneur, der dem letzten Leben in der Stadt nachjagte, den Wagen irgendwo abstellte, von einem Lokal ins andere zog.

Ich wußte, es war unvernünftig, so wenig zu schlafen. Traf ich am Morgen nach wenigen Ruhestunden im Büro ein, sah man mir das Nachtfieber noch an. Gegen Mittag reichte die Kraft manchmal nicht mehr aus.

Aber ich stand durch, trank einen Kaffee nach dem anderen und erlebte eine innere Anspannung, die ich früher nie gekannt hatte. Meine Nachtausflüge wurden zur Gewohnheit. Mit der Zeit hatte ich heraus, wo zu den verschiedenen Zeiten Menschen zu treffen waren. Ich begann in den kleinen Bierlokalen, die nach dem Ende der Theatervorstellungen überfüllt waren. Man unterhielt sich über die Aufführung, und ich konnte gut mitreden, obwohl ich nie ins Theater gegangen bin. Ich lese viel, und es ist mir noch immer gelungen, mit ein paar Zitaten zu überraschen. Über nichts reden Theater- und Kinobesucher nach einer Vorstellung lieber als über ihre Eindrücke. Es machte mir Vergnügen, ihnen zuzuhören. Sie überboten sich in Anstrengungen, mir ein Stück, eine Szene, eine Einstellung zu erklären. Ich versprach, mir einen bestimmten Film anzusehen, ich erkundigte mich nach den Schauspielern. Aber ich bin schon seit Jahren nicht mehr auf die Idee gekommen, eine Freundin zu einem gemeinsamen Abend ins Theater oder ins Kino einzuladen. Sicher, es wäre einen neuen Versuch wert. Aber ich habe mich bei solchen Gelegenheiten meist gelangweilt. Ich hatte anspruchsvolle Freundinnen, mit denen nur schwer umzugehen war. Sie wollten abgeholt werden, ich mußte mich um ihre Garderobe kümmern, sie nahmen neben mir Platz, als gehörten wir seit Ewigkeiten zusammen. Das hat mich oft gestört. Nach einiger Zeit beobachtete ich meine Begleiterin, wie sie mit angestrengter Aufmerksamkeit das Geschehen auf der Bühne verfolgte. Eine andere erkundigte sich laufend nach Zusammenhängen, die sie nicht verstanden hatte. Sie übertrieben das Spiel. Ich war nicht der elegante Herr mit guten Manieren, der herbe Witze unter das

Volk streut. Ich wollte überhaupt nicht irgendein ›jemand‹ sein, der Spaß daran hatte, seine gut ausgeschlafenen Freundinnen am Abend zu verwöhnen. Ich konnte die Langeweile oft nicht unterdrücken, und es machte mir während einer Vorstellung Kummer, wenn ich an die Stunden danach dachte, an die zu zweit verbrachten Stunden in den Lokalen, an die mühsamen Gespräche, die immer in langen Erlebnisberichten endeten, die mich nicht interessierten. Ich konnte es niemandem zumuten, von mir einen Abend lang begleitet zu werden. Ich war unaufmerksam, nervös, wirkte angespannt, und ich wurde zornig, wenn man mir vorwarf, wie unaufmerksam, nervös und angespannt ich wirkte. ›Deine Arbeit frißt dich‹, sagte man mir, aber wenn ich solche Sätze höre, reißt mir vollends die Geduld. Sie konnten nicht mit mir umgehen, aber ich nahm es ihnen keineswegs übel. Ich gehörte nicht an ihren Tisch, und ich war es nicht gewohnt, mich am nächsten Morgen telefonisch bei ihnen zu erkundigen, wie ihnen der Abend gefallen habe.

Wenn ich es recht bedenke, fehlt mir nichts mehr als ein Freund, ein ruhiger Zuhörer, der mich nicht lüstern nach Neuigkeiten ausfragt und nicht darauf wartet, daß ich platze vor Erlebnisdrang. Aber einen solchen Freund hatte ich nur einmal, und er lebt schon seit Jahren nicht mehr in derselben Stadt wie ich. Wir telefonieren manchmal miteinander. Ja, oft gibt es schon nach wenigen Worten immer noch dieselbe Übereinstimmung. Wir verständigen uns nicht über irgendwelche Themen, es ist anders. Wir hören zu, ob es dem anderen mit ein paar Worten gelingt, seine Verfassung zu beschreiben. Dazu genügt ein Satz über das Wetter, über ein Sportergebnis, über das letzte Wochenende. Dann wissen wir genug und hängen ein.

Ich glaube, solche Freundschaften gibt es nur selten. Sie beruhen auf intuitiven Übereinstimmungen. Mit Frauen habe ich das nicht häufig erlebt, höchstens in gewissen Momenten, blickweise, aber es kann auch daran liegen, daß ich Frauen gegenüber unbeholfen und unsicher wirke. Das sagen mir jedenfalls die meisten, und so wird ein wenig Wahrheit in diesen vorwurfsvollen Sätzen sein.

Lange Zeit habe ich darunter sogar gelitten. Ich hielt mich für einen hoffnungslosen Spielverderber, ich kannte die Regeln, aber es gelang mir nie, sie einzuhalten. War ein Abend einmal ohne Störungen verlaufen, so kam ich plötzlich auf den Gedanken, meine Bekannte mit dem Taxi nach Hause zu schicken, um Ruhe zu haben. Gingen wir, scheinbar einverstanden miteinander, durch die am Abend erleuchtete Stadt, hatte ich plötzlich keine Lust mehr, den schlendernden Voyeur zu spielen, der sich in Schaufensterauslagen vernarrt. Ich ließ meine Begleiterinnen an den dunkelsten Plätzen allein zurück und verdrückte mich in eine Kneipe, wo ich aufatmen konnte. Das schadete meinem Ruf. Auch im Büro zog man mich mit meinen Launen auf, und eine hübsche Sekretärin, die ich zum Abendessen eingeladen hatte, wollte meine Einladung nur unter der Bedingung annehmen, daß ich ihr den Autoschlüssel überließ. So viele Vorsichtsmaßnahmen führen zu nichts; ich zog meine Einladung zurück.

Inzwischen habe ich mich daran gewöhnt, allein auszugehen. Es ist viel besser so. Gegen Mitternacht öffnen meine Stammlokale, die kleinen Treffpunkte der Nachtschwärmer und Alleinunterhalter, in denen man bis zum frühen Morgen einen starken Kaffee bekommt und, wenn es hell wird, mit einem Frühstück belohnt wird. Jemand spielt auf einem Flügel Stücke, die ich längst kenne, aber gerne wieder höre, an der kleinen Bar unterhalte ich mich mit der lässigen Kennerschaft des Genießers, für den es nichts Neues mehr gibt. Es war ein Spiel, aber ich hielt es sehr lange durch, so lange, bis die Nerven versagten und ich beinahe eine ganze Woche lang mit nur wenigen kurzen Unterbrechungen schlief. Danach fühlte ich mich besser. Ich hatte meine Schlaflosigkeit bekämpft. Ich setzte das alte Leben noch ein paar Wochen fort, aber jetzt tat ich es lustlos, ich hatte genug davon, und als ich an einem Morgen auf Klumpp, einen der beiden Kollegen, mit denen ich das große Büro teile, traf, nahm mir diese Begegnung die letzte Anhänglichkeit an frühere Gewohnheiten. Er hatte sich neben mich an die Bar gesetzt, ich hatte ihn zunächst nicht bemerkt. Als ich ihn erkannte, lachte er wie ein Entertainer. ›Was machen Sie denn hier?‹ wollte er wissen. ›Ich suche die Dämonie‹, sagte ich, um ihm Gesprächsstoff für die nächsten Tage zu geben.

In der gestrigen Nacht begann es also wieder, aber diesmal wußte ich genau, woran es lag. Ich hatte die Geschichte, die ich im Kopf hatte, nicht zu Ende erzählt. Erschöpft hatte ich abgebrochen, während die Fortsetzung mich weiter beschäftigt hatte.

Auf meinem langen Tagesspaziergang hatte ich keine Rast gemacht. Am Morgen war ich losgegangen, die Sonne war durchgebrochen, und die Wolkenfelder zogen so schnell, daß ich ihre Schatten über die Felder wandern sah. Ich nehme zunächst meist die bekannten Wege, lasse mich dann aber treiben und orientiere mich nur nach meinem Gefühl. Ich kam gut voran, bald hatte ich das vertraute Gebiet hinter mir gelassen. Ich erinnerte mich an den vergangenen Abend, das Gespräch mit der Mutter, den merkwürdig mißlungenen Abschied. Ich wußte, sie war mit mir nicht zufrieden. Während der Zugfahrt mochte sie sich im stillen beklagt haben. Ich hatte meine Ungeduld nicht beherrschen können, andererseits hatte ich ihren Erzählungen widerstanden.

Der einfältige Zuhörer schweigt. Mit jedem Satz, den er sich anhören muß, gerät er tiefer in die träumerische Woge des Vergessens. Ich wollte nicht zu einem solchen Zuhörer werden, ich mußte eine andere Haltung zu den Geschichten meiner Mutter einnehmen. Ich nahm mir vor, diese Geschichten aufzuzeichnen. Ja, ich wollte alle Mühe der nächsten Tage daran setzen, dieses Gespinst zu entwirren, von dem ich oft nur Bruchstücke kannte, zu denen mir jede Verbindung fehlte.

Der Gedanke an dieses Vorhaben löste eine schwache Emphase aus. ›Ich komme dir zuvor‹, dachte ich und war selbst darüber erstaunt, als ich den Satz laut wiederholte.

Ich durchquerte eine Schonung und ging auf der Höhe einer langgestreckten Kuppe entlang. Dann lief ich durch ein Waldstück hinab ins Tal. Ich hörte das Bachgeriesel, blieb aber nicht stehen, sondern ging ununterbrochen mehrere Stunden. Ich hatte keinen Proviant mitgenommen, aber ich verspürte nicht einmal Hunger, nur der Durst wurde mit der Zeit größer. Die Tannen standen wintergesättigt dicht neben den abgeholzten Flächen, und der Erdgeruch war noch schwach. Vogelschwärme lösten sich aus dem Dickicht und trieben eine Weile vor mir her. Ich traf keinen Menschen, die Feldarbeit hatte noch nicht begonnen. Erst am frühen Nachmittag erreichte ich das erste Dorf, aber ich hatte noch keine Lust, irgendwo einzukehren. Ich erkundigte mich nach dem Rückweg und erfuhr, daß es noch ein paar Kilometer bis zu einem Hof waren, den ich kannte. Es wurde kühler, und ich bereute es, so tief in die Täler abgestiegen zu sein. Doch der Weg in die Höhe war zu mühsam, so daß ich die Landstraße nahm. Als es dunkelte, traf ich auf dem Hof ein. Die Hunde liefen mir kläffend entgegen, eine Frau kam aus der Tür und musterte mich aus der Ferne. Ich ging näher und begrüßte sie. Sie hatte mich nicht erkannt, aber als ich den Namen meiner Mutter nannte, wußte sie sofort, wer ich war. Ich erzählte von meinem Spaziergang, und sie hörte zu, als müßte sie länger nachdenken. Dann nahm sie mich mit hinein. Drinnen spielten die Kinder, und die Frau vertrieb sie in einen anderen Raum. Sie rief ihren Mann, nach einer Weile kam er aus der Nebenstube. Er schien geschlafen zu haben, denn er wischte sich fortgesetzt durch das zerzauste Haar. Seine Schritte waren noch schwerfällig vom Schlaf. Er gab mir die Hand und holte etwas zu trinken.

Ich blieb fast eine Stunde. Sie erkundigten sich nach meiner Arbeit, und ich erzählte ein wenig, während die Frau sich daran machte, das Essen vorzubereiten. Ich wollte nicht allzusehr stören, aber sie schienen sich durch meine Anwesenheit gar nicht gestört zu fühlen. Für sie war ich nichts als der Sohn meiner Mutter; sie kannten sie seit ihrer Jugend, und ich erzählte von ihrer Reise in die Schweiz. Langsam gerieten wir dorthin, wohin ich mit meinen Fragen kommen wollte. Sie sprachen von der Vergangenheit wie von einem Traum, an den man sich nicht mehr recht erinnert. Aber ich erfuhr, was ich wissen wollte.

Ich erhielt eine kräftige Suppe, die die Frau auf dem Herd erwärmt hatte. Ich war froh, mir am Abend nichts mehr kochen zu müssen. Beim Abschied wurden sie lauter als zuvor, so daß die Kinder ins Zimmer liefen, um nachzuschauen, was geschehen war. Ich verabschiedete mich.

Draußen war es sehr dunkel. Ich kannte den Weg, konnte aber keine Abkürzung mehr nehmen. Es wäre zu gefährlich gewesen. So hielt ich mich auf der Landstraße, und ich achtete kaum noch darauf, wie schnell ich vorwärts kam. Es war mir gleichgültig. Ich hatte die Fortsetzung zur Geschichte meiner Mutter erfahren. Es war verblüffend, alles drehte sich nur um einen einzigen Satz. Als ich die Ereignisse verbunden hatte, wünschte ich mir, bald zu Hause zu sein. Jetzt nur nichts vergessen, jetzt keine Einzelheit unter den Tisch fallen lassen!

Doch als ich das Haus erreichte, spürte ich erst die große Müdigkeit. Ich ließ mir ein Bad einlaufen und machte mir noch einige Brote. Ich stellte den Wein kühl und trank einen großen Schluck Cognac. Dann verriegelte ich die Fenster und schaute nach, ob die Kellertüren abgeschlossen waren. Ich badete kurz und ging später in das große Zimmer, von dem aus man ins Tal sehen kann. Kein Geräusch, nicht einmal der Wind, der doch am Abend heftig geweht hatte, war zu hören. Ich dachte daran, mir im Fernsehen die Nachrichtensendung anzuschauen. Doch sofort fiel mir ein, daß ich so nur vergessen könnte, was ich aufschreiben wollte.

Ich wollte mich nicht ablenken, ich wollte gründlich vorgehen, Schritt für Schritt. Ich entkorkte die Weinflasche, nahm mir ein Glas aus dem Schrank, holte einen Packen Papier aus dem oberen Stockwerk.

Die Lust auf den Arbeitsanfang trieb mich an. Ich nahm mir vor, sie nicht durch falsche Eile zu ersticken. Ich ging ins Blockhaus und riegelte die Tür ab – ich schrieb.

Mit dem Beginn des Wahlkampfs im Februar 1933 hatten auch in Knippen Großaktionen von SA-Trupps begonnen, die die unentschlossenen Einwohner des Dorfes einschüchtern sollten. An jedem Sonntag wurde der Ort zum Ziel anscheinend ununterbrochener Eroberungswellen. In den Wirtschaften saß man kaum noch ungestört; man war den beobachtenden Blicken von Spitzeln ausgesetzt, die unter sich blieben, aber die Ohren überall hatten. Das Küchenpersonal wurde bedrängt, Sätze, die gegen die neue Regierung gerichtet waren, zu notieren; Kellner wurden bestochen und erhielten für Meldungen über »Hetzer« und »Intriganten« Belohnungen. Mit den Tagen lösten sich die früher von allen respektierten Grenzen im Dorf auf. Die Arbeiter strömten an den Abenden zum Marktplatz, um die Wahlkundgebungen zu besuchen, im Unterdorf wurden Aufmärsche der Kommunisten verboten, und als sich einmal ein kleiner Trupp ins Dorfinnere wagte, wurde er sofort von SA-Männern umstellt und abgeführt.

In kurzer Zeit waren auch in den Nachbargemeinden Ortsvereine und lokale Gruppen der Nationalsozialisten entstanden. Sie veranstalteten Sprechabende, Werbeversammlungen und Mitgliedertreffen und drängten an den Wochenenden nach Knippen, wo es vereinzelt zu Saalschlachten mit den Sozialdemokraten kam. Bald wurden aber auch deren Wahlveranstaltungen verboten. Selbst die Zentrumsmänner wagten kaum noch, öffentlich aufzutreten, weil sie sicher sein konnten, dem Gelächter herbeibeorderter Parteigenossen in Zivil preisgegeben zu werden.

Die Nazis gewannen mit jedem Tag mehr die Oberhand. An einem Vormittag besetzte ein Trupp den Bahnhof, an einem anderen Tag forderte man die Hausfrauen durch Lautsprecher auf, an den Kundgebungen der NS-Frauenschaft in der »Bürgergesellschaft« teilzunehmen. Aus allen Gegenden waren Redner eingeladen worden. Den Bauern brachten Motorradstaffeln Flugblätter und Versammlungsaufrufe auf die Höfe. Mit immer neuen Appellen wurden die Arbeiter aus den verhaßten Kolonien, in die man sie früher wie eine Herde Aussätziger verdrängt hatte, ins Innere des Dorfes gelockt. Die Handwerker kleinerer Betriebe wurden aufgerufen, der Partei beizutreten, die ihnen eine Gesundung der Wirtschaft versprach, die Beamten wurden zu Vorträgen und Schulungskursen über die Entstehung des »neuen Deutschland« ins Rathaus geladen.

So verging kaum noch ein Tag ohne Aktionen. Das Dorf wurde von allen Seiten bestürmt. SA-Männer kontrollierten die Ausfahrstraßen unter dem Vorwand, den

Verkehr zu regeln. Noch nie hatte man in Knippen so viele Menschen auf den Beinen gesehen. Sie ließen sich von den Neuigkeiten anstecken und warteten an den Straßenrändern, wenn Witter, der Revierförster, in einem Standartenwagen vorbeifuhr, um später vor dem Amt haltzumachen und an den organisierten Eintopfessen teilzunehmen, zu denen besonders die Arbeitslosen herbeiströmten.

Geschickt hatte man sich die Tallage des Dorfes zunutze gemacht. Tief fliegende Flugzeuge warfen Flugblätter ab, und Trommelwirbel schreckte die Menschen im Ostviertel bereits auf, wenn aus Westen die Lastwagen mit den eiligen Stoßtrupps eintrafen, die die noch Zögernden den Trommlern zutreiben sollten, so daß sich die beiden Züge schließlich auf dem Marktplatz trafen.

Schon vor einigen Jahren war Harry Krämer aus Koblenz nach Knippen gekommen. Er hatte in der Papierwarenfabrik ein kleines Büro eröffnet, Wochen später waren die ersten Ausgaben eines Blattes erschienen, das den Kampf mit den »Siegblättern« hatte aufnehmen sollen. Krämers »Volkswacht« unterstützte die Politik einer kleinen nationalsozialistischen Partei, um deren Parolen sich vorerst niemand gekümmert hatte.

Doch in diesen Wochen des Wahlkampfs hatte Krämer gelernt, die Aktionen im Dorf zu dirigieren. Die Auflage der »Volkswacht« war auf das Zehnfache gestiegen. Er hatte einen Stab von Mitarbeitern und Zubringern aufgebaut, die über die neuesten Meldungen, aber auch über die Stimmung und die Gerüchte im Dorf informiert sein sollten. Er fand sie leicht unter den Arbeitslosen, die früher in der Nähe des Bahnhofs ihre

Tage verbracht hatten. Krämers kleines Büro in der Papierwarenfabrik zog immer mehr Menschen an, die dort die neuesten Erlasse und Verordnungen, aber auch Einzelheiten des Dorftratsches erfahren wollten, den Krämer in der »Volkswacht«, oft ohne Namen zu nennen, verbreitete. Am Morgen legte er die Schlagzeilen fest, machte das Titelblatt auf und verschwand zu Wahlkampfveranstaltungen in der Umgebung, einen Troß von Begleitern hinter sich herziehend. An Sonntagen schickte er sie auf den Kirchplatz, wo sie auf dem »halben Mond« promenierten, Zigaretten rauchten, die Namen von Gottesdienstbesuchern notierten. Bald gab sich Krämer auch damit nicht zufrieden. Er ließ sie unter der Kanzel Stellung beziehen, wo sie während einer Predigt, stehend und mit sichtlicher Langeweile, den Ausdruck der Empörung genossen, der sich auf den Gesichtern der Gläubigen abzeichnete, unter denen sich dann und wann auch meine Mutter mit ihren Eltern oder den Geschwistern befunden haben mochte.

Ich habe die Eltern meiner Mutter noch gekannt, als Kind habe ich sie oft besucht. Im Februar 1933 war mein Großvater Vorsitzender des Ortsvereins der Zentrumspartei. Ich kann mir gut vorstellen, wie stolz und unbeirrt er an den Sonntagen in die Kirche ging. Der Kirchgang war für ihn mehr als eine Pflicht, er war ein Ausdruck sozialer Behauptung. Über die letzten wirtschaftlich schlechten Jahre war er besser als viele andere hinweggekommen. Durch den Ausbau der Kolonien hatte sich seine Speditionsfirma zu einem der größten Unternehmen im Dorf entwickelt. Nach seinen Plänen hatte man damals das alte Wohnhaus abgerissen und ein neues an die Stelle gesetzt. Es war ein geräumiges Gebäude, mit einem großen Lichthof im Inneren, auf dessen gläsernes Dach die Regentropfen schlugen, mit einem hellen Erkerzimmer, in dem die beiden Mädchen während der Handarbeiten saßen, und mit einer Studierstube für den ältesten Sohn. Im unteren Stock war die Sparkasse eingezogen, und in einem Nebengebäude hatte man die Geschäftsstelle der Firma untergebracht, die kleinen Büros, in denen die Angestellten das Notwendigste an die Bauern der Umgebung verkauften, Saatgut und Dünger, Setzkartoffeln, auch Kohlen und Briketts, während die Großbauern mit ihren Wagen zum Güterbahnhof fuhren, wo man gleich neben den Gleisen die Lagerhallen der Firma errichtet hatte. Der Großvater war ein geschickter, ehrgeiziger Kaufmann, der aus einem kleinen Fuhrbetrieb ein ansehnliches Geschäft gemacht hatte, mit den Listen des Tüchtigen und dem unerschütterbaren Mut eines anfangs kleinen Mannes, der sich später alles leisten konnte, was man im Dorf begehrte, den Billardmorgen mit den Honoratioren im Hotel, die Kartenspielnachmittage in Stocks Wirtschaft und das »Hondagmachen« auf dem Land an den fetten Tagen der Wintermonate, an denen die Schlachtfeste stattfanden.

Ende Januar 1933 hatte mein Großvater mit einigen Familienmitgliedern im Erkerzimmer gesessen. Am frühen Abend waren die ersten SA-Trupps in Knippen eingetroffen, nachdem am Nachmittag die rote Hakenkreuzfahne auf dem Dach des Parteilokals gehißt worden war und ein paar Eifrige dem Zeichen sofort gefolgt waren und ebenfalls Fahnen an den alten Gebäuden der Dorfstraße angebracht hatten. Als der Lärm stärker geworden war, hatte mein Großvater den Kindern verboten, das Haus zu verlassen, er hatte sich hinter seine Zeitung zurückgezogen, während draußen die Stoßtrupps mit überfüllten Lastwagen vorgefahren waren und die SA-Männer wie eine schwere Ladung abgeworfen hatten. Meine Mutter hatte bemerkt, daß ein Teil hinaus zum Marktplatz, der andere dagegen in Richtung des Bahnhofs ausgeschwärmt war. Wenig später hatte nach Momenten der Stille der Gesang eingesetzt, einige Fenster der Nachbarhäuser waren aufgeflogen, doch mein Großvater hatte bestimmt, ›die schauen wir uns nicht an, diese Mäckeser nicht‹.

Mäckeser nannte man im Siegerland die Wohnsitzlosen, die mit einem kleinen Karren von Ort zu Ort zogen, hausierten, vom Betteln lebten, den irdenen Mäckeskessel am Wagen. Meist waren es Korbmacher oder Scherenschleifer wie der alte Krotzer, der regelmäßig im Frühjahr in Knippen aufgetaucht war, in seinem verwaschenen, blauen Kittel, ein buntes Taschentuch um den Hals geschlungen, die zerdrückte Ballonmütze auf dem Kopf.

Die Mäckeser sprachen untereinander eine eigene Sprache, die kaum jemand sonst verstand. Mein Großvater hatte den alten Krotzer einmal für einen Tag ins Haus genommen, damit er Scheren und Messer schärfte. Damals hatte er draußen im Garten bei meiner Mutter und der Schwester gesessen, seine Arbeit getan und das Spiel begonnen – ›was ist das‹, ›das ist dein Kopf‹, ›nein, nicht mein Kopf, sondern mein Kiewes; was ist das‹, ›das ist Brot‹, ›nein, kein Brot, sondern Mahro; was halte ich hier‹, ›du hältst ein Ei‹, ›nein, kein Ei, sondern ein Gackelchen‹. Der alte Krotzer hatte einen

Mäckeskessel zurückgelassen, in dem noch später das warme Wasser auf dem Herd aufbewahrt worden war.

An jenem Januarabend muß meine Mutter Mühe gehabt haben, ihren Vater zu verstehen. Sie begriff nicht sofort, warum er die SA-Leute Mäckeser nennen konnte, denn sie kannte einige von den Männern, die aus der näheren Umgebung kamen. Sie hatte aber wohl nicht gewagt, den Vater zu fragen, oder sie hatte keine Zeit dazu gefunden, denn mit der einbrechenden Dunkelheit war der Fackelzug losgezogen, und man hatte die im Zehnerglied marschierenden Männer singend am Haus vorbeiziehen hören, so daß der Vater sich erkundigt hatte, ›könnt ihr die verstehen, was singen die‹. Doch war der Gesang weder zu laut noch zu leise gewesen, man hatte die einzelnen Worte nicht deutlich genug verstehen können. Meine Mutter war aufgestanden und ins Nebenzimmer gegangen. Sie hatte das Fenster geöffnet und hinausgeschaut, sie hatte gehorcht und verstanden, ›SA marschiert, SA marschiert mit ruhig festem Schritt‹. Sie hatte das Fenster leise wieder geschlossen, war zurückgegangen und hatte es dem Vater mitgeteilt. ›Sprich lauter, sprich lauter, ich kunn dich nit verstoan‹, hatte der Großvater ihr aufgetragen. Er hörte seit Jahren schlecht, an manchen Tagen schien er kaum ein Wort zu verstehen. Meine Mutter hatte den Liedtext wiederholt, doch sie hatte sich bei dieser Wiederholung verhaspelt, so daß nur etwas von ›marschierenden Tritten‹ zu hören gewesen war. ›Sprich lauter, sprich lauter, ich kunn dich nit verstoan‹, hatte der Großvater erneut verlangt. In diesem Augenblick hatte meine Mutter verstanden, warum der Vater von den ›Mäckesern‹ gesprochen hatte. Die Mäckeser sprachen eine fremde Sprache, die Mäckeser gehörten nicht zum Knippener Volk. ›Sie singen Mäckeserlieder‹, hatte meine Mutter, lauter werdend, gerufen, und mein Großvater hatte genickt, als verstehe er vollständig, was sie meinte.

Später war meine Mutter in die Küche gegangen, um das Abendessen vorzubereiten. Doch die Neugierde hatte ihr keine Ruhe gelassen. Sie war die Treppe hinaufgestiegen und hatte auf dem Dachboden die noch leicht vereiste Luke aufgestemmt, um über die Dächer des Dorfes schauen zu können. Auf den Hügeln in der Umgebung, auf dem Kucksberg, dem Alserberg und dem Steimel, hatten Feuer gebrannt. Es war ihr so vorgekommen, als hätten sich diese Feuer mit dem Fackelzugleuchten zu einer einzigen grellen Farbe zusammengetan.

An den folgenden Tagen überlegte meine Mutter, warum ihr diese Vorgänge so fremdartig und unvorhersehbar erschienen waren. Hatte sie die Veränderungen der letzten Jahre verschlafen oder verträumt? In diesen Jahren hatte sie ein Internat, das von Franziskanerinnen auf der Insel Nonnenwerth geführt wurde, besucht. Nun dachte sie manchmal daran, daß sie das Jungmädchenleben eines behüteten Kindes geführt hatte, ein Unschuldsleben, das mit ihren beinahe zwanzig Lebensjahren längst nicht mehr übereingestimmt hatte. Kochen, Handarbeiten, religiöse Unterweisung – meine Mutter hatte niemals dagegen opponiert, höchstens hatte sie sich einmal über den strengen, prüde-pedantischen Ton der Nonnen lustig gemacht, die in diesen Zöglingen eine Schar guter Hausfrauen und Mütter heranzuziehen geglaubt hatten. Doch jetzt hatte meine Mutter entdeckt, daß die Vergangenheit ein langanhaltender Traum aus Vorsicht, Scheu und Artigkeit gewesen war, ein vielleicht unerlaubt saumseliges Leben ohne andere Konflikte als die, die sich aus den Streitereien unter den beinahe erwachsenen Mädchen ergeben hatten. Bisher hatte sie ihr Leben in der stickigen Luft eines klosterähnlichen Gebäudes im Zaum gehalten, eingeschnürt in frisch gestärkte weiße Schürzen, scheinbar uneinholbar von jeder Zeit, eine zurechterzogene Beute der Männer, die bald von ihren Künsten profitieren würden, von der rentablen Verwertung der Essensreste einer Mahlzeit, von Stickereien an Tischtüchern und Mantelaufschlägen. Zwar hatte sie dieses Leben manchmal als Bevormundung verstanden, doch sie hatte den festgelegten Tagesplan mit jener Mischung aus Trotz und unüberbietbarem Fleiß eingehalten, der sie bald zu einer herausgehobenen Person inmitten eines Mädchenkreises gemacht hatte, zu einer Anführerin bei kleinen unerlaubten Späßen, nächtlichen Ausflügen, Bettlektüren und anderen Heimlichkeiten, die in diese Mädchenleben einen Schimmer nicht zu bändigender Neugierde getragen hatten, ein inneres Knistern, das sich in überreizten Lachkrämpfen und Weinanfällen einen Ausweg suchte, jedoch erst zu sich gekommen war, als der letzte Tag mit einigem Anstand und den üblichen Schulfeiern absolviert worden war.

War man nicht, fragte sich meine Mutter, zu einer scheuen Zurückhaltung erzogen worden, die zu den nächtlichen Aufmärschen, Fackelzügen und Marschliedern nicht passen wollte, hatte man nicht eine Anwartschaft auf kleine Sorgen und ruhiges Dienen erworben, geplagt vielleicht von schlecht sitzenden Röcken, zu weiten Mänteln, gekürzten Ärmeln, einem Zurechtschnippeln des Außergewöhnlichen auf das brauchbarste Maß, das vielen gefallen mußte und am wenigsten denen, die sich selbst etwas übermütig benahmen? Vielleicht hatte sie deshalb von viel Wichtigerem nichts bemerkt, vielleicht deshalb die verstreuten Dorfnachrichten, die ihr in den Ferien zu Ohren gekommen waren, nie ernst genommen, vielleicht deshalb nicht deutlich gehört – der Revierförster Witter ist ein SA-Mann, der Witter hat aus der Revierförsterei ein Naziheim gemacht, bei Witter treffen sich die Nazis, wer weiß wozu. Andererseits hatte man es ihr nicht schwer gemacht, auf dieses Gerede wenig zu geben. Es hatte den üblichen Zuschnitt übertriebener Kleinigkeiten, und meine Mutter hatte sich daran gewöhnen wollen, dergleichen nicht allzu wichtig zu nehmen. Wenn sie aus Nonnenwerth für einige Wochen nach Hause zurückgekehrt war, waren ihr die Fehler der Einheimischen erst recht ins Auge gefallen; plötzlich hatte sie die lächerliche Kleidung der Bauern an den Sonntagen bemerkt, die viel zu kurzen Hosen, die Strohhüte, die Kaiserbärte, die frisch geputzten und doch immer verbeulten Schuhe. Sie hatte das Dorfgetuschel – Witter versammelt immer mehr Menschen in der Revierförsterei, in Knippen ist eine neue Zeitung gegründet worden, in Knippen gibt es jetzt ein Parteilokal der Nazis – so aufgefaßt, wie sie früher die alten Spukgeschichten aufgefaßt hatte. Der lange Aufenthalt auf Nonnenwerth hatte ihrem Blick auf die Verhältnisse im Dorf einiges Neue hinzugefügt; sie hatte den Abstand gewonnen, die Verhältnisse nicht mehr mit derselben Beteiligung zu sehen, wie die Eltern sie sahen;

sie hatte den Übermut gekostet, der sich nicht mehr in ein strenges Dorfleben einfügen lassen wollte; sie hatte ein Vergnügen an Reisen entwickelt, das durch die häufigen Fahrten zwischen Internat und Heimatdorf entstanden war; sie hatte den eigenen Willen hervorzuheben gelernt, der sich nicht mehr alles vorschreiben lassen wollte, sondern sich zur Wehr setzte gegen eine Erziehung, die in ihren Augen ein paar Jahre zu spät kam und dem jahrhundertealten Gehorsamkeitsbeten in den Kirchen ähnelte, diesen endlosen Litaneien, Rosenkränzen und Ergebenheitsbekundungen der Knippener Gemeinde für einen grausam fernen Gott.

An dem Februarsonntag 1933 hatte meine Mutter gegen acht Uhr die Tür der Pfarrbibliothek aufgeschlossen. Sie hatte den dunklen Mantel abgelegt und den alten Blumenstrauß aus dem Fenster geholt, als ein SA-Trupp in den kleinen Ausleiheraum eingedrungen war und die Herausgabe der Kartei mit den Namen der Benutzer verlangt hatte. Man hatte ihr gedroht, daß man keine Ruhe geben werde, daß sie, wenn sie den Befehlen nicht gehorche, gezwungen werde, die Kartei herauszurücken. Meine Mutter war auf diese Zudringlichkeit, auf das herrische Befehlen und Anordnen, am wenigsten vorbereitet. Sie hatte versucht, sich nicht alles gefallen zu lassen. Sie hatte mit zunehmender Erregung darauf hingewiesen, daß ihr dieser herrische Ton zuwider, daß sie kein junges Mädchen mehr sei, mit dem man umgehen könne, wie man wolle. Sie hatte betont, daß sie eine Frau sei, die Achtung und Zurückhaltung verdiene, und sie hatte, als die SA-Männer von alldem nichts wissen wollten, mit einer auffahrenden Geste jenen Satz gesagt, der ihre Festnahme ausgelöst hatte, einen richtigen Satz, wie sie später noch glaubte, einen Satz, der zusammenfaßte, was sie in diesem Augenblick zum Ausdruck hatte bringen können: ›Mäckesern, Mäckesern zeige ich keine Benutzerlisten.‹

In der gestrigen Nacht war mir dieser Satz nicht aus dem Kopf gegangen, es war der Satz, den ich bei meinem Aufenthalt auf dem Thäler Hof erfahren hatte. Erst jetzt hatte ich ihn mit all den verstreuten Nachrichten, die ich von Jugend auf kannte, in Verbindung bringen können. Meine Unruhe legte sich nicht, ich ging in die Küche und öffnete eine zweite Flasche Wein. Ich setzte mich vor das kleine Küchenfenster und trank. Da erst fiel mir auf, warum ich mich gegen die Geschichten meiner Mutter so gewehrt hatte. Sie erzählte von der Vergangenheit mit dem heimlichen Stolz derer, die dabei gewesen waren. Sie packte ihre Erinnerung wie ein kostbares, zerbrechliches Gut aus; unter den Schichten einer verlokkenden Verpackung kam am Ende sie selbst zum Vorschein, die Gestalt eines wohl gehüteten Geheimnisses, der keiner zu nahe treten sollte. Niemals hatte sie verschiedene Versionen ihrer Geschichte gelten lassen, sie hatte nicht einmal hingehört, wenn ein anderer begonnen hatte, Ereignisse zu erzählen, an denen sie beteiligt gewesen war. Niemand durfte mit ihr konkurrieren, nur sie selbst schien den einzigen Schlüssel zu Erlebnissen zu besitzen, deren Verlauf sich ihr so eindringlich eingeprägt hatte, daß sie wie mit traumwandlerischer Sicherheit von Vorgängen erzählte, die ich mir nicht einmal vorstellen konnte. Diese durch nichts zu erschütternde Manie hatte mich gereizt.

Aber es kam noch etwas Wichtiges hinzu. In der Erzählung, die sie mir am vergangenen Abend vorgetragen hatte, erschien sie am Ende als der Dreh- und Angelpunkt der Ereignisse. Carl und Theo hatten sich aufgemacht, sie zu suchen. Doch die Schilderung dieser Suche streute die zahlreichen Hinweise darauf, welche Vorgänge und Veränderungen im Dorf zur Festnahme geführt hatten, nur am Rande aus. Es kam mir so vor, als könnte meine Mutter noch immer nicht mit vollem Bewußtsein verstehen, was vorgegangen war. Die Hakenkreuzfahnen, die Versammlung der SA-Leute in der Wirtschaft, der Aufmarsch des Trupps auf dem Kirchplatz – in ihren Augen waren es unheimlich erscheinende Begleiterscheinungen zu ihrer eigenen Geschichte. Sie war einer losgelassenen Horde unbeherrschter Menschen in die Hände gefallen, und sie fragte sich noch immer, ob sie das verdient hatte. Ihre Erzählung fixierte ihre Furcht, ihr anhaltendes Erschrecken darüber, daß so etwas möglich gewesen war. Aber noch immer rührte sie sich nicht, wenn sie erzählte. Sie setzte sich dem Strom ihrer Erinnerungen wie ein Opfer aus, dem in jedem Augenblick wieder etwas Schlimmes widerfahren kann, vielleicht nicht vergleichbar dem, was sie erlebt hatte, aber doch von ähnlicher Härte und Schicksalhaftigkeit. In ihren Erzählungen knüpften sich die geschichtlichen Ereignisse zu einem festen Strick zusammen, der ihr von ferner, unbekannter, grausamer Hand geknüpft worden war. Diesen Glauben hatte sie sich nie nehmen lassen, ich wußte, wie sehr ihr Leben gerade diesen Glauben geködert und bestärkt hatte. Daher war es ihr auch nie gelungen, von ihren Gefühlen oder Empfindungen im einzelnen zu erzählen. Sie hatte sich daran gewöhnt, ihre inneren Erlebnisse hinter einem dramatischen Geschehen zu verbergen, das mit jedem Zug der Entwicklung nichts anderes als ihre Vernichtung zu fordern schien.

Ich stand auf und zog mir den Mantel über. Ich hatte in meinen Überlegungen weit vorausgegriffen. Vorläufig bezeichneten sie nur lächerliche Vermutungen, die meinen Schreibanläufen entgegenkamen. Es war bezeichnend, daß ich mich nur an die Katastrophen erinnerte, die das Leben meiner Mutter bestimmt hatten. Hatte ich aber nicht den Auftrag, den Verbindungen zwischen diesen Katastrophen nachzugehen, und durfte ich mich in einem so frühen Stadium meiner Überlegungen schon zu Urteilen hinreißen lassen? Warum drängte es mich überhaupt so sehr, ihr etwas nachzuweisen, als falle ihr irgendeine Schuld an den Ereignissen zu? Ja, warum setzte ich den Vorgängen mit beinahe peinlicher Aufdringlichkeit nach? Was löste diese aufdringlichen Gedankengänge aus und was machte sie erst jetzt – fünfzig Jahre nach den Ereignissen, die ich schilderte – so bedenkenswert? Früher hatten mir diese Erzählungen nichts bedeutet. Hatte ich sie nicht selbst aus meiner Erinnerung ausgeblendet, und war ich dabei nicht ähnlich vorgegangen wie meine Mutter?

All das sollten die nächsten Tage entscheiden. Ich ging hinaus. Draußen schneite es heftiger, und der schmale Gehweg war nicht mehr zu erkennen. Ich schlug den Mantelkragen hoch und versuchte, den Weg zur Straße zu finden. Ich erinnerte mich daran, daß ich vor Jahren mit Marie einmal meine Mutter in der Schweiz besucht hatte. Ich hatte Marie noch nicht lange gekannt, aber als meine Mutter von der beginnenden Freundschaft gehört hatte, hatte sie uns eingeladen. Es war der Winter, den mein Vater bei Freunden in Italien verbracht hatte, nachdem die Herzbeschwerden stärker geworden waren. Meine Mutter hatte für zwei Wochen im Engadin Station gemacht; in der Nähe von Zuoz hatte sie die obere Etage eines Bauernhauses gemietet. Marie und ich kamen spät am Abend an, und sie führte uns gleich in unser Zimmer, das sie mit Blumen geschmückt hatte.

Ich hatte Marie in einem Kino kennengelernt. Wie meist hatte ich mir einen freien Platz in einer der vorderen Reihen gesucht, in denen niemand außer mir sitzen wollte. Ich sehe nicht gut, und es macht mir Mühe, die großen Filmbilder aus weiter Entfernung zu verfolgen. Die Abendvorstellung war gut besucht, bald füllten sich auch die vorderen Reihen. Marie kam allein, sie trug eine braune, schmale Tasche über der Schulter, die mir beinahe in den Schoß gefallen wäre, als sie den Mantel auszog. Sie entschuldigte sich, wir wechselten ein paar unbedeutende Worte. Nach der Vorstellung verliefen sich die Zuschauer langsamer als gewöhnlich. Marie hatte ihren Mantel übergezogen, und ich hatte, um das Spiel fortzusetzen, die Tasche gehalten. Wir verließen das Kino so, als hätten wir es gemeinsam betreten. Ich lud sie zu einem Glas Wein ein, und ich wußte, daß sie die Einladung annehmen würde. Sie sah ganz so aus, als sei sie eine vergnügte Weintrinkerin.

Ich hatte mich nicht getäuscht. Wir tranken einen Abend lang zusammen, sie gab sich munter und ausgelassen, ihre Fröhlichkeit steckte mich an. Ich glaube, es wurde recht spät. Sie wollte nicht nach Hause gebracht werden, sie kam nicht einmal auf den Gedanken. Statt dessen bestellte sie sich ein Taxi. Sie hinterließ eine Karte mit ihrer Telefonnummer, die ich in meiner Manteltasche fand, als ich das Lokal verließ. Bald trafen wir uns häufiger, wir freundeten uns an, doch unsere Treffen nahmen immer denselben Verlauf. Wir aßen in einem Lokal etwas zusammen, wir tranken einige Gläser Wein, wir gerieten ins Erzählen, dann trennten wir uns. Ich wäre nie auf den Gedanken gekommen, Marie zu mir einzuladen, und ich war sicher, sie hatte nicht die geringste Lust, mich eine Nacht lang in ihrer Wohnung unterzubringen.

Eines Abends hatte ich ihr vom Vorschlag meiner Mutter erzählt, sie in der Schweiz zu besuchen. Ich war sehr erstaunt, als Marie sofort einwilligte. Später hatte ich es bereut, den Vorschlag überhaupt erwähnt zu haben. Doch da war bereits nichts mehr aufzuhalten. Wir hatten den Zug genommen und waren in die Schweiz gefahren.

Meine Mutter hatte Marie auf dem Bahnsteig umarmt, schon das war mir nicht recht gewesen. Sie hatte in einem Restaurant einen Tisch reservieren lassen, und wir waren bald nach unserer Ankunft zum Essen gegangen. Marie hatte sich rasch an meine Mutter gewöhnt; die zahlreichen Aufmerksamkeiten, mit denen sie bedacht wurde, gefielen ihr. Die beiden schienen sich so zu verstehen, als hätten sie einander schon einmal getroffen. Meine Mutter erkundigte sich nicht nach unserer Freundschaft, sie schien von vornherein mit allem vertraut zu sein.

In dieser Nacht hatte ich das erste Mal mit Marie geschlafen. Ich hatte mich über unser Einverständnis gewundert, war aber im Laufe der Nacht häufig wach geworden. Als ich einmal das Zimmer verlassen hatte, war mir der Lichtschein aufgefallen, der aus dem gegenüberliegenden Zimmer meiner Mutter in den Flur gefallen war. Ich hatte geklopft und war eingetreten. Meine Mutter saß lesend am Fenster. Sie beklagte sich darüber, die Höhenluft nicht gut zu vertragen. Ich setzte mich zu ihr.

Sie begann, ununterbrochen auf mich einzureden. Sie sprach von ihrer Jugend, von der Zeit im Internat, sie schilderte die Freundinnen, mit denen sie Ausflüge ins Rheinland gemacht hatte, sie beschrieb die Tage mit dem Bruder, der sie besucht hatte, sie erwähnte die Ferienaufenthalte in Freiburg und Bonn. Sie schien zu schwärmen, und ich kannte mich nicht in ihr aus. Noch nie hatte ich sie so befreit erzählen hören. Sie übertrieb nicht, sie schmückte die Ereignisse nicht aus; kein Erlebnis erhielt etwas von jener düsteren Hilflosigkeit, die ihm in anderen Schilderungen angehaftet hatte. Plötzlich erschien sie mir als das junge Mädchen, das ich in ihren Erzählungen immer vergeblich gesucht hatte. ›Macht euch ein paar schöne Tage‹, sagte sie am Ende, ›ich fahre morgen ab, es geht mir nicht gut.‹

Am nächsten Morgen hatten wir sie zur Bahn gebracht. Marie und ich waren nicht mehr die ganze Woche geblieben. Nach der Abreise meiner Mutter langweilten wir uns. Wir waren nicht daran gewöhnt, die Tage gemeinsam zu verbringen. Verfrüht brachen wir auf.

Ich hatte den Weg zur Straße nicht gefunden und war in ein Waldstück geraten. Der Schnee blieb bereits auf den

Ästen liegen. Ich dachte noch einige Zeit an Marie. Wir hatten uns noch manchmal getroffen, dann war sie für ein Jahr ins Ausland gereist, um ihre Ausbildung fortzusetzen. Sie hatte mir geschrieben, aber ich hatte ihr nicht immer sofort geantwortet. Im Ausland hatte sie einen Franzosen kennengelernt, als sie zurückkam, sprach sie begeistert von ihm. Ich nahm mir vor, sie in den nächsten Tagen einmal anzurufen. Wir hatten uns längere Zeit nicht gesehen.

Als ich die Straße endlich erreichte, atmete ich auf. Nun konnte ich schneller und freier gehen. Auf dem nassen Asphalt lösten sich die Schneeflocken sofort auf. Ich blieb auf der Straße und ging langsam Richtung Knippen; das Dorf war auch in der Dunkelheit aus der Ferne zu erkennen. Nur auf der Höhe fiel Schnee; als ich eine Weile gegangen war, verwandelte er sich in einen leichten Regen.

Schließlich erreichte ich den Ort. Kein Mensch war zu sehen. Ich ging hinab zum Kirchplatz und drehte auf ihm einige Runden, immer im Kreis. Es war kalt geworden, und ich bereute es, mich nicht wärmer angezogen zu haben. Die Kirche war abgeschlossen, ein Hund kam mir entgegen, als ich den Platz verließ. Er machte in meiner Nähe Halt und lief ein Stück hinter mir her. Ich ging weiter und erreichte die Siegbrücke. Auf der anderen Seite lag das Fachwerkgebäude der alten Zollstation. In ihm wohnt seit Ende des Krieges der Maler Peter Hacker. Da er im zerstörten Köln nicht hatte leben können, war er nach Knippen gezogen. Er hatte die Zollstation, die damals in schlechtem Zustand war, gekauft und in mühsamer Arbeit renoviert. Hacker hatte in den Jahren nach 1933 die Knippener Kirche ausgemalt. Der

Kirchenvorstand hatte ihn auf eine Empfehlung des Kölner Bischofs hin nach Knippen eingeladen. Hacker war im Siegerland geboren, er war mit den Menschen gut zurechtgekommen. Meine Mutter hatte ihn gekannt. Ich dachte daran, Hacker in den nächsten Tagen aufzusuchen.

Dann ging ich über die Brücke wieder ins Dorf zurück. Ich kam am Haus meiner Großeltern vorbei. Im unteren Stock war noch immer die Sparkasse untergebracht, nichts hatte sich verändert. Das Geschäftsgebäude war im Krieg leicht zerstört worden, doch man konnte die Schäden längst nicht mehr erkennen. Ich blieb eine Weile vor dem Haus stehen, der Regen fuhr mir ins Gesicht. Dann ging ich weiter bis zur Hauptstraße.

Im März 1933 war es im Knippener Gemeinderat zu einer erregten Sitzung gekommen. Die Nationalsozialisten hatten nach ihrem Wahlerfolg die Umbenennung der damaligen Kaiserallee in eine Adolf-Hitler-Straße verlangt. Zum erstenmal hatte der Gemeinderat nicht in den alten Räumen des Rathauses getagt. Man war wegen des angeblich großen Zuschauerinteresses in den Versammlungsraum einer Gastwirtschaft gezogen. An den Wänden hatten Hakenkreuzfahnen gehangen, Hitlers Bild war mit frischem Grün geschmückt gewesen. Saalordner der SA hatten die Ausgänge kontrolliert.

Ich stellte mir meinen Großvater vor, der an jenem Abend den Weg zur Kaiserallee gegangen war. Vor der Wirtschaft waren die Menschen zusammengelaufen. Auf dem Marktplatz hatte ein Spielmannszug gespielt, die neuen Straßenschilder hatten schon bereitgelegen.

Mein Großvater mochte gewußt haben, daß er diesen Aktionen nicht begegnen konnte. In der Sitzung hatte er den Antrag gestellt, die Kaiserallee in Hindenburgstraße umzubenennen, um so die besonderen Verdienste des Reichspräsidenten zu ehren. Es war ein geschickter, unvorhergesehener Schachzug gewesen. Die Sitzung war nach diesem Antrag, bevor noch ein Gegenantrag hatte gestellt werden können, vertagt worden.

Mein Großvater hatte den Stock genommen und war an den Saalordnern vorbei ins Freie gegangen. Ein paar Zentrumsvertreter hatten ihn begleitet, als er – wie in bester Laune – zum Marktplatz spaziert war. Man hatte dem Spielmannszug zugehört und war danach durch den Ort flaniert, hinunter zur Kirche, entlang der Eisenbahnstrecke zum Bahnhof und wieder zur Wirtschaft zurück. Niemand hatte verstanden, was dieser Spaziergang bedeuten sollte. Mein Großvater hatte sich vorgenommen, Gelassenheit und Mut zu zeigen; er wollte einen ruhigen Eindruck erwecken, und er wollte denen, die ihn auf seinem Weg sahen, zu erkennen geben, daß es keinen Grund gab, sich anders zu benehmen als sonst. Vor der Wirtschaft sprach er mit einigen Zuhörern. Viele hielten seinen Vorschlag für angebracht.

Als die Sitzung erneut eröffnet wurde, brachte ein Vertreter der Nationalsozialisten den Antrag ein, den zentralen Platz des Dorfes in Hindenburgplatz, die Kaiserallee aber in Adolf-Hitler-Straße umzubenennen. Noch während der Antrag vorgebracht wurde, sprang der Revierförster Witter von seinem Stuhl auf, um zu applaudieren. Die SA-Ordner brachen in Beifall aus, jemand stimmte Heil-Rufe an; das Deutschlandlied wurde gesungen. Alle hatten sich von ihren Plätzen erhoben, auch mein Großvater stand neben dem Eingang.

Als es zur Abstimmung kam, verließ er den Saal, nahm ein zweites Mal seinen Stock, ging zum Marktplatz hinab und blieb dort lange im Gespräch stehen. ›Nun kannst du täglich die Adolf-Hitler-Straße überqueren‹, sagte jemand zu ihm. ›Ich kunn dich nit verstoan‹, antwortete mein Großvater und ging nach Hause.

Ja, dachte ich, schon gut, eine Geschichte, die man dir erzählt hat; aber es war nicht aufzuhalten.

Wenige Tage nach der Sitzung des Gemeinderates war Kürsch, der Bürgermeister, aufgefordert worden, der Partei beizutreten. Er hatte abgelehnt, so daß man ihn in ein neues Bürozimmer im obersten Stock des Amtes abgedrängt hatte. Dort durfte er noch für einige Wochen Akten unterzeichnen und die scheinbare Macht seiner Stellung ausüben. Dann war er versetzt worden und mit der ganzen Familie aus Knippen verschwunden. Mein Großvater hatte den Umzug organisiert. Am Morgen des Umzugstages war der große Möbelwagen vorgefahren. Der Großvater hatte ein Transparent an der Längsseite des Wagens befestigen lassen. ›Wir danken unserem Bürgermeister‹, stand in großen Lettern darauf. Als sich immer mehr Menschen in der Nähe des Wagens versammelten, schritt die Polizei ein. ›Du mußt die Aufschrift entfernen‹, hatte ein Gendarm zu meinem Großvater gesagt. ›Das muß ich nicht‹, hatte mein Großvater geantwortet, ›dankt ihr ihm es nicht auch, daß er nun wegzieht?‹

Ja, dachte ich, jeder Knippener kannte diese Geschichte; schon gut.

Am ersten Samstagmorgen im April 1933 war es auf der wichtigsten Verkehrskreuzung des Dorfes zu einem Menschenauflauf gekommen. Ein Trupp von vier SA-Männern hatte den Eingang zu einem jüdischen Geschäft versperrt. Der Sohn des Schusters hatte sich durch die gedrängt stehende Menge nach vorne geschoben. Aufgeregt hatte er gegen den Boykott protestiert. Die Menge wurde auseinandergetrieben, der Junge am Nachmittag festgenommen. Zehn Tage mußte er in einer Zelle verbringen. Nach zahlreichen Verhören war er freigelassen worden, als man die Zellen für andere Verhaftete brauchte. Im Dorf hatte er davon berichtet, daß Kommunisten und Gewerkschaftler aus der näheren Umgebung festgehalten wurden. Er hatte sie mit eigenen Augen gesehen.

Ja, dachte ich, viele solcher Geschichten hatte ich zu hören bekommen. Fragte man vorsichtig an, wurden sie einem bereitwillig erzählt. Sie handelten – wie die, die über meinen Großvater in Umlauf waren – von kleinen Siegen der Wortkargheit über den blinden Eifer. Am Ende triumphierte der Schlaue, Gewitzte, aber er bezahlte diesen kurzen Triumph mit seinem baldigen Verschwinden in der Menge der Schweigenden, Zurechtgewiesenen oder Vorsichtigen. So markierten all diese Geschichten, die sich, von heute aus betrachtet, nur noch wie viel zu pointiert erzählte Anekdoten ausnahmen, keinen Einschnitt. Weckte man das Erinnerungsvermögen eines solchen Erzählers, so grub er den kleinen Moment aus, in dem seine eigene Gestalt im Wirrwarr der Vergangenheit an die Rampe getreten war, um sekundenlang aufzuleuchten. Jeder Erzähler wies sich durch diese Geschichten einen unverwechselbaren Platz im Chaos zu, eifrig suchte er den Brennpunkt wiederherzustellen, den seine Person für einen Tag, eine Woche, einen Monat eingenommen hatte, bevor sie wieder im grauen Umfeld der vorantreibenden Ereignisse kaltgestellt wurde.

So flammten diese Geschichten wie Blitze am dunklen Horizont auf. Im nachhinein amüsierte man sich über sie, aber schon dieses Amusement konnte den Schatten der Demütigung niemals verdrängen, der sie umgab. Gerade dieser Schatten unterschied sie von allen anderen Erzählungen und Anekdoten. Sie erschienen wie Rechtfertigungen, sie versuchten, den gutgemeinten Anteil eines passiven Widerstandes gegen die Diktatur freizuschaufeln, doch am Ende stieß man immer wieder auf die Hilflosigkeit kleiner Gebärden und Gesten, auf steckengebliebene Aktionen, auf den vorzeitigen Abbruch weit gespannter Pläne.

Die Aufdringlichkeit dieser Erzählungen – ja, dachte ich, sie ergab sich daraus, daß noch heute jeder Erzähler, der die Zeit des Dritten Reiches erlebt hatte, in ihr eine herausgehobene Spanne besonderer Bewährung, angespannteren Lebens, intensiverer Beteiligung erkannte. Schon die Nachkriegszeit ließ sich damit nicht mehr vergleichen. Während der Diktatur hatten jedes Wort, jede Geste, jede Handlung etwas gegolten. Sie konnten Gefängnis, Zuchthaus, den Tod bringen. Das Leben war frei von aller Beliebigkeit, immerzu mußte man darauf achten, den kleinen Spalt des alltäglichen Gehorsams zu durchschlüpfen, den die Widerhaken der Gefahr, der freien Rede, des Protestes umgaben. Das hatte die Menschen jene Zeit als eine Lebensphase empfinden lassen, in der die Handlungen des Alltags ungeahnte Bedeutungen entfalteten. Der Wert von Anspielungen, Symbolen, Metaphern war ins Unermeßliche gewachsen, die einzelnen Tage waren in ihrer unscheinbaren Folge doch prall gefüllt von Entscheidungen, deren Ergebnisse nie vorhergesehen und kalkuliert werden konnten.

Die Ereignisse des Jahres 1933, dachte ich, mußten wie eine nicht aufzuhaltende Kette von Funken gewirkt haben. Festnahmen, Verhaftungen, Zerschlagung der Parteien – für den einzelnen war der Weg in den Einheitsstaat das Ende jeder Zukunftserwartung. Denn als die Zukunft niemandem mehr offen stand und eine Veränderung der Verhältnisse nicht mehr zu erwarten war, konnte er sich nur noch zwischen dem Sprung in einen mitreißenden Strom, dem Festhalten an einer von Tag zu Tag mehr beschämten und verhöhnten Hoffnung oder der Flucht in ein anderes Land entscheiden, in dem die Gesetze des »tausendjährigen Reiches« nicht galten. Wer in die Partei eingetreten war, hatte mit einer anderen Zukunft als der, die ihm diktiert wurde, abgeschlossen. Er hatte – aus welchen Gründen auch immer – die Ansprüche einer sich frei entscheidenden Existenz den Ansprüchen immerwährender Herrschaft geopfert. Manche erzählten noch heute, obwohl sie einen Anflug von Scham nicht verbergen konnten, davon, als hätten sie so nicht ihren Willen geäußert, sondern den der Geschichte vollzogen. Sie hatten um keinen Preis ins Abseits geraten wollen; da nichts mehr zu hoffen, nichts mehr zu erwarten war, hatten sie ihren Frieden mit dem unaufhaltsam Erscheinenden geschlossen. Aber noch heute mischte sich oft eine verborgene Zufriedenheit in ihre Erzählungen: sie waren der Richtung gefolgt, die die meisten eingeschlagen hatten, das machte sie stolz; sie hatten sich nur als Teil einer Masse verstehen können – mochten sie es noch so bereuen, auch heute legten sie auf nichts anderes Wert. Es mochte ihnen nicht einmal bewußt gewesen sein, was sie aufgegeben hatten; schließlich hatten sie es nie wieder eintauschen, zurückerobern oder neu entdecken können.

Die Geschichte meiner Mutter, dachte ich, als ich den Bahnhof erreichte, unterschied sich von all diesen Geschichten. Für sie hatten die Ereignisse des Jahres 1933, wie ich vorerst nur instinktiv, aber mit der unverminderten Gewalt des Instinktes wußte, einen Einschnitt markiert. Dieser Schnitt mochte bis ins Körperliche gereicht haben. Durch ein paar Worte hatte sie sich von der neuen Bewegung getrennt. Dieser Trennung, vermutete ich, mochte sie in den folgenden Jahren nachgelaufen sein. In ihrem Fall war sie nicht mehr zu heilen gewesen. Sie ergab eine immer mehr schmerzende Wunde, die Furcht, Angst und Zweifel nicht zur Ruhe kommen ließen.

Daher interessierten mich jene Dorfgeschichten nicht mehr, die in der Form von Anekdoten die rührend aufflackernde Widerstandskraft listiger oder wortgewandter Parteigegner vorwiesen. Oft erreichte auch diese Gegner am Ende nur der Nimbus von unparteilich Entschlußlosen, die zweideutig zu reden, aber nicht eindeutig zu handeln verstanden hatten. In solchen Fällen hatte sich ihr Körper ergeben, und während der schillernde Charakter in den Nachkriegsjahren von neuem auflebte, entdeckte man in ihrem Mienenspiel die Züge eines längst nicht mehr einzuholenden, uneingestandenen Verlustes.

Meine Mutter jedoch war von den Funken ergriffen worden. Seit dem Tag ihrer Festnahme hatte sie die Spuren einer Veränderung empfunden. Sie hatte sie weder vergessen noch in geschickte Redensarten abdrängen können. Anfangs hatte sie begonnen, darunter zu leiden, daß sie diesen Tag und seine Ereignisse, die im Vergleich zu dem, was anderen zugestoßen war, wie unbedeutende Lappalien erschienen, nicht hatte übergehen können. Warum war es ihr nicht gelungen? Ich weiß es noch nicht; ich glaube, sie hatte sich herausgefordert gefühlt.

Der lange, einsame Gang durch das nächtliche Dorf hatte meine Gedanken angeregt; wie konzentrische Ringe waren sie dem Mittelpunkt meiner Überlegungen endlich nähergekommen. Ich spürte so etwas wie eine leichte erste Sicherheit, und ich atmete auf. Um mich herum schliefen die alten Erzähler noch in ihren Betten; tagsüber konnten sie mich mit ihren Berichten überfallen, jetzt, in der Nacht, hatten diese Reden keine Gewalt. Meine Gedanken waren auf den Punkt zusammengelaufen, den ich gesucht hatte.

Ich war erstaunt, als ich mich in der Nähe des Bahnhofes wiederfand. Ich setzte mich in den erwärmten Warteraum und schlief ein. Die letzten Kräfte hatte der Körper aufgeboten; am Ende waren die Gedanken in einem beinahe raumlosen Gebilde zum Durchbruch gekommen. Sie hatten für eine Weile gleichsam auf den Nägeln eines Fakirbrettes getanzt.

Ich erwachte, als die ersten Zugansagen meinen

Schlaf störten. Es war kurz nach acht Uhr, ich stand auf, glättete meine Kleidung, wischte mir durchs Gesicht und rief meine Tante an, um mit ihr zu frühstücken. ›Oh, du bist es endlich einmal‹, sagte sie.

Ich kaufte Brötchen und eine englische Marmelade und machte mich zur Wohnung meiner Tante auf den Weg. Sie ist die einzige Schwester meiner Mutter, eine selbstsichere, meist fröhliche Frau, die nach dem Krieg Lehrerin geworden war und sich durch ihr bestimmtes Auftreten viele Freunde erworben hatte. Kurz nach der Heirat hatte sie ihren Mann, der eine hohe militärische Stelle bekleidete, im Krieg verloren. Der einzige Sohn, der aus der Ehe hervorgegangen war, lebte in ihrer Nähe; auch er war Lehrer geworden.

Meine Tante hatte nicht wieder geheiratet; zunächst hatte sie wohl die Erinnerung an den gefallenen Mann nicht verdrängen können, später hatte ihr der muntere Sohn eine Ehe ersetzt, am Ende war sie vielleicht froh gewesen, ihr Leben allein durchgestanden zu haben. Sie ist eine Genießerin der kleinen, unauffällig wirkenden Dinge. Mit großem Eifer hat sie all die Möglichkeiten, anderen eine Freude zu machen, studiert. Sie schenkt nicht blind, nur um den anderen in Verlegenheit zu bringen. Sie ist von den wenigen Schenkenden, die ich kenne, die einzige, die keine angemessene Gegengabe erwartet. Es macht ihr Freude zu schenken, ohne Nebengedanken, mit dem Instinkt eines Menschen, der einmal allein war und alles verloren hatte, was er liebte.

Ich mag meine Tante. Man kann mit ihr, wie man sagt, ›offen‹ sprechen. Sie redet nicht um etwas herum, und sie bekommt meistens mit, wenn ein Gespräch in die falsche Richtung läuft. Ich habe sie niemals zornig oder verletzt, gekränkt oder aufgebracht erlebt. Daher vertraue ich ihr, was etwas heißen will.

Sie empfing mich mit aufrichtiger Freude, sie machte sich erst gar nicht die Mühe, mich zu beschwatzen. Sie hatte ein opulentes Frühstück vorbereitet, die gebackenen Eier, deren Herstellung zu den kleinen, unauffällig wirkenden Genüssen führt, von denen ich sprach, standen neben einem Kartoffelbrot, das sie am Abend zuvor, sicher um jemanden damit zu beschenken, aus dem Ofen gezaubert hatte. Wie ich mir gedacht hatte, hatte meine Mutter sie – trotz meiner Warnung – davon benachrichtigt, daß ich eine Woche in Knippen verbrachte. ›Schön, daß du kommst‹, sagte meine Tante, ›aber ich hätte dich nicht gestört.‹

Wir frühstückten lange zusammen. Meine Tante erzählte die neuesten Dorfgeschichten und schob mir, wenn ich aufhörte zu essen, Butter, Brot, Marmelade, Eier und Käse hin. Nach dem Frühstück gingen wir ins Nebenzimmer. ›Jetzt einen Portwein!‹ sagte die Tante, und ich freute mich, daß sie die alte Reihenfolge der sich ansteckend fortsetzenden Genüsse einhielt. Wir tranken, und ich hatte endlich Ruhe genug gefunden, sie nach meiner Mutter zu fragen.

›Ja‹, begann meine Tante, ›ich erinnere mich an diesen Februarsonntag. Sie hatten Katharina festgenommen, und wir wußten so lange nicht, wo sie steckte. Sie hatten sie ins Rathaus gebracht, und sie hatte zwei Stunden lang in einer Zelle warten müssen. Dann wurde sie verhört. Katharina muß große Angst ausgestanden haben; sie sagte später, sie habe gedacht, man werde sie nicht mehr freilassen. Plötzlich sei ihr bewußt geworden, daß ihr niemand mehr helfen könnte, nicht einmal unser Vater, nicht einmal Kürsch, der Bürgermeister. Diese Ohnmacht hat sie erschreckt, so etwas hatte sie noch nicht erlebt. Man hatte ihr Provokation, Staatszersetzung und Verächtlichmachung öffentlicher Organe vorgeworfen, aber ich glaube, sie begriff nicht genau, um was es ging. Später wirkte sie völlig verstört. Sie konnte nicht mehr konzentriert von den Ereignissen erzählen, sie brachte kaum ein Wort heraus. Sie zitterte, mußte sich übergeben. Es war wie ein Schock. Sie sprach davon, daß man sie nicht habe zu Wort kommen lassen, daß der sie verhörende SA-Mann immer dieselben Sätze benutzt, daß er sich vor ihren Augen in Zornausbrüchen und gehässigen Vorwürfen verkrampft, daß sie wiederholt habe, nein, so habe ich es nicht gemeint, nein, ich wollte den Namen der Partei nicht in den Schmutz ziehen. Man hatte ihr mit einer Lagerhaft gedroht, obwohl es von vornherein festgestanden haben mag, daß man sie nicht im Amt halten konnte. Das wäre damals noch nicht möglich gewesen. Aber wie sollte Katharina das wissen, wie sollte unsere scheue, aufmerksame Katharina sich vorstellen, was mit ihr geschehen würde? Man hatte sie einschüchtern wollen, und im Hintergrund wollte man unseren Vater treffen, dessen Auftreten als Zentrumspolitiker den Herrn nicht behagte. Sie wollten zeigen, wieweit ihre Macht reichte, und für diesen Zweck war ihnen Katharina gerade zur rechten Zeit ins Wort gefallen. Ihre Festnahme sollte Eindruck im Dorf machen, und dieses Ziel hatten sie auch erreicht. Es sprach sich schnell herum, es war der Beginn der Erpressungsversuche. Wochen später erging an Vater der Antrag, der

Partei beizutreten; zu seiner Sicherheit, zum Wohle seiner Familie, hieß es, sollte er das Richtige tun. Auf diesen Antrag lief alles hinaus. Aber, ja, wie sollte Katharina das damals wissen, als sie in der Zelle saß? Im nachhinein ist man klüger.

Eine Woche vor der Festnahme waren wir zusammen im Kino gewesen. Wir hatten den langen Fackelzug durch das Brandenburger Tor gesehen, der später vor die Reichskanzlei eingeschwenkt war, wir hatten die quadratischen Menschenblöcke, die für Minuten in die Helligkeit der zahllosen Scheinwerfer eingetaucht waren, um dann wieder ins Dunkel zu verschwinden, gesehen, wir hatten die beinahe reglosen Männer in den Fenstern der Reichskanzlei, Hitler, Hindenburg, gesehen, und wir hatten den Kommentar des Wochenschausprechers gehört, der das alles mit grenzenloser Süchtigkeit beschrieben hatte, ›keiner fehlt, alle sind wir dabei‹.

Daran, ja daran hatte Katharina sich erinnert. Immerzu seien ihr, erzählte sie mir später, diese Bilder und die Worte des Sprechers eingefallen; sie habe plötzlich begriffen, daß sie nicht dazugehörte, daß ihr die richtigen Worte gefehlt hatten, um dabeizusein, und daß sie, was vielleicht das Schlimmste war, den Leuten, die sie verhörten, nicht einmal erklären konnte, warum das so war.

Man hielt sie den ganzen Vormittag lang fest, erst gegen Mittag waren wir verständigt worden. Dann machte sich unser Vater auf ins Amt. Ich denke mir, er hatte sich die richtigen Worte zurechtgelegt. Doch es kam gar nicht dazu, daß er sie vorbringen konnte. Katharina wurde verwarnt, und als der Vater gerade im Amt eintraf, hatte man sie freigelassen. So hatten sie es sich vorgenommen, und Vater war damit nicht zufrieden gewesen. Er hatte darauf gedrängt, vorgelassen zu werden, um sich beschweren zu können; doch die beiden Gendarmen hatten ihm zu verstehen gegeben, daß dies nicht möglich sei. ›Die Leute sind ja nicht einmal von hier‹, hatte ein Gendarm gesagt, ›die schütteln sich hier nur den Marschstaub von den Füßen.‹ Damit mußte sich unser Vater zufriedengeben; du kannst dir vorstellen, wie es ihn beschäftigte und wie er in den folgenden Monaten alles daransetzte, sich zu revanchieren. Er nutzte jede Gelegenheit, den Nazis eins auszuwischen. Katharina war ihm dabei behilflich, nein, wenn man es so sagt, wäre es weit untertrieben. Sie trieb ihn an, die beiden wuchsen im Kampf zusammen.

Du weißt doch, daß die Nazis erreicht hatten, daß man Katharina die Bibliotheksstelle entzog? Sie hatten die Einsetzung eines Vorstandes gefordert, der für die Buchbestellungen zuständig sein sollte. Dieser Vorstand wurde mit Leuten besetzt, die dafür sorgten, daß Katharina gekündigt wurde. Die neue Zeit, so hieß es, erfordere eine neue Besetzung. Nicht einmal der Pfarrer, der auf unserer Seite stand, konnte sich dagegen behaupten. Denn die Bibliothek galt seit diesen Tagen nicht mehr als Pfarrbibliothek; sie wurde zur öffentlichen Bibliothek umgewandelt, und damit waren alle Rechte an das Amt übergegangen. Ja, Katharina war von einem Tag auf den anderen arbeitslos geworden. Doch das war nicht das Schlimmste. Man hatte sie gekränkt, empfindlich verletzt, dadurch war sie aufmerksam, hellhörig und erregbar geworden. Der Umgang mit ihr wurde schwieriger, auch in der Familie.‹

Wir hatten unsere Gläser geleert, meine Tante wollte

von neuem einschenken, doch ich lehnte ab. Sie holte eine Schale mit Gebäck und reichte sie mir. Ich mußte kosten, denn sie hatte das Gebäck, wie ich nicht anders erwartet hatte, selbst hergestellt.

›Interessiert dich das alles denn noch?‹ fragte sie. Ich war von der Frage überrascht, dann fiel mir ein, daß auch meine Tante wußte, wie ungern ich solche Erzählungen früher gehört hatte. ›Ich denke darüber nach‹, antwortete ich ausweichend, ›es ist eine gute Beschäftigung, während ich allein bin.‹

›Ach, du langweilst dich?‹ fragte die Tante. ›Nein‹, sagte ich, ›ich fülle einige Lücken aus.‹

Die Tante nickte, als verstehe sie schon, was ich meinte; dann stand sie auf. ›Ich habe heute noch viel zu tun‹, sagte sie; ›können wir uns auf den Nachmittag verabreden, wenn du mehr hören willst?‹

Das Angebot kam mir zu schnell. ›Ich habe die Nacht schlecht geschlafen‹, log ich, ›ich rufe dich in den nächsten Tagen einmal an.‹

Meine Tante war einverstanden. Beim Abschied drückte sie mir eine Tüte mit Obst in die Hand. ›Da nimmst du wenigstens etwas mit auf den Weg‹, sagte sie. Ich bedankte mich und ging hinaus.

Der Regen hatte ausgesetzt. Ich war sehr müde geworden, doch ohne zu überlegen, schlug ich den steilen Fußweg ein, der zu unserem Haus auf der Höhe führt. Auch der Schnee war inzwischen längst geschmolzen. Der Dreck klebte mir an den Schuhen. Ich brauchte länger als sonst für den Weg, in Gedanken überflog ich, was meine Tante mir erzählt hatte. Hatte sie nicht meine Vermutungen bestätigt? Jetzt durfte ich mich nur nicht übereilen. Langsam die Fäden verknüpfen, die Geschichte erhielt schon Konturen! Am liebsten hätte ich gleich mit dem Schreiben begonnen. Aber es war nicht daran zu denken.

Als ich das Haus erreichte, stürzte ein Schwarm von Buchfinken in die Bäume; das Futterhäuschen war umgefallen. Ich holte den Sack mit den Futterkörnern noch aus dem Keller, richtete das Häuschen auf, streute die Körner auch auf den Boden und ging dann ins Haus. Ich duschte mich und legte mich ins Bett. Ich schlief sofort ein.

MITTWOCHABEND

Gestern abend – ja, ich bemerke, daß ich meinen Eindrücken, Überlegungen und Absichten nur noch schwer zu folgen vermag, daß sich vieles zu verwirren scheint und daß ich, so sehr ich mich auch bemühe, den Offenbarungen und Vermutungen nur hinterherlaufe, ohne sie aber einzuholen und endlich zum Stillstand zu bringen (was mich vielleicht ruhiger werden und tiefer schlafen ließe) – gestern abend erschienen mir meine Aufzeichnungen am Ende zu triumphal. Ein paar geringfügige Entdeckungen gaben mir keineswegs das Recht, über ihre mögliche Fortsetzung zu frohlocken. Ich wähnte, meine Versuchsanordnung hätte Bestand. Es ist aber bekannt: mit der Zeit richtet man sich in den wenigen festen Überzeugungen ein, die einem geblieben sind. Wie sollte es mir in diesen sieben Tagen möglich sein, den Gesetzen einer Erinnerung zu entkommen, deren Beständigkeit ich mit jeder Aufzeichnung vielleicht nur verankerte?

Meine Kräfte sind begrenzt, ich war schon nach einer durchwachten Nacht sehr erschöpft, es hatte nicht einmal geholfen, daß ich mir gut zugesprochen hatte, unbekümmert vorzugehen und die Arbeit ohne Verzögerungen fortzusetzen. Als ich am Abend begann, hatte ich zwar die Müdigkeit verdrängt; doch ich hatte noch längst kein Vertrauen zu meinen Fähigkeiten. Die Erzählung meiner Tante ging mir im Kopf herum, doch sie war bereits durch andere Eindrücke und Vorstellungen so überlagert, daß ich nicht deutlich sah, wie ich zu ihr durchdringen könnte. Ja, ich muß mich in einem Dschungel behaupten; sollte da nicht die Verführung groß sein, den kleinen Illusionen des Fortkommens zu verfallen, die sich, wie ich sagte, triumphal erhoben, als ich – nach meiner Niederschrift – die Erzählung der Tante gleichsam zur Ruhe gebettet hatte, das Blockhaus wieder verschloß und mich ins Bett legte? Noch während ich die Decke bis zu den Ohren hinaufzog und das Kissen zurechtschob, bemerkte ich, daß ich dieser Illusion aufgesessen war. Ich hatte lediglich irgendwo haltgemacht, ja ich war nicht einmal dazu gekommen, den vergangenen Nachmittag in meine Erzählung aufzunehmen. Es erschien mir lächerlich, wie geduldig ich den Ausführungen meiner Tante gefolgt war; sicher, sie hatten meine Vermutungen bestätigt, andererseits hungerte ich nach nichts mehr als nach diesen Bestätigungen. ›Gib Ruhe‹, sagte ich mir, doch ich war ein Narr.

Noch am Nachmittag hatte ich anders gedacht. Der kräftige Märzsonnenschein war durch die Spalten der Läden gedrungen und hatte mich geweckt. Ich war aufgestanden. Was sollten Spaziergänger, die in die Nähe des Hauses kamen, von mir denken? Ich nahm mir vor, meinen Pflichten gewissenhafter nachzukommen. Ich wusch mich gründlich und kleidete mich an. Auf dem Küchentisch lag die Tüte mit Obst, die die Tante mir mitgegeben hatte. Ich hatte vergessen, etwas einzukaufen. Wahrhaftig, die Tagesordnung geriet durcheinander, ich war nicht einmal fähig, die Mahlzeiten einzuhalten. Doch ich hatte auch keine Lust, große Anstrengungen zu machen, mir etwas zu kochen, Speisen kaltzustellen, den Haushalt, wie ich es sonst gewohnt war, in Gang zu halten. Suchte ich insgeheim nach einer Gesellschaft? Kurz dachte ich daran, ein paar Bekannte einzuladen, aber ich verwarf diese Idee schnell wieder. Doch so konnte es nicht weitergehen.

Ich setzte mich an den Küchentisch, schälte das Obst und schaute dann und wann hinaus. Die Krokusse blühten schon, es wäre gut, sich im Garten nützlich zu machen. Ich erinnerte mich an meine Abendmahlzeiten mit Frank. Wir hatten zusammen in demselben Büro gearbeitet. Am Abend hatten wir uns in die Markthalle aufgemacht, um dort Fleisch und Gemüse, Kräuter, Obst und Wein einzukaufen. Frank hantierte schnell. Im Nu hatte er alles zusammen, und ich lief hinter ihm her, unablässig redend, ein den Einkauf kommentierender Begleiter, der sich an den Farben nicht sattsehen konnte. Später hatten wir uns in einer kleinen Wirtschaft in der Nähe der Halle ausgeruht. Die letzten Kunden waren hinzugekommen, wir hatten uns eine Weile unterhalten. Dann waren wir aufgebrochen und hatten uns in Franks Wohnung eingerichtet. Die Flaschen wurden kühlgestellt, Frank gab den Speiseplan bekannt, ich legte eine Platte auf. Wir bereiteten das Essen sorgfältig vor. Die Pilze wurden geputzt, das Fleisch wurde aufgetrennt, mit einer Füllung gestopft und wieder zusammengenäht. Während es in der Röhre gebraten wurde, kochte schon das Gemüse, wir öffneten die erste Flasche, und ein langer Abend begann, den wir am Ende in den kleinen Lokalen austobten, die ich am besten kannte. Wie lange war es her, daß Frank fortgezogen war? Es mochten schon drei, vier Jahre vergangen sein. Er hielt es nie lange an einem Ort aus. Kaum hatten wir gegessen, stand schon sein Plan für den weiteren Abend fest. Er telefonierte, er bestellte einen Tisch in einem Lokal, er lud Bekannte hinzu, und wenn er besonders gut gelaunt war, gingen wir aus, um, wie er sagte, ›unsere Erfahrungen zu machen‹. ›Unsere Erfahrungen‹ – das waren seine Frauenbekanntschaften, die er in verwirrender Eile schloß. Wir saßen an einem Tisch, wir unterhielten uns, und Frank hatte seine Augen überall. Gerade konnte ich mich in ein Thema vertieft haben, da war ihm eine Frau am Nebentisch aufgefallen; er brauchte nur ein paar Mal hinzuschauen, schon wurden die ersten Blicke getauscht, Frank geriet in Laune, bestellte nach, während ich redete, von Lektüren und Filmen erzählte, er aber schon seine Absichten verfolgte, ruhelos, beinahe nervös, wie einer, der sich auf einen bestimmten Augenblick vorbereitet und diesen Augenblick nicht verpassen darf. Plötzlich unterbrach er mich, ich hielt ein, er deutete mit dem Kopf hinüber, ja, er erhielt ein Aufmerken, ein Lächeln, einen Satz, schließlich die Bereitwilligkeit zurück, daß sich die Fremde an unseren Tisch setzte. Sofort war alles vergessen, was wir zuvor noch gesprochen hatten. Frank geriet ins Schwärmen; er besaß eine, wie ich es nannte, französische Liebenswürdigkeit. Nichts geriet ihm daneben. Unbeholfenheiten wirkten wie kindliche Versuche, es einem recht zu machen; übertriebene Sätze klangen stets so ausgefallen, kunstvoll zurechtgelegt, daß man den Überschwang gern entschuldigte. Er achtete auf alles, dabei wirkte er niemals besorgt. Die Frauen verliebten sich in ihn, und es war schwer zu begreifen, was sie liebten, denn er sah nicht einmal sehr auffallend aus. Man mußte ihm zuhören, das war es; und einmal hatte er mir gestanden, daß das Spiel gewonnen sei, wenn eine Frau sich zu ihm setze. Mit Worten habe er noch immer verzaubert, und wehe denen, die nicht verzaubern könnten! Ich konnte es nicht, aber es machte ihm nichts aus. ›Philosophierst du wieder?‹ fragte er mich, wenn ich zu lange über ein Problem nachdachte. ›Du stirbst‹, fuhr er fort, ›immer wenn du philosophierst, lernst du, ein klein wenig zu sterben. Du wirst grauer, aber auch verworfener, düsterer; deshalb mag ich, wenn du philosophierst.‹ Und es war so. Meine Nachdenklichkeit machte ihm Vergnügen, und es gab Stunden, in denen er nicht weiter wußte, in denen ihn eine seltsame Unruhe befallen hatte, als müßte etwas Schlimmes geschehen. Dabei hatte er sich nur von einer seiner vielen Freundinnen getrennt, dabei war ihm nur eine Skizze nicht auf den ersten Anhieb gelungen. In solchen Momenten brauchte er mich. Sie waren austauschbar; manchmal waren es Banalitäten, kleine Tagesärgernisse, dann wieder ein schwerer Kummer, der ihn nicht losließ und ihm seine Stimmung verdarb. ›Jetzt bist du dran‹, sagte er dann, setzte sich zu mir, und wir sprachen darüber. Mein Gott, ich war ein schlechter Berater. Ich versetzte mich in seine Lage, und schon das war falsch. Wir waren viel zu verschieden, als daß es irgendwelche Gemeinsamkeiten oder eine Grundlage hätte geben können, auf die wir uns hätten einigen können. Aber darum war es nie gegangen. Er hörte mir lediglich zu, und ich redete anfänglich noch über seinen ›Fall‹, bald aber schon über ganz andere Themen; nur an solchen Abenden war er ganz aufmerksam, ganz ergeben. Er beschäftigte sich nicht mit der Umgebung, er sondierte nicht das Terrain, er trank, unterbrach mich, fragte nach, ließ sich erklären, was ich meinte, zog mich auf, begann zu lachen und bestellte eine Flasche Wein. Seine üblen Launen vergingen durch solche Gespräche, die sich nie vollständig und direkt mit seinen Sorgen beschäftigten; ich glaube, er erholte sich, er vergaß, er beobachtete einen Menschen, der seine Gedanken hartnäckig verfolgte, den keine Überlegung ruhen ließ. ›Du steckst mich an‹, sagte er dann, ›ich weiß, wie ich nun weiterkomme.‹

Gerade jetzt hätte ich ihn brauchen können. Aber wie hätte er sich hier gelangweilt! Er wäre mit mir durch den Garten spaziert, hätte über die Ordnung im Haus geunkt und eilig den Entschluß gefaßt, am Abend nach Köln zu fahren, nur für einen Abend, damit wir in Köln ›unsere Erfahrungen‹ machten. Und – ich wußte es; ich wäre nicht weiter zur Arbeit gekommen. Er hätte mich ununterbrochen in Trab gehalten.

Deshalb also hatte ich mich gerade jetzt an ihn erinnert. Meine Gedanken trieben hinaus, wanderten ab; ich suchte einen Vorwand, mich von meinen Notizen zurückzuziehen.

Ich schnitt die Äpfel in kleine Stücke und löste die Schalen von den Apfelsinen. Insgeheim hatte ich die Flucht angetreten. Ich aß das Obst, dann ging ich hinaus. Es war schon längst entschieden, daß ich weitermachen würde.

Die Sonne, der angeblaute Himmel – es war so, als hätte es die vergangene Schneenacht nie gegeben. Das Haus lag im Schatten der Bäume. Ich umrundete es zur Hälfte; der große Steingarten bedeckte die ansteigenden Flächen, bevor auf einem ersten Plateau Frühblüher und

Stauden anzutreffen waren. Eine schmale Bruchsteintreppe führte hinauf zu einem sonnigen, windgeschützten Platz, der von einer Birkengruppe eingerahmt wurde. Hier hatten wir an den Sommerabenden oft gesessen. Meine Mutter liebte den Garten. Sie hatte die meisten Pflanzen selbst ausgesucht, die Anlage der kaum übersehbaren Flächen ging auf ihre Planung zurück. Ich holte die weißen Gartenmöbel aus dem Keller, säuberte sie notdürftig und stellte sie in die sonnige Nische. Als ich im Haus nach einer Decke und den Büchern, die ich mir mitgebracht hatte, suchte, schellte das Telefon. Meine Mutter war am Apparat. ›Ich habe schon zweimal angerufen‹, sagte sie. ›Ich gehe viel spazieren‹, antwortete ich. ›Kommst du zurecht, ist alles so, wie du es dir vorgestellt hast?‹ fragte sie. ›Es ist ruhig‹, antwortete ich, ›die Sonne scheint, ich sitze im Garten.‹ ›Paß auf, du wirst dich erkälten‹, sagte sie. Sie sprach davon, daß es dem Vater besser gehe; sie komme nicht dazu, mir zu schreiben; zu ihrer Verwunderung habe sie an den ersten Tagen kein Heimweh gehabt; sie freue sich, daß ich Zeit gefunden hätte, auf das Haus aufzupassen. ›Dann ist alles gut?‹ fragte sie, und ich wußte nicht, was sie meinte. ›Alles‹, antwortete ich. Sie war zufrieden, wir verabschiedeten uns.

Ich holte Decken und Bücher und setzte mich in die Sonne. Noch nie war mir aufgefallen, wie überlegt der Garten gestaltet worden war. Die langen, dunklen Tujareihen rechts und links der Einfahrt, die den Blick vor Eindringlingen abschirmten; links des Fahrweges, der durch ein massives Tor von der höher gelegenen Straße abgetrennt war, der große Wald, ausgeholzt, Eichen und Buchen, das Eibenfeld, die in die Höhe geschossenen Tannen am Rand; rechts des Weges die mannshohen Ginstersträucher, durch Pflöcke aufrecht gehalten; man zog durch ein dichtes Dunkel ein, Hecken hatten den Zaun überwuchert, der sich Hunderte von Metern weit an den Seiten des nicht überschaubaren Parallelogramms entlangtastete, immer wieder nachgebessert, aber niemals gestrichen worden war, weil die Farbe den Pflanzen schadete; aber schon im oberen Teil des Waldes lichtete sich die Dunkelheit etwas auf, schmale Wege, Laubdächer im Unterholz, all die Spielstätten meiner Kindheit, verschlungen gelegen zwischen Himmel und Erde, in den Kronen der mächtigen Bäume, auf den schwankenden Ästen der Buchen, auf denen ich im strömenden Regen gestanden hatte, freihändig, als könnte ich so die Blitze verführen, mich zu treffen; erst wenn man diese dunkle Zone, nur Wald, kleine Sträucher, Erdhügel, Ameisenhaufen, Holzstöße, hinter sich gelassen hatte, traf man in der Nähe des Hauses auf einen beinahe erschreckend hellen Bezirk. Die Augen schmerzten wahrhaftig manchmal, wenn man ihn erreichte; beim Bau des Hauses war hier ein großes Gebiet entholzt worden, so daß noch heute die aufgeschossenen, später nachgepflanzten Eichen wie im Kreis um einen Lichthof standen, in dessen schattiger Mitte das Haus lag, um das sich die kleineren Gärten verbreiterten, ausufernd in die stillen Wasserrosenseen und Farnkräuterwildnisse, zerschnitten von Felsen- und Steininseln, in denen der Schritt für einen Augenblick zur Ruhe kommen konnte, umrandet von den kleinen, jetzt schiefen Mauern aus Bruchsteinen und Basalt, die der Efeu umschlungen hatte. Vor der Haustür begann dann die breite Treppe, die sich den steilen Abhang bis zur anderen Straße hinabschwang, eine Treppe aus Windungen, manchmal abbrechend, so daß die dunkle Erde hervortrat und man ein paar viel zu große Schritte machte, um die nächsten Stufen wieder zu erreichen; daneben das Paradies der hängenden Bäume, der im Frühjahr violett, gelb und rosa aufblühenden Sträucher, der fremdländischen Pflanzen, die plötzlich von Inseln aus Heidekraut unterbrochen wurden, während hier – im unteren Teil des Waldes – das ganze Gehänge der Bäume, das ins Tal abzurutschen und hinabzuschießen drohte, von Birken eingesäumt war, den glatten, unruhig schwankenden Birken, von denen der Staub aufs Hausdach geweht wurde, wenn in den sturmdurchpeitschten Nächten das Laub auf die Erde sackte, zu Stößen zusammengewirbelt wurde, in den von Vogelnestern besetzten Hecken hängenblieb, sich manchmal meterhoch auftürmte wie der Schnee, der im Winter einen riesigen Wall um das Grundstück zog, in dessen Mitte das unerreichbare Haus stand, der einzige Lichtfleck auf der Höhenebene.

Der Wind, die Kälte, der Regen – in diesem eingezäunten Terrain hatte ich die ersten Jahre meiner Kindheit verbracht, auf die Erde geduckt, durch den Wald kriechend, Blätter im Mund, die Hände verschmutzt von dem frischen Waldboden, in dem ich mir ein Bett hatte schaufeln und mich mit Walderde hatte bedecken wollen, so daß ich beinahe erstickt war; nie hatte ich dieses Terrain verlassen dürfen, von Zeit zu Zeit wurde ich gerufen und wühlte mich hervor, trat heraus, schlingerte wie ein zu Boden gepreßter Baum hin und her, die Hände immer auf dem Boden, den Blick aufs Haus gerichtet, wo ich die Mutter erkannte, der ich meinen unverletzten, lebendigen Körper vorzuweisen hatte, hier bin ich, sieh mich, erkenne mich wieder. Schon geringe Verzögerungen meines Hervorkriechens hatten sie unruhig gemacht, so daß ich mich beeilt hatte, gefallen war, die Knie aufgeschürft hatte, mir aber nichts hatte anmerken lassen, denn sofort wäre ich ins Haus geholt worden, gesäubert, gewaschen, die Wunden, Risse und Schürfungen verbunden. Hatte sie mich gesehen, zog ich mich wieder zurück, verschwand wie ein Waldtier zwischen den Bäumen, setzte meine träumerischen Spiele fort, in denen die Blätter zu Feuerspitzen und der Himmel zum löschenden Wasser wurde, die Erde zu Teig, der sich nicht kneten ließ.

Ich erinnerte mich: Hacker hatte das Grundstück gemalt, bevor man mit den gewaltigen Rodungen begonnen hatte, um auf der steil abfallenden Fläche ein Plateau zu schaffen, in das sich der Rohbau grub, die Erdhügel rings um den Bau aber aufwuchsen, zuwucherten und erst nach Jahren wieder verteilt wurden. Hacker, noch in der Nacht hatte ich an ihn gedacht! Ich mußte ihn sprechen. Warum saß ich noch hier in der Sonne, blätterte in Büchern, die mir unwichtig geworden waren, drehte den nicht vorhandenen Ring an meinem Finger? Ich ließ alles liegen und eilte ins Haus. Ich warf mir einen Mantel über, nahm zur Vorsicht einen Schirm mit und lief – zum zweiten Mal an diesem Tag – ins Dorf hinab. Jetzt schneller, dachte ich, mit dem unnützen Schirm in die Luft stoßend, stolpernd, den Schritt wieder auffangend, du mußt ihn sprechen.

›Ja‹, sagte Peter Hacker, ›mit deiner Mutter war ich oft zusammen, in den Jahren nach 1933, bis – wann war das noch – bis sie sich verlobte und dann mit deinem Vater nach Berlin zog, ich glaube das war 1938/39.‹

Ich hatte ihn im Garten vor dem alten Zollgebäude angetroffen; er verbrannte Äste und Zweige, und die Rauchwolken zogen über die Sieg. Er war fünfundsiebzig Jahre alt, aber es ging ihm noch sehr gut. Er arbeitete viel in dem kleinen Garten, er ging spazieren, und er zeichnete noch immer für die Bewohner des Dorfes. Er malte Aquarelle, fertigte Kinderporträts an und entwarf kleine Holzkohleskizzen, die die letzten alten Winkel des Ortes zeigten und später auf Postkarten vertrieben wurden. Nach dem Krieg hatte er anfangs beim Aufbau der zerstörten Häuser geholfen, dann einige Jahre auf dem Bahnhof gearbeitet; eine Lungenkrankheit hatte ihn lange gequält, Besserung war erst allmählich eingetreten. Kurz nach Kriegsende hatte er meine Mutter wiedergesehen, aber damals war mit ihr nicht zu reden gewesen. Erst als meine Eltern mit dem Hausbau begannen, wurde er eingeladen, zeichnete das Grundstück und traf sich seit dieser Zeit beinahe regelmäßig mit meiner Mutter.

Ich mußte auf der kleinen Bank, die neben der Haustür stand, Platz nehmen, er ging hinein und setzte das Kaffeewasser auf. Ich hatte ihn noch aus der Kindheit in Erinnerung, als er mich auf die Schultern gehoben und durch den Wald getragen hatte. Er ließ sich Zeit und kam schließlich mit Kanne und Tassen, die er auf einem Tablett trug, hinaus. Wir stellten alles zwischen uns auf die Bank. Hackers bedächtige Art hatte mir immer gefallen; er sprach langsam, und meist schaute er einen dabei an, als suche er nach den Wirkungen, die seine Sätze hinterließen. Er besaß nicht viel, die Räume des

Hauses waren einfach eingerichtet, und er sorgte dafür, daß kein Gerümpel hinzukam. Wo man ihn auch traf, nahm er sich Zeit. Er wollte nicht nur obenhin wissen, wie es einem ging, er erkundigte sich genau. Ihm fielen Kleinigkeiten auf, und er sagte es einem auf den Kopf zu, was ihm nicht behagte. Er versuchte, ehrlich zu sein, und er litt unter den Redensarten, mit denen die Dorfbewohner ihre Erzählungen ausschmückten. Für ihn gab es nur die Ruhe der Überlegung, und ebenso ruhig waren mir auch seine Zeichnungen erschienen, der einfache, nie korrigierte Strich, die Sicherheit in der Auffindung des richtigen Blickwinkels. Mit der Zeit hatte er sich der vom Dorf Ausgestoßenen angenommen; er beherbergte sie für einige Nächte in seinem Haus, er zog eine kaum noch übersehbare Schar von Katzen auf, und er liebte den Aufruhr, die kurze, boshafte Pointe, die Karikatur, eine bittere, schnell hingezischte Sentenz.

Es hatte keinen Sinn, ihm etwas vorzumachen. Ich sagte ihm gleich, womit ich mich beschäftigte, und es machte ihm nichts aus, irgendwo zu beginnen.

›Im Mai 1933‹, erzählte er, ›kam ich nach Knippen und zog in das Haus deiner Großeltern ein. Katharina war damals die eifrigste; sie überbot sich in großen körperlichen Anstrengungen, sie schleppte die Wäschekörbe allein in den Garten, sie harkte die Beete auf, sie schnitt die Sträucher zurück, und sie versorgte Hühner und Gänse im abgetrennten Teil des Gartens. Dort sah ich sie zum erstenmal; im Garten hatte sie die Wäschestücke zum Bleichen in die Sonne gelegt.

Ich wollte in den ersten Wochen, die ich in Knippen verbrachte, die Umgebung kennenlernen. Katharina bot sich sofort an, mich zu begleiten; damals gingen wir weite Wege, an der Sieg entlang, hinauf zu den Hügeln, von denen aus man das Dorf sehen konnte. Sie hatte eine Schar von Freundinnen und Freunden, die sich »Uhu« nannte und uns manchmal begleitete. So zogen wir an den Wochenenden gemeinsam los, wohl weiter als vor meiner Ankunft, denn viele beklagten sich und wollten Katharina schon nicht mehr folgen. Die Ausflüge und Fußmärsche führten in immer entlegenere Winkel, man kam erst spät in den Nächten zurück, aber Katharina schien es sehr zu gefallen.

Sie drängte uns; kaum hatte man sich am Samstagmittag vor ihrem Elternhaus versammelt, hakte sie sich bei zwei Freunden unter und zog mit ihnen voran, wenn die anderen noch nicht hinterherkommen wollten. Es schien ihr meist nicht schnell genug zu gehen; sie war eine der ältesten in der Runde, und mit der Zeit hatte sie sich einen burschikosen Ton angewöhnt, der nicht allen gefiel.

›Laufen wir los‹, rief sie, anstatt ›gehen wir los‹, ›macht euch davon‹ zischte sie den Zögernden zu, die diese Härte nicht verstanden, ›schneller voran‹ hieß es, wenn es zu langsam vorwärtsging; nur ich hatte mein Vergnügen an diesen Wendungen, und ich blieb neben ihr und hielt mit, so daß wir oft weit voraus waren, wenn die anderen eine Rast einschoben. Mir fiel auf: wir verließen das Dorf nie auf den größeren Straßen, sondern wir nahmen – auf Katharinas Wunsch hin – die unbequemen, schmaleren Wege, Pfade, die steil den Berg hinaufführten, Schleichwege entlang der Grubenbahnen, zugewachsene Nebenstrecken, Unterführungen, die von Bächen und Abflußrinnen unterhöhlt waren. Aber Katharina beharrte trotzig darauf, ›da müssen wir durch, dort müssen wir gehen, nein, nicht hier, da ist die Mordstell, die bringt Unglück, nein, nicht dort, da kann Hacker den Kirchturm nicht sehen, den ich ihm zeigen will, nein, nur hier, ich will, daß Hacker eine Skizze von Brunken entwirft‹.

Ich tat, was ich konnte. Ich zeichnete die kleinen Dörfer von den Höhenpunkten aus, ich zeichnete die vom Blitz getroffenen Bäume und Kirchtürme, die Viehwiesen und Kartoffeläcker, die Eichen und Buchen an den Wegkreuzungen, die langen Alleen in der Nähe der kleinen Wasserschlösser an der Sieg, die Hügelkuppen – und Katharina trieb mich, ›mach weiter‹, und ich zeichnete die Heisterkapelle, wo im Sommer die Prozession der Schützen ihren Anfang nahm, ich zeichnete die Kreuze an den Wegrändern, die Bänke auf den windigen Aussichtsplateaus, die Sturzbäche, die in die kühleren Täler fielen, bis Katharina drängte, ›alles, ich will alles wiedererkennen‹, und da zeichnete ich auch die alten Höfe der Umgebung, Hof Widderbach und den Thäler Hof, Hof Huben und Hof Auen, bis man an einem Samstagnachmittag den Hähner Hof erreichte, wo neben den landwirtschaftlichen Gebäuden, den Ställen und Scheunen, eine Gastwirtschaft untergebracht war. ›Hier bleiben wir eine Weile‹, sagte Katharina, die Freundinnen und Freunde verteilten sich, einer spielte auf der Mundharmonika, andere tanzten, und ich wollte Katharina mit hinunter zu den Kähnen nehmen, die in einem Seitenarm der Nister unter den großen Weiden festgemacht worden waren; doch sie sträubte sich wie meist, wenn jemand mit ihr allein sein wollte, am liebsten war sie dort, wo auch die anderen waren. Ich breitete meine

Skizzen auf einem Tisch aus, und wir reichten die Blätter herum, ›seht mal, erkennt ihr unser Knippen, schaut her, das ist Schloß Schönstein‹.

Es waren viele Gäste an diesem Nachmittag im Wirtshausgarten, und einige unserer Mädchen halfen bei der Bedienung. Wir blieben bis zum Abend auf dem Hähner Hof, Nachbarn kamen hinzu, es wurde erzählt. Bei solchen Gelegenheiten tat Katharina sich hervor; sie sammelte eine kleine Runde um sich, und sie begann ihr Fragespiel, ›was tut Wunder, was tut Wunder – gegen Zahnschmerzen und Fallsucht, gegen Gliederreißen und die große Hitze im Kopf – geriebene Blätter, gespaltenes Holz, Frühjahrssaft von jungen Zweigen, Tee, Blüten und Schwämme – was tut Wunder, Holunder; hüte dich, hüte dich, setz Kartoffeln nie bei jungem Licht, die werden krebsig oder schießen ins Kraut; säe die über die Erde wachsende Frucht bei zunehmendem, säe die unter der Erde wachsende bei abnehmendem Mond‹. So ging es eine ganze Weile lang. Als es dunkelte, kamen die Bauernsöhne von der Feldarbeit zurück, und Katharina drängte, ›wir müssen nach Haus, wenn wir noch vor Mitternacht ankommen wollen‹; so machten wir uns auf den Weg, wir waren schon aufgestanden, wir hatten bezahlt, als der älteste Sohn des Hähner Bauern, den alle Henner nannten, auf seinem Fahrrad auftauchte und neben uns hielt, lachend, aber erschöpft vom weiten Weg, in einer SA-Uniform, die Binde am Arm, das Hemd aufgeknöpft. Katharina kannte ihn, aber sie erschien wie entgeistert, »vergeustert« sagten die anderen dazu, und sie meinten den ausdruckslos wirkenden Blick, den sie auf Henner warf, ihr Stillstehen, ihre erschreckende Abkehr, ›kommt Kinder, wir gehen‹. ›Was war denn‹, fragte ich sie später; ›ach‹, antwortete sie, ›ich war überrascht, Henner ist unter den SA-Leuten der erste, den ich von Kindheit an kenne.‹

›Du weißt‹, fuhr Hacker fort, nachdem er aufgestanden war und den niederbrennenden Reisighaufen neu aufgestochert hatte, ›du weißt, wie Katharina damals auf die Nazis zu sprechen war. Sie hatten ihr nicht nur die Stelle genommen, sie hatten sie verletzt, innerlich getroffen; sie hielt sie für rohe und unbeherrschte Gesellen, und sie unterstützte ihren Vater in allem, was gegen die neue Herrschaft gerichtet war. Dein Großvater – das war ein unbeugsamer, ein starrköpfiger Mann. Er haßte die Nazis, denn sie bedeuteten für ihn das freche Neue, das Traditionslose, das wild gewordene Element einer Zeit, die nicht mehr seinen Wertvorstellungen entsprach. ›Gottlos‹, so nannte er sie, und in diesem Wort liefen alle Vorwürfe zusammen, die er gegen sie hatte. Es war seltsam; er hatte nichts Persönliches gegen diesen oder jenen Parteimann einzuwenden, er ging aufs Ganze, denn ›das Ganze‹, wie er oft sagte, paßte ihm nicht. Er wußte, daß er es nicht aufhalten konnte, und er war auf der Hut; trotz aller Kritik blieb er vorsichtig, denn es waren Rücksichten zu nehmen, auf die Familie, auf das Geschäft, aber er suchte nach Gelegenheiten, seine Meinung zum Ausdruck zu bringen. An den großen Feiertagen mußte ihn die ganze Familie in die Kirche begleiten, an den Prozessionen, die nach der Machtergreifung nicht mehr durch die Hauptstraßen ziehen durften, nahm er in der ersten Reihe teil, das Haus wurde geschmückt, Altäre wurden vor der Tür errichtet. Dein Großvater wußte, daß dies alles den Nazis nicht paßte, er sah ihre Beobachter und Zuträger, die bei solchen Anlässen an den Straßenrändern standen und sich die Namen notierten, er beobachtete die Photographen, die Schnappschüsse von den Umzügen machten. Dann war sich dein Großvater sicher, ›die hat der deuwel geschickt‹. Es war nicht leicht, mit ihm auszukommen. Auch im Haus bestand er streng auf seiner Meinung; er gab den Ton an, und die Kinder mußten folgen. Wäre da nicht deine Großmutter gewesen, es hätte schlimm ausgehen können. Denn er regierte; er kümmerte sich auch um die Kleinigkeiten, und häufig saß er im Erkerzimmer, verschanzt hinter die Zeitung, mißmutig und beunruhigt, und schnappte auf, was geredet wurde – ›ich läsn die zeirung, aber deswän hürn ich euch doch‹. Deine Großmutter überging seine Launen, ja sie plante, ohne daß er es merken durfte, über seinen Kopf hinweg. Frühmorgens stand sie als erste auf, sie weckte die Kinder, sie legte dem Mann die Kleider neben das Bett; sie ahnte, wo etwas fehlte, sie dachte immer voraus, immer daran, wie kann ich dem helfen, was kann ich der geben, sie hatte die Sorgen aller Familienmitglieder mit übernommen, und sie versuchte, den einen zu beruhigen, den anderen zu trösten, dem dritten etwas zukommen zu lassen. Dabei sprach sie nie darüber, sie war gut von Natur aus, gut, ohne eigensinnig zu sein, ohne jenen seltsamen Dünkel, den gerade Katholiken so häufig besitzen, den Dünkel des Pharisäers.

So herrschte in dieser Familie ein Ausgleich der Kräfte; der Großvater wollte erziehen, die Großmutter wollte versöhnen, und in den meisten Fällen gelang diese Versöhnung, bis zu den Tagen, als Katharina lebhafter wurde, unruhiger, und die Mutter ihr wohl eine ziellose Heftigkeit ansah, die wir alle an ihr bemerkten, ein irritierendes Aufflackern von Kräften, eine Anspannung, die sich oft tagelang nicht legte. Man versuchte, sie zu bremsen, aber sie ließ sich in ihren Erzählanfällen, die wie Wortstürze aus ihr herausbrachen, nicht aufhalten. Sie setzte sich dem Vater auf den Schoß, sie gab mir einen Kuß, wenn die Eltern danebenstanden, sie tanzte mit der Schwester im Hausflur, als hebe sie ein schöner Begleiter tanzverzückt von einer Ecke des Raumes in eine andere.

Verstehst du – das alles entsprach, man fühlte es, nicht ihrem wahrem Zustand. Sie war aufgeregt, aber innerlich unzufrieden; sie gab sich oft fröhlich, aber sie litt doch darunter, nicht mehr gebraucht zu werden. Ihre Mutter versuchte sie zu beschäftigen, sie mußte viel im Haus helfen, es wurden Feste arrangiert, bei denen sie das Essen bereiten durfte, Handarbeiten wurden an den Nachmittagen gemacht – aber, das alles war nicht das Richtige. Katharina wollte mehr, sie wollte lesen, etwas Neues erfahren, sie wollte reisen, sich umschauen. Sie hatte einen heftigen Drang nach dem, was aus Knippen hinausführte; sie spürte die dörfliche Enge, und sie lief sich die Füße wund bei dem Versuch, ihr zu entkommen. ›Ich fasse sie nicht mehr‹, sagte ihre Mutter einmal an einem Nachmittag zu mir, und ich verstand sie gut. Es war das Schlimmste, was dieser Frau geschehen konnte, denn sie wußte nicht, was in der Tochter vorging, selbst ihr Mitleid erreichte sie nicht mehr, das meiste prallte an ihr ab, sie lebte über ihre Kräfte, aber sie wußte nicht wofür. Daher wurde sie oft spöttisch, daher erregte sie sich in Gesprächen; sie nannte die Dorfleute ›kleinmütig‹, und auch der Vater war ihr zu ängstlich, als es darum ging, sich zu behaupten. ›Was seid ihr für Menschen‹, fragte sie, ›daß ihr den anderen die Triumphe überlaßt?‹ Wir konnten darauf wenig erwidern; wir waren keine Helden, und Katharina suchte nach Helden, nach Verschwörern, die sich ihr angeschlossen hätten. Die aber konnte sie in ihrem Freundeskreis nicht finden; das waren brave Jungs aus dem Dorf, die am Abend gern einen tranken und ein wenig herumpoussierten, die ein paar freche Worte zu bieten hatten und ein paar Lieder. Aber Katharina suchte nach etwas Fremdem, deshalb blieb sie auch oft in meiner Nähe. Ich konnte etwas, die anderen konnten nichts in ihren Augen. Sie war meine eifrigste Bewunderin, sie kannte jedes Blatt, jede Skizze, jede Zeichnung, und für mich war es ein neuartiges Gefühl, sich so wichtig genommen zu sehen.

Carl, ihr Bruder, der stille, ruhige Carl – er war der einzige, dem sie sich wenigstens manchmal anvertraute. Carl begann damals mit dem Theologiestudium; er war der Stolz der Mutter, ein Sohn, der die Himmelsleiter schneller voranrückte als andere. Oft kam er an den Wochenenden nach Haus, dann hielt sich Katharina an ihn. Auch schrieb sie ihm viel, jeden dritten, vierten Tag. Sie schrieb ihm übermütige, lange Briefe, und es kamen Beschwichtigungen und Ermahnungen zurück, die sie uns am Abend vorlas, außer sich vor Spott und Lachen. Aber sie nahm vieles ernst, was Carl ihr schrieb, obwohl er ihr viel zu bedächtig und vorsichtig erschien. ›Seine Briefe sind wie die Predigten, die er einmal halten wird‹, sagte sie, und man wußte, daß das kein Lob sein sollte. Gut, sie achtete ihn, sie war auf seine Meinung gespannt. Weißt du – ihr Verhältnis war das des ältesten

Sohnes zur ältesten Tochter; die drei anderen Kinder waren noch zu klein, als daß sie hätten zählen können. Gleichzeitig imponierte es Katharina, daß Carl studierte. In ihren Augen studierte er nicht das Richtige, er hätte Medizin studieren müssen, um ihr ganz zu gefallen; aber er bemühte sich wenigstens, etwas aus sich zu machen. ›Etwas aus sich machen‹ – diese Wendung gebrauchte sie oft, aber sie meinte damit nicht einmal das Hasten nach Anerkennung und einem gewinnbringenden Beruf. Sie meinte etwas Vollständigeres – da arbeiten, wo es einen hinzieht, diesem inneren Drang nachgehen. Freilich hielt Carl diesen Ansprüchen nicht immer stand. Wie es üblich war, gehörte er einer Verbindung an. Du hättest ihn sehen sollen, wenn er in den schwarzen hohen Stiefeln, ganz in Wichs, den Raum betrat. In Katharinas Augen machte er sich lächerlich, trat er zu einer Schönheitskonkurrenz an. Denn sie fühlte, daß diese Verkleidung nicht zu ihm paßte. Er machte mit, das störte sie. Er dachte nicht darüber nach, wie er es ihr hätte erklären können; es gab nichts zu erklären. Etwas war selbstverständlich geworden, dagegen wehrte sich Katharina. ›Ich verzeihe dir‹, sagte sie lachend zu ihm, stickte ihm ein Couleurband und ließ sich die Hosenbundzipfel schenken, auf denen die Zeichen der Verbindung und die Namen der Bundesbrüder aufgedruckt waren. Aber in Wahrheit nahm sie es ihm übel; auch er war ›kleinmütig‹ geworden, verstehst du?

Auch Katharinas Freunde hatten bemerkt, daß sie sich verändert hatte. Sie war offener und gesprächiger geworden, sie nahm den einen am Arm und legte dem anderen die Hand um den Hals. Das waren die meisten nicht gewohnt. ›Wer küßt mich, wer fängt mich, wer holt mich ein‹, rief sie den Freunden zu, die unter einem Baum kauerten, und schon sprangen die ersten auf und liefen hinter ihr her; ›wer trägt mich, wer schiebt mich, wer buckelt mich auf‹, hieß es, wenn sie einmal keine Lust mehr hatte, den Weg fortzusetzen. Kein Wunder, einige meinten, sie sei eitel geworden, und wahrhaftig konnten die Kleider, die sie sich in ihren freien Stunden nähte, darauf deuten. Lange, bis zum Boden reichende Glockenröcke, die bei großen Schritten weit ausschwangen, Blusen aus leichten Stoffen, zur Taille hin zusammengerafft, Kostüme aus dunklem Samt, zu denen sie weiße Spitzenhemden trug. Das Bild ihrer Erscheinung paßte nicht mehr nach Knippen, sie überbot sich darin, die Unterschiede zu den anderen Mädchen herauszukehren, sie maßregelte sie sogar, wenn sie mit Kopftüchern zu den Ausflügen kamen, ›zieh das ab, das brauchst du nicht, lös den Knoten, dann fallen die Haare‹.

Insgeheim beobachtete ich sie; verstehst du, ich war damals ein junger Kerl, sie war hübsch, sie gefiel mir, und sie kümmerte sich um mich. Aber sie machte sich nichts aus mir; sie war an allem interessiert, was ich tat, aber dieses Interesse galt meiner Arbeit, nicht meiner Person. Mir jedoch fiel auf, wie eilig sie sich an eine Tätigkeit machte, wenn die Mutter ihr etwas aufgetragen hatte. Sie wurde schweigsam, wenn sie den Tag über nicht draußen gewesen war. Am Abend lehnte sie sich oft, ohne einen Ton zu sagen, gegen das Fenster. Sie kümmerte sich mehr als sonst um den Garten, sie schmückte die kleine Ecklaube aus und lud die Gesellschaft vom »Uhu« hinzu. Ja, sie hielt sich und die anderen ununterbrochen beschäftigt, und nur wenige wußten, daß sie sich manchmal überforderte, in den Nächten schlecht schlief, auf Zehenspitzen aus dem Schlafzimmer schlich, lange am Fenster kauerte, fror und sich endlich wieder ins Bett zurückzog. Es kam auch vor, daß sie während der Ausflüge ins Träumen geriet, von Nonnenwerth erzählte, als lägen diese Tage schon eine Ewigkeit zurück, sich in einer Pause an einen Baum lehnte und einschlief, bis sich einer über sie beugte – ›geh fort, ich schlafe nicht‹.

Sie verabscheute politische Gespräche, und wenn einer aus der Runde ins Reden geriet, unterbrach sie ihn meist mit Schüttel- oder Stabreimen. Nur der Vater durfte solche Themen in ihrer Gegenwart erwähnen. Die anderen wurden zurechtgewiesen – ›sei still, davon verstehst du nichts, gib Ruhe, du wiederholst dich‹. Die ersten opponierten nach einiger Zeit, und der Riß, der mit den Monaten die Knippener in Mitläufer, Nachläufer und Hundertfünfzigprozentige schied, verlief allmählich auch durch diesen Freundeskreis. Bald konnte sie nicht mehr offen sagen, was sie dachte. Der Vater ermahnte sie zusätzlich, und der Bruder schrieb es ihr in seinen Briefen – Katharina, hüte deine Zunge, sie ist klein und kann große Dinge anrichten.

Am häufigsten waren wir zusammen, als ich dann mit den Entwürfen für die Deckengemälde in der Kirche begann. Deine Großeltern hatten mir den Speicher zur Verfügung gestellt, das war mein Atelier, da war es hell genug, und ich war ungestört.‹

Hacker trug das Tablett hinein, ich wartete. Er kam mit einer Flasche Cognac und zwei kleinen Gläsern heraus und schenkte ein. ›Wieviel Zeit hast du heute?‹

fragte er mich. Ich geriet in Verlegenheit, ich wollte ihn nicht enttäuschen. ›Bis zum Abend‹, sagte ich. ›Dann gehen wir zusammen zum Hähner Hof‹, sagte er, ›Adelheid wird sich freuen; wir essen dort, wir reden ein wenig, es macht mir Freude, mich zu erinnern, und Adelheid wird uns nicht stören.‹ Ich wußte sofort, daß es anders kommen würde, aber seine Idee gefiel mir. ›Trinken wir noch einen Schluck‹, fügte er hinzu und lehnte sich auf der Bank zurück.

›Weißt du‹, erzählte er dann, indem er starr auf das gegenüberliegende Dorf schaute, ›weißt du, man kann sich heute nicht vorstellen, wie das Dorf damals aussah, die einzelnen Viertel, in jedem ein sturer Haufen für sich, hier die Arbeiter, da die Handwerker, in der Mitte um das Rathaus vor allem Beamte, dann die schmalen Gassen, die auf den Kirchplatz zuliefen, das holprige Kopfsteinpflaster, die winzigen Türmchen der Bürgerhäuser mit ihren Erkern und kleinen Balkonen, die Lauben in den zugewachsenen Gärten, die Ziegelei. Einmal bin ich mit Katharina auf die Plattform unterhalb der Kirchturmspitze gestiegen. Da zeigte sie mir alles zum erstenmal – die alte Poststraße, die sich mit der Hauptstraße genau auf dem Marktplatz kreuzte, die Mündungen der unzähligen kleinen Bäche, die durch die Täler zur Sieg flossen, den Fluß, ja den Fluß. Im Winter war er beinahe zu einem Strom angeschwollen, der Fährverkehr unterhalb der Brücken wurde eingestellt. Manchmal war auch die kleine Hängebrücke zerstört, und die Stege, die man an den schmaleren Stellen gebaut hatte, waren vom Wasser fortgerissen worden. An den Seitenarmen des Flusses aber, an den stilleren Buchten – da standen die Wäscherinnen, Zickels Gumpelchen und

Vierbichens Lina. Im Frühjahr, wenn große Wäsche anfiel, kamen sie vorbei – stell sie dir vor, die beiden, Gumpelchen, die führt eine Ziege mit sich herum, und Lina, das ist die breitere, siehst du, die mit dem Buckel. Sie reden miteinander, aber du kannst nicht viel verstehen, du wirst nur ihr Gemurmel hören, wir müssen näher heran, näher heran ans Getuschel, dann hörst du's; sie liegen auf den Knien, sie wringen die Wäschestücke aus, ›häst de gehürt, häst de gehürt‹.

Katharina verstand jedes Wort, sie konnte den Ton der beiden nachahmen, ›häst de gehürt, wullst de nit hürn‹, sie konnte uns damit zum Lachen bringen. Dann mußt du dir die Kutschen vorstellen, die Zwei- und Viersitzer, die über das Pflaster klappern, du mußt das Tiergeschrei hören, die gurrenden Tauben oben auf dem First des Kirchendachs, die Krähenschwärme in den Gärten an der Sieg, die großen Raubvögel, Bussarde und Falken, die Hühner und Gänse, beinahe jedes größere Haus hielt sich die Tiere, dann die nachts auf den Straßen krabbelnden Mäuse, die Ratten in der Nähe der Sieg, du mußt es dir vorstellen. Und die Ruhe bei Nacht – diese endgültige Ruhe, wie sie es nie mehr geben wird, die Gaslaternen wurden von Hand gelöscht, im Stall brannten ein paar Karbidlampen, später war es vollständig dunkel im Dorf, kein Mensch, nichts ...‹

Er stand noch einmal auf und schaute nach der Glut. Er sprach jetzt beinahe beschwingt, die Erinnerungen schienen sich ihm aufzudrängen.

›Verstehst du, das alles gibt es nicht mehr. Uns traf viel mehr als ein zu verschmerzender persönlicher Verlust; wir sind verarmt, wir verloren unseren Weg im Dunkeln.‹

Er setzte sich wieder zu mir. Es war nicht viel dazu zu sagen. Ich hörte ihm gern zu, aber ich mochte es nicht, wenn er es sich in Allgemeinheiten bequem machte. ›Entschuldige‹, sagte ich, ›du sprachst von dem Deckengemälde für die Kirche. Du warst häufiger als sonst mit Katharina zusammen. Du hattest den Speicher zur Verfügung, war es so?‹

›Die Schwierigkeiten‹, antwortete Hacker, ›ergaben sich dadurch, daß die Gemeinde sich ein großes Deckengemälde gewünscht hatte, das bis zum Chor reichen, also das ganze Hauptschiff ausfüllen sollte. Sie wollten barocke Opulenz, verstehst du, ein Gemälde mit Hunderten von Figuren, an dem man sich nicht sattsehen konnte, wenn man den Blick zur Decke hob. Das Motiv durfte ich selbst bestimmen, das hatte ich mir ausbedungen. Ich sollte einige Entwürfe anfertigen, dann wollte man endgültig entscheiden. Es war, verstehst du, es war ein größenwahnsinniges Projekt, eine Knippener Selbstdarstellung des unerschütterlichen Glaubens, die weithin wirken und viele Gläubige anziehen sollte. Zunächst dachte ich an die üblichen Motive, eine Marienkrönung, eine Himmelfahrt Christi, eine Anbetung der Heiligen. Aber all diese Motive trafen den Nerv der Zeit nicht. Ich bemerkte das schnell, auch Katharina war unzufrieden, als sie meine ersten Skizzen sah. ›Das hat nichts mit uns und hat nichts mit Knippen zu tun‹, sagte sie, und ich mußte ihr recht geben. Ich malte nicht für die römischen Pilger, ich malte für eine Gemeinde im Siegerland. Das war es. ›Du mußt die Umgebung noch besser kennenlernen‹, sagte Katharina, ›vielleicht stoßen wir auf ein Motiv.‹

Wir machten uns erneut auf den Weg, diesmal zu

zweit, und Katharina trieb mich wieder an. ›Zeichne das, Peter Hacker, zeichne das Mühlenthal, zeichne die schäumende Sieg, zeichne die Heuwagen am Selbacher Weg, zeichne die Morgensonne im Wald; zeichne das, Peter Hacker, zeichne Paffrath und den Hohensayner Kopf, zeichne, wie die Wälder ins Tal abfallen und die Baumwipfel stramm stehen, zeichne Herrgottsau und Güte Gottes, zeichne Glatteneichen und Nisterberg, zeichne, Peter Hacker, zeichne die Raubvögel, den Makolbes, den Eichelhäher, zeichne die Feldhühner und Waldschnepfen, zeichne das Wiesenschaumkraut und die wilde Malve, zeichne Huflattich und Heckenröschen, zeichne, Peter Hacker, zeichne auch die Menschen im Dorf, zeichne den Kopf des Küsters, siehst du, die dunklen Augen, zeichne den Rän-Willem, der das Wetter voraussagt, zeichne, zeichne am Ende auch Henner, den Sohn des Hähner Bauern, zeichne seinen Dickschädel, die lange Nase mit dem breiten Rücken, zeichne die hohe Stirn, zeichne ihn so, wie er aussieht, wenn er Rüben einfährt.‹

Und ich zeichnete meine kleinen Blöcke voll, daß keine leere Stelle mehr zurückblieb, und ich fügte den Skizzen Phantasiegestalten hinzu, die sich von den Bäumen zu den Erdhügeln schwangen, aus denen Feuer loderte, ich malte das wasserspeiende Kugeltier, den dreibeinigen Esel, ich malte Sirenen und Salamander, ich malte die flammenbewaffnete Chimäre und das haarige Ungeheuer, und als Katharina mich schließlich aufforderte, ›mal auch mich, mal mich als Pflanze, mal mich als Tier‹, da malte ich sie zunächst als Pflanze, als Mandragora oder Alraune, ›warum malst du mich so‹, ›weil die Alraune schreit, wenn man sie ausreißt, weil der

Verzehr ihrer Blätter den Menschen die Sprache nimmt und weil du – wie die Alraune – niemanden zu Wort kommen läßt‹; dann aber malte ich sie als Tier, als Martichoras, ›warum malst du mich so‹, ›weil sie den Schwanz des Skorpions hat, das Fell des Löwen, drei Reihen von Zähnen, eine Stimme wie Trompetenklang‹ – ›und was macht sie damit‹, ›sie mischt die Farbe des Fells mit dem Glanz der Sonne, sie schnaubt durch die Nüstern, wenn sie einsam ist, sie speit die Pest, sie frißt die Heere, die sich ins flache Land wagen‹.

Den entscheidenden Anstoß bei der Motivsuche gaben dann aber Ereignisse, die Katharina und mich überraschten. An einem Nachmittag hatte sie mir die kleine Bibliothek gezeigt, in der sie früher gearbeitet hatte und in der jetzt eine junge Nachfolgerin saß, die sie nicht einmal kannte. Auf der Ablage waren Stapel von Büchern aussortiert worden, und als Katharina nach dem Zweck dieser Auslese fragte, zeigte ihr die Nachfolgerin die schwarzen Listen, die man zur angeblichen Säuberung der Bestände aufgestellt hatte. Bücher von Heine und Kerr, von Feuchtwanger, Wassermann und Tucholsky sollten verschwinden. ›Wohin‹, fragte Katharina, aber das Mädchen zuckte nur mit den Schultern. ›Wenn niemand sie will, nehme ich sie mit‹, sagte Katharina, aber es war uns allen klar, daß so etwas nicht möglich war.

Dieser Besuch in der Bibliothek ließ Katharina keine Ruhe. ›Hacker, uns muß etwas einfallen‹, sagte sie, aber mir fiel nichts ein, ich war in meine Zeichnungen vertieft. Ich hatte mich zu dieser Zeit vor allem im Dorf aufgehalten; ich saß am Marktplatz unter den Kastanien und zeichnete Braunhemden und Hakenkreuze,

Armbinden und Achselklappen, Schulterriemen und Koppel, während Katharina mich drängte – ›wer kümmert sich um die Bücher‹, ich aber weiterzeichnete, graue Kniestrümpfe und weiße Blusen, Schaftstiefel und Mäntel, Uniformen, Gesichter. Meine Arbeit war im Dorf längst aufgefallen und bekannt. An einem Abend ließ mich Harry Krämer, der Redakteur der »Volkswacht«, der inzwischen Ortspropagandaleiter geworden war, zu sich bestellen. Er ließ sich die Skizzen zeigen und fragte nach ihrer Verwendung. ›Charakterstudien, was?‹ fragte er mich, und ich erklärte ihm, daß eine Verwendung der Skizzen nicht beabsichtigt sei. Sie dienten nur der Erprobung meiner Fähigkeiten. Krämer ließ jede Zeichnung photographieren, und ein paar Tage später rückte er mit dem Angebot heraus, mir die Illustration eines Heimatbuches zu überlassen. Er wußte, wie er mich fangen konnte, und ich saß in der Klemme. Ich bat mir Bedenkzeit aus.

Inzwischen hatte Katharina sich etwas einfallen lassen. Sie wollte sich den Schlüssel der Bibliothek vom Pfarramt ausleihen, um einige Gegenstände abzuholen, die in der Bibliothek liegengeblieben seien. Sie erhielt den Schlüssel; in einer Mainacht machten wir uns heimlich aus dem Haus. Ich begleitete Katharina. Ohne gesehen zu werden, verschwanden wir in der Bibliothek. Katharina räumte in der Eile alle Bücher, die sie greifen konnte, zusammen. Sie standen, aussortiert und zu Bündeln verschnürt, auf dem Boden. Wir versteckten sie in den Taschen, die wir mitgebracht hatten. Wir schlossen ab und gingen so rasch wie möglich nach Haus. Niemand hatte uns bemerkt. Die Bücher aber versteckten wir auf dem Speicher; dort gab es eine kleine Tapetentür, die vernagelt war. Dahinter legten wir die Bücher ab. Es war gefährlich, aber Katharina frohlockte.

Als der Diebstahl bekannt wurde, ereiferte sich Harry Krämer in der »Volkswacht«; es wurde mit Hausdurchsuchungen gedroht, es wurde nach Zeugen gesucht, die Bewohner des »halben Mondes« wurden verhört, der Pfarrer mußte eine Aussage machen, aber bei alldem kam nichts heraus. Katharina jubilierte; nun besaß sie einen geheimen Schatz, den sie sich, wie sie sagte, auf eigene Faust erobert hatte. Sie fertigte eine Liste der gestohlenen Bücher an, sie ordnete sie neu, sie streute sie einen Nachmittag lang auf dem Speicher aus, so daß ich Angst bekam, ihr Vater könnte alles entdecken. Wir wußten, das hätte er nicht geduldet, der Diebstahl wäre in seinen Augen ein entscheidender Schritt über das Maß hinaus gewesen. Es blieb unser Geheimnis, und an jenem Nachmittag, als wir auf dem Boden saßen und in den Büchern blätterten, die einige Tage später hatten verbrannt werden sollen, stieß Katharina mich an. ›Die Versuchung des heiligen Antonius – Hacker, das ist dein Motiv!‹

Ich wußte sofort, daß sie es getroffen hatte. Die Versuchung des Heiligen – der Eremit auf seinem einsam gelegenen Felsenplateau – die Dämonen, die sich ihm zudringlich näherten, vor ihm paradierten, ihn lüstern und trunken machten, seine Standhaftigkeit prüften – die Bücher der heiligen Schrift, in denen er las, deren Worte er prüfte, an denen er sich berauschte und an denen er zweifelte – die Umgebung des felsigen, winddurchfurchten Landes, der Höfe und Weiden, der Äcker und Täler – oh, sie hatte es getroffen, und vor meinem inneren Auge sah ich meine Skizzen zu diesem großen

Gemälde der Versuchung vereinigt. ›Hacker, das ist dein Motiv‹, wiederholte Katharina, ›der Heilige, den der Teufel versucht, er ist sich nicht mehr sicher, siehst du, er schwankt, die Gräser spucken Feuchtigkeit, damit er in der glühenden Sonne trinken kann, die Metalle fügen sich zu goldenen Schalen zusammen, damit er sich seines Reichtums erfreuen kann, die Palmen wiegen sich wie schöne Frauen im Wind, damit er sie zu sich locken kann. Und sein Hunger ist groß – er hat das alles durch die Jahre entbehrt, und er weiß längst nicht mehr, ob es einen Sinn hat zu fasten, zu büßen, zu bereuen; er schaut in die Ebene, siehst du, da erkennt er die Karawanen und das müßige, trödelnde Volk, das sich jeder Herrschaft unterwirft, da erkennt er die Oasen, in denen die Wasser glitzern, und der Wind trägt ihm all die Geräusche hinauf, das Flüstern der Vögel, das Murren der schwereren Tiere, das Klopfen der Pferdehufe, das Säuseln der Libellen – und er sehnt sich, Hacker, er sehnt sich nach einem Menschenschicksal, nach Liebe, nach Geld und dem, was man mit seiner Hilfe alles bekommt, nach den kleinen Dingen – und er sieht, verstehst du, Hacker, die Krieger ausziehen, die töricht beschwätzten Krieger, hier und dort, er sieht die Freunde, die Feinde, das Land und den See dazwischen, er sieht den Tod, und er kann nichts tun, denn er darf nur träumen, fasten und büßen, und da klagt er gegen Gott und den Verführer auf einmal, er beklagt sein Los und das der erbärmlichen Welt, die nicht frei sein darf, nicht frei von Versuchung, von Leid, nicht frei von Zeit – und er will nicht mehr in den Himmel schauen, auch dieses Blau verflucht er, denn es ist nicht das des Meeres, in dem sich schwimmen ließe – und er sieht den Zug der Mönche, die ihm zu Ehren den

Berg hinaufsteigen, ach, die Träumer, die Ahnungslosen, er verlacht sie, sie wissen nichts von seinen Qualen, sie wissen nicht, wie es in ihm umgeht, einmal zur Welt hin, zur Erde, dann aber zum Licht, dem Trockenen – und dennoch ist er schön, dieser Heilige, ein Entwurf Gottes, nicht mehr, ein flüchtiger Gedanke, aber so hellwach geträumt – er ist schön in der Andacht seiner Verzweiflung, er bereitet ein menschliches Schauspiel, das wertloseste, das man sich denken kann, aber gerade diese Wertlosigkeit macht die Größe des Bildes aus, das Gott von ihm fordert, ein Bild zwischen Himmel und Erde, der Geflügelte, der nicht fliegen kann, der Hoffende, der zu sterben sucht, der Gequälte, der sich nach immer stärkeren Qualen sehnt – siehst du ihn, Hacker, die Frauen drängen sich um ihn, denn, wie ich es sagte, er ist schön, hager, braun das Gesicht, das Gewand aus Ziegenhaut zerrissen, angstzerfurcht der Blick – doch er ist nur ein Bild, ein Schatten, in dem sich viele wiedererkennen wollen.‹

›Verstehst du‹, sagte Hacker und schaute wie aus einem Traum auf, ›sie war entzündet von diesem Gedanken, sie konnte ihn zur Sprache bringen, wie ich es niemals vermag; in diesen Augenblicken kam es mir so vor, als hätte ihr Erzählen nun seinen Gegenstand gefunden, ohne Überleitung, schlagartig. Katharina hatte auch schon früher viel gelesen, zunächst gegen den Willen der Mutter, auch gegen den des Vaters; es gehörte nicht in die Vorstellungen vom Leben eines jungen Mädchens, das sich die Eltern machten. Aber es entsprach ihrer Neugierde, und mit der Zeit hatte sie gelernt, sich auszudrücken; oh, wir hörten ihr zu, wenn sie von unseren Ausflügen berichtete, wenn sie Sprache und Haltung der

Knippener nachahmte, wenn sie aus ihren Briefen vorlas – wir lachten, wir freuten uns, wir gönnten ihr die Begeisterung, in die sie geriet. Doch diesmal war es anders, denn ich erschrak. Katharina erzählte nicht nur, sie improvisierte nicht einige Scherze, sondern sie entwarf Bilder aus ihrer Einbildung – sie fabulierte, sie geriet in Ekstase. ›Ruhig‹, sagte ich zu ihr, ›beruhige dich‹, aber sie verstand nicht, was ich meinte. ›Es gefällt dir nicht‹, antwortete sie, ›dann mach, was du willst.‹ Sie lief die Treppe hinunter, sie ließ mich allein, und ich konnte ihr nicht einmal folgen, weil es aufgefallen wäre und vielleicht ein anderer auf dem Speicher nach dem Rechten gesehen hätte. Später war sie zugänglicher; sie wollte wissen, was mir an ihrem Einfall nicht einleuchte oder gefalle, und als ich ihr sagte, es sei ein wunderbarer Einfall, ein seltener, treffender, da umarmte sie mich zum erstenmal und gab mir einen Kuß.‹

Hacker stand auf. ›Gehen wir?‹ fragte er, und ich nickte. Er holte aus dem Haus einen Mantel und den Gehstock, dann machten wir uns auf den Weg.

All das hatte ich noch nicht gewußt. Ich hatte nie danach gefragt. Aber ich war froh, es von Hacker zu hören. Ich war sicher, daß ich es aus dem Mund meiner Mutter schwer ertragen hätte. Hacker dagegen konnte ich ruhig zuhören. Seine Erzählungen verwirrten mich nicht. Sie setzten mir etwas vor, doch sie zogen mich nicht in ihren Bann. Ihm selbst jedoch schien es ganz anders zu gehen. Auf dem Weg sprach er nur noch wenig, wir gingen ziemlich schweigsam nebeneinander her, und ich wollte ihn nicht mit Fragen oder anderen Geschichten belästigen. Ich dachte an Adelheid.

Seit zwanzig Jahren lebt Adelheid wieder auf dem Hähner Hof; sie ist dort geboren, ich glaube, sie wird dort auch sterben. Adelheid ist eins von den zehn Geschwistern meines Vaters, eine Tante also, aber es käme mir nie in den Sinn, sie Tante zu nennen. Adelheid ertrüge es nicht, sie würde mich verjagen, gegen mich angehen. Früher hatten die Menschen in der Umgebung Angst vor ihr; noch immer ziehen sich viele zurück, wenn Adelheid auftritt. Sie verbreitet Schrekken, wenn sie die Männer in der Wirtschaft anherrscht, nicht so viel zu trinken; sie sagt ihre Meinung, aber auch das ist noch zu milde ausgedrückt. Man kann über Adelheid überhaupt nicht in einem sanften oder gezügelten Ton reden.

Mein Vater brauchte mir nicht zu erzählen, daß sie die kräftigste seiner vielen Schwestern war. Bei der Feldarbeit übernahm sie die Tätigkeiten, die sonst nur den Männern zufielen. Sie stand der überforderten Mutter bei, sie ersetzte sie teilweise, indem sie den Knechten und Mägden vorstand, keine Widerrede duldete, für die meisten den Tag einteilte. Sie war das älteste Kind der Familie, das erste, das auf dem Hähner Hof geboren worden war, kurz nachdem die Eltern den großen Hof gekauft hatten. Der Vater hatte sich vom Bruder, dem das Sägewerk und eine Kolonialwarenhandlung geblieben waren, ausbezahlen lassen. Drei Höfe waren ihm für die fünfzigtausend Goldmark, die er erhalten hatte, angeboten worden. Die Bauern waren verschuldet, verarmt. Der Vater hatte den Hähner Hof gewählt. Achtzig Morgen Land gehörten dazu, dann die Ställe, die Scheunen, das Wohnhaus, die Gastwirtschaft. Während des Sommers reisten die Großbauern aus der Kölner Gegend an. Sie erhielten die schönen Betten im Gästehaus, sie machten Kahnpartien auf der Nister, sie ließen sich mit den Kutschen spazierenfahren. Nach Adelheids Geburt kamen noch dreizehn Kinder zur Welt, drei starben früh, die anderen wuchsen in den engen Räumen über der Gastwirtschaft auf, jeweils vier in einem Zimmer und zwei in einem Bett. Die älteren übernahmen die Aufsicht über die jüngeren, halfen bei der Arbeit, bedienten in der Wirtschaft. Als sie schulpflichtig waren, gingen sie frühmorgens in die Volksschule, über eine Stunde lang war der Weg, frierend, vom Regen durchnäßt, kamen sie in ihren Holzschuhen an. Im einzigen Klassenzimmer wurden über fünfzig Schüler gleichzeitig unterrichtet. Die Hähner Kinder kamen für zehn Minuten vor den Ofen, mußten die Kleider zum Trocknen aufhängen, durften sich auf den Boden setzen. Gegen Mittag ging es zurück, eine weitere Stunde, laufend, durchs Grüntal. Die Mutter wartete auf Hilfe bei den vielen Arbeiten, die anfielen. Die Gäste wurden verpflegt, die große Küche stand unter Dampf, die Kühe wurden gefüttert und gemolken. Alle drei bis vier Wochen rührten die Mädchen den Sauerteig; man ließ ihn gehen, die Männer mußten ihn kneten. Im Backes wurden die Brote bei großer Hitze gebacken; die Kinder hatten für die Schanzen zu sorgen, für Reisigbündel aus den Haubergen, für Äste und kleinere Stämme; in der Nachhitze wurde der Zimmetskuchen gebacken. Die Wirtschaft ging gut, aber man konnte an den Sommergästen nicht viel verdienen; lange blieb es bei 4,50 Mark am Tag. Im Herbst und Winter fehlten die Gäste. An den kältesten Tagen wurde geschlachtet, der Fleischbeschauer prüfte die Tiere, dann hingen sie einen ganzen

Tag, an Leitern gebunden. Am Schlachttag waren die Bauern aus der Umgebung eingeladen; man spielte Karten, aß Wurstsuppe und ausgekochte Würste, Hirn und gebratene Schweinsfüße; die anderen Fleischstücke wurden in Holzbütten gepökelt, Würste und Speck kamen in die Räucherkammer. Die Mädchen strickten, manchmal tauchten Musikanten auf; der Vater spielte Klavier und rauchte Bielsteiner Strang-Tabak. Am Heiligabend saß man in der großen Stube, bis das Beiern begann und die dumpf klingenden Holzhammerschläge auf die Glocken der Knippener Kirche in der Stille der Täler verebbten. An den Herz-Jesu-Freitagen ging die Mutter zur Frühmesse ins Dorf, hin eine Stunde, zurück eine Stunde. Zur Fastenzeit kam kein Fleisch auf den Tisch, in der Karwoche wurden die Mahlzeiten knapper. Karfreitag flogen die Glocken fort, und die Stille reichte gegen Mittag über das ganze Land. Im Frühjahr erschienen die ersten Gäste wieder, die Söhne wurden zum Fischen geschickt, der jüngste griff Aale, Forellen und Lachs mit bloßen Händen und tauchte unter die großen Felsbrocken, die von den Höhen herab ins Flußbett gedonnert waren; die anderen halfen mit Netzen und Haselnußstöcken nach, an denen Kupferdrahtschleifen befestigt waren. Im Sommer liefen die älteren Burschen hinter den jungen Töchtern der Gäste her und gurrten wie Balzhähne aus den Sträuchern, bis Adelheid sie hervorkommandierte. Sie brauchte jeden in der Wirtschaft, nur Henner fiel aus. Man schickte ihn auf die Rektoratsschule in Knippen, dann auf das Gymnasium in der Kreisstadt. Gegen 7 Uhr am Morgen fuhr er mit dem Fahrrad los, nahm den Zug, kam am Nachmittag erschöpft zurück; sein Mittagessen wurde im Backofen warm gehalten; er aß und mußte hinaus auf die Weiden, um die Kühe zu hüten, Heu einzufahren, Krummet zu schneiden; er lernte verbissen, ließ sich Vokabeln abhören, notierte Passagen, die er im Zug auswendig lernen wollte. Niemand konnte ihm helfen, aber er hielt durch. Am Tag seines Abiturs küßte ihn die Mutter zum ersten Mal, seit er sich erinnern konnte. Er arbeitete weiter auf dem Hof, dann studierte er in Bonn das Vermessungsfach. An den Wochenenden kam er nach Haus, trieb die Tiere auf die Weide, zeichnete, machte geduldig seine Aufgaben. Im April 1933 absolvierte er das erste Staatsexamen; er hatte es geschafft, die Eltern waren stolz, eine Schwester pflückte ihm einen Blumenstrauß. Wochen später war er der SA beigetreten; schon vier Jahre zuvor hatte er den damals wenig bekannten Hitler in einer Nachbargemeinde vor über fünftausend Zuhörern gehört. Hitler hatte ihm imponiert, er stellte etwas dar; Teile der Rede hatte er im Kopf behalten. Erneuerung, nationale Revolution, das junge Deutschland – Henner glaubte, er gehöre dazu. Die Familie sah seine Begeisterung nicht gern, aber den meisten war es gleichgültig. Für einige Monate arbeitete er auf dem Knippener Katasteramt. Im Juli lernte er auf einem Schützenfest Katharina näher kennen. Er verliebte sich, aber er hatte keine Zeit, an Liebe zu denken.

Nach dem Tod der Eltern hatte Adelheid die Wirtschaft allein geführt. Die Geschwister hatten geheiratet, waren in andere Gegenden gezogen, sie allein hielt lange an der Aufsicht über den Hähner Hof fest. Männer, die um sie warben, wies sie zurück; sie dachte nie daran zu heiraten. Später hatte sie eine Wirtschaft im Kölner Raum übernommen und sie zwanzig Jahre geführt. Sie hatte allen Kontakt zu den Geschwistern abgebrochen, sie arbeitete unermüdlich und verdiente soviel Geld, daß sie die Wirtschaft abgeben und auf den Hähner Hof zurückkehren konnte. Der Hof war inzwischen verpachtet, sie lebte allein in drei großen Zimmern über der Wirtschaft. Noch immer stand sie früh auf, hackte Holz, wenn niemand es von ihr verlangte, half beim Kochen und zog sich am Abend, aufstöhnend und müde, in ihre Zimmer zurück, die niemand sonst betreten durfte. Mit den Jahren war sie eigensinniger geworden; viele hielten sie für ›verwirrt‹, aber sie hatte nur ihren Frieden mit sich selbst gemacht und daher den anderen den Krieg erklärt. Noch immer bemühte sie sich, Hochdeutsch zu sprechen, wie sie es zu lernen versucht hatte; geriet sie in Zorn, packte sie die Furie der plattdeutschen Redensarten, die sie ihren Gegnern an den Kopf warf. Nie gab sie sich versöhnlich, und niemand wußte, wodurch sie so hart und streng geworden war. Von ihr hätte man es am wenigsten erfahren. Im Dorf hatte sie nur wenige Freunde, obwohl viele sie achteten. Hacker besuchte sie oft, sie sprachen miteinander, sie saßen zusammen, als schmiedeten sie ein Komplott; manchmal waren sie am Abend beide betrunken, dann bestellte sie einen Wagen für ihn, und sie zog sich am Geländer die Treppe hinauf, bis sie, ohne sich auszuziehen, ins Bett fiel. Für die Pächter wurde ihr ungeordnetes Leben zu einer Gefahr. Sie warf die alten Kerzenleuchter um, und die Gardinen fingen Feuer; sie ließ eine Herdplatte brennen, und ein Topf schmorte durch. Sie wollte sich nicht mehr anstrengen, wenn sie allein war.

Kam sie in die Wirtsstube, hatte sie sich sorgfältig gekleidet. Noch immer kämmte sie sich so, wie es vor Jahrzehnten üblich gewesen war, die langen Haare streng zurück zu einem Knoten gebunden. Man hatte ihr Stellen im Dorf angeboten; sie hatte die Haushälterin des Pfarrers werden sollen. Für all diese Angebote hatte sie nur Gelächter übrig. Sie machte größere Reisen ins Ausland und kam mit Geschenken und Plunder zurück, den sie in ihrem Zimmer ausstellte. Sie ging in die Krankenhäuser, wenn die Bekannten ihres Jahrgangs erkrankt waren; sie machte sich zu jeder Beerdigung auf, ohne ein einziges Mal die übliche Einladung zur Kaffeetafel anzunehmen. Allmählich wurde sie verschwenderisch. Niemand wußte, wieviel Geld sie eigentlich besaß; sie gab es aus. Als man sie in ein Altersheim überweisen lassen wollte, sträubte sie sich erfolgreich. Statt dessen ließ sie ihre Zimmer aufräumen; den mit den Jahren unübersichtlich gewordenen Plunder verbrannte sie hinter dem Haus. Sie verschenkte viele der alten Möbel, scheuerte die alten Holzböden und ließ die Wände neu streichen. Ihre Zimmer sahen jetzt beinahe kahl aus, nächtelang ging sie auf und ab, wenn sie nicht schlafen konnte. Die letzten Gäste in der Wirtschaft hörten sie sprechen und poltern. Niemand konnte sich erinnern, sie jemals krank erlebt zu haben. Im Dorf wurden Wetten darüber abgeschlossen, wann mit ihrem Tod zu rechnen sei. Keiner hatte bisher gewonnen, ihr Leben erschien unerschöpflich.

Ich hatte Adelheid lange Zeit nicht gesehen. Sie nahm von mir ebensowenig Notiz wie von den anderen Neffen und Nichten, die sie besuchten. Sie entschuldigte sich bei solchen Anlässen und verschwand in ihren Zimmern. Insgeheim warf sie jedem ihrer Geschwister etwas vor; der eine hatte sich ›aus dem Staub gemacht‹, der andere hatte ›falsch geheiratet‹; eine Schwester hatte ›den Dünkel bekommen‹, eine andere war ›unter die Leut geraten‹. Man nannte sie hochmütig, in Wahrheit lebte sie von dem Eigensinn derer, die lange Jahre hart und meist für andere gearbeitet hatten. Sie glaubte die Fehler der meisten zu durchschauen; sie durchschaute sie nicht, sie traute ihnen nur nichts zu.

Als wir am frühen Abend den Hof erreicht hatten, war Adelheid nicht auffindbar. In der Wirtschaft saßen nur wenige Gäste, Hacker war die schmale Treppe hinaufgestiegen und hatte an den Türen geklopft. Sie schien ausgegangen zu sein, denn sie meldete sich nicht. Hakker kam enttäuscht wieder herunter, bestellte etwas zu trinken für uns und setzte sich neben mich.

Während er nach Adelheid gesucht hatte, hatte ich mich in der Gaststube umgeschaut. Früher war ich ein paarmal hier gewesen, aber ich erinnerte mich kaum noch. An heißen Sommertagen hatte mich der Vater zum Schwimmen mitgenommen. Plötzlich fiel mir auf, wie wenig ich über die Menschen hier wußte. Ihr Leben war mir gleichgültig gewesen, ich hatte die Tage mit anderem verbracht. Viele Geschichten, die man mir einmal erzählt hatte, hatten mitleidheischend begonnen oder waren von verklärender Ausschmückung wie von einem Pilz befallen. Selten war es einem Erzähler gelungen, einen Menschen ohne übertriebenes Lob oder ohne übertriebene Gehässigkeit zu schildern. Oft sollte nur etwas Unheimliches, Abstoßendes, Verqueres zur Sprache kommen. Man machte sich über einen anderen lustig, man wollte zeigen, wieviel man ihm an Einsicht und Schläue voraushatte. Manche Geschichten berichteten von Unfällen, kleinen Katastrophen und Mißgeschicken. Doch meist galt der Einzelne in diesen Erzählungen wenig. Man ging über ihn hinweg, man machte sich nicht einmal die Mühe, ihn zu verstehen. Die Knippener erzählten, um sich zu erheitern oder um falsches Mitgefühl zu zeigen. Schon der Alltag kam in ihren Erzählungen nicht vor. Sie hatten ihn lustlos hinter sich gebracht, in ihren Erzählungen sollte er nicht wiederaufstehn. Wenn ich es mir recht überlegte, hatten sie nie gelernt, von sich und den anderen zu berichten. Selbst mit ihren Erzählungen taten sie sich nur etwas an. Daher hatte ich wohl auch selten interessiert zugehört. Man wurde für die Menschen, die sie schilderten, nicht eingenommen, man dachte sich nicht in sie hinein, man überlegte nicht einmal, wie es zu ihren Handlungen gekommen war. Statt dessen stand der scheinbar unveränderliche Charakter des einzelnen gleichsam seit seiner Geburt fest. Man hatte ein festes Bild von jeder Person, die im Dorf lebte; das Schlimmste aber war, daß dieses Bild, ohne Veränderungen, ohne Brechungen, ja ohne nennenswerte Erweiterungen, ein Leben lang existierte und von niemandem in Frage gestellt wurde. Diese Urteile und Bilder hatten sich über all die vergangenen Jahrzehnte gerettet. Auch das hatte mich immer verwirrt. Einer konnte ›ein strammer Kerl‹ und also ›ein guter Soldat‹ sein; ein anderer war ›ein Filou‹ und folglich ›ein Drückeberger‹. ›Stramme Kerle‹ waren in die SA eingetreten; das wurde verziehen und ausdrücklich verstanden. Ein ›Filou‹, der in die SA eingetreten war, galt dagegen als ›Pöstchenjäger‹. Einem ›strammen Kerl‹ traute man nichts Böses zu; er war gleichsam dem Instinkt seiner Kraft, seines aufrechten Gangs gefolgt. Ein ›Filou‹ benahm sich noch heute daneben, man ging ihm aus dem Wege. Folgte man den Knippener Erzählungen, so hatte Gott jeden Menschen mit einem unabänderlichen Charakter und einem ebenso starr vorgezeichneten Schicksal auf die Welt geworfen. Jede Erzählung wurde zu einer Nacherzählung dessen, was Gott mit einem Menschen vorgehabt hatte. ›Gott straft‹, ›Gott sieht alles‹, ›Gott erhält den Gerechten‹ – diese alten Losungen, die allmählich immer mehr an Kraft verloren, hatten den alten Erzählern das meiste bedeutet. Sie wollten die Menschen nicht durchschauen oder durchdringen, sie wollten sie vielmehr auf das Theater zerren, wo sie ihre Rolle zu spielen hatten. Daher hatte ich ihren Schilderungen nie etwas ›abgehört‹; sie klangen verdorben, wie aufgelesen, wie auswendig gelernt; niemand hatte die Kraft, sie zu variieren, niemand die Lust, ihnen nachzugehen. Es kam mir so vor, als sei den Knippenern niemals etwas ›durch den Kopf gegangen‹; schwatzend, redend, sich unterhaltend, hatten sie ihn vielmehr nur dazu benutzt, sich zu entleeren. Immer wieder hatten sie vor mir ausgeschüttet, was sie längst wußten, längst kannten. Niemals hatte einer – nachdenklich werdend, nachsinnend, überlegend – in seinen Berichten innegehalten. Sie sprachen wie Flüchtlinge, die alles verloren hatten und denen nur noch die unumstößliche Erinnerung geblieben war. Daher hatten mich ihre Erzählungen von Kindheit an ungeduldig und auffahrend gemacht. Sie weckten in mir keine Vorstellung davon, wie es hätte gewesen sein können; an die Stelle der Vorstellungen setzten sie ihre Überzeugungen und Meinungen. Mit der Zeit hatten ihre Berichte daher allen Wert für mich verloren. Sie lebten in einem Niemandsland; folgte man ihnen, waren sie mit der Geschichte immer nur in Berührung gekommen. Sie hatten sie nie am eigenen Leibe erfahren. Manchmal hatte ich ihre derben Kommentare und Urteile, die jede Geschichte vom Tisch wischte, bevor sie noch Zeit erhalten hatte, im Innern nachzuwirken, für hilflose Versuche genommen, das eigene Leben nicht ausschmücken und darstellen zu wollen. Doch das war es nicht gewesen. Sie wollten sich jedes Nachdenken ersparen, sie wollten ›bestätigt‹ sehen, was sie ›geahnt‹ hatten. So aber hatten sie nur ihre Vorurteile über die Zeit gerettet. Der ›stramme Kerl‹ war in den Stadtrat gewählt worden – und das stand ihm in ihren Augen auch zu. Der ›Filou‹ hatte sich in den Stadtrat gedrängelt, deshalb verachtete man ihn. Keiner mochte darüber nachdenken, was in den anderen Monat für Monat, Jahr für Jahr vorgegangen war. Vorgänge im Inneren wurden verschwiegen, gehütet oder hinter den Vorhängen der Beichtstühle schamhaft gestanden. Niemand aber gab sich dem anderen preis; sofort wäre er verhöhnt worden, hätte als ›weich‹, ›kompliziert‹ oder ›defekt‹ gegolten. Auf diese Weise lernte man einander nicht kennen. Man sprach täglich miteinander, aber man verschwieg sich das Wichtigste. Peinliche Familienereignisse behielt man für sich, nichts davon sollte ›unter die Leut‹ kommen. Da die Macht der Urteile und Bilder, die Macht dessen, was die anderen von einem hielten und dachten, unumstößlich war, wäre jede Verletzung dieser Grenze, jede Offenbarung, Selbstbezichtigung oder Anteilnahme nur als Schwäche ausgelegt worden. Nein, die Knippener hatten nichts gelernt in ihren Jahren. Das Lebensverhängnis hatte sie nur zerzaust, ihre Flüche und Klagen herausgefordert. Das hatte sie davon abgehalten, neugierig zu werden. Sie schnupperten nur in den Ecken, sie witterten die Wetterumbrüche, aber sie hatten weder einen Verstand noch ein Gefühl für das, was um sie geschah. Ausnahmen, die sich ihrem Verhalten nicht fügten, sonderten sie aus; entweder galt ihnen übertriebene Hochachtung oder ungezügelter Haß. Sie wunderten sich nie; noch von den Kriegsheimkehrern, die sie jahrelang nicht gesehen hatten, wußten sie, was sie zu halten hatten. Ja, schon als Kind hatte ich mich oft gewehrt, ihnen zu glauben. Ich hatte das Vertrauen in sie verloren.

Hacker und ich hatten uns gerade das erste Mal zugeprostet, als wir Schritte auf der Treppe hörten. ›Sie kommt‹, sagte Hacker, und er behielt recht. Adelheid öffnete die Tür und schaute in die Gaststube. Über dem langen schwarzen Kleid trug sie eine weiße Schürze. Sie kam zu uns, gab uns beiden die Hand und setzte sich neben Hacker. ›Wollt ihr was essen?‹ fragte sie; Hacker wünschte sich eine Forelle, und ich schloß mich an. Adelheid nickte und stand wieder auf. Sie verschwand in der Küche.

›Sie konnte Katharina nicht leiden‹, sagte Hacker, ›sie gab sich alle Mühe, sie vom Hof fernzuhalten. Katharina hatte ihr etwas voraus, und sie kam aus einer anderen, für Adelheid fremden Welt. Henner machte es nichts aus, wenn sich die beiden stritten. Und wie sie sich gestritten haben! Du hättest es erleben sollen. Sicher, sie kannten sich schon lange, aber niemand hatte auf den anderen acht gegeben. Adelheid wurde erst auf Katharina aufmerksam, als wir unsere weiten Spaziergänge damals immer häufiger auf dem Hähner Hof beendeten. Meist ergab sich das zufällig so. Doch Adelheid traute Katharina nicht. ›Sie will sich einen angeln‹, sagte sie, und sie vermutete von vornherein, daß Katharina es auf Henner abgesehen hatte. Ich aber sage dir, daß das nicht wahr war. Katharina beobachtete Henner, sie lud ihn einmal an unseren Tisch, sie sprach mit ihm, aber sie ging mit ihm so um, wie sie mit uns allen umging. Es hatte sie verwirrt, daß er in die SA eingetreten war, sie wollte mehr von ihm erfahren, und sie bekam es nebenbei auch heraus. Henner brauchte, um in den Staatsdienst aufgenommen zu werden, besondere Nachweise seiner Sympathie für das Regime. Er wollte sich unter den anderen Kandidaten ein wenig hervortun, auf den Zug springen, ehe es zu spät war. Er hatte jahrelang geschuftet, das sollte nicht vergeblich gewesen sein. War er ein Nazi, ein überzeugter, ein begeisterter? Nein, ich glaube es nicht. Es war einfacher. Er hatte nichts gegen ihre Politik einzuwenden, vieles von dem, was sie sagten, leuchtete ihm ein, denn sie wandten sich gerade in unserem Gebiet mit besonderer Aufmerksamkeit an die Bauern. Die Bauern sollten der Stolz der Nation werden; Henner hörte so etwas gern. Er war lange genug geneckt, geärgert, aufgezogen worden; er hatte sich – anders als die meisten Kommilitonen – nichts leisten können, er hatte eine Woche lang von einer kleinen Wurst und einem Brot gelebt, das die Mutter ihm mitgegeben hatte. ›Studentisches Leben‹ – das kannte er nicht. Henner war stolz; es beschäftigte ihn, daß er außerhalb der anderen leben mußte, daß er nicht aufgenommen war in ihren Kreis, daß er keine Manieren, keinen Umgang hatte und daß ihm jenes bürgerliche Selbstgefühl fehlte, das seine Kameraden in den studentischen Verbindungen zur Schau stellten. Da lockte ihn eine Gruppe von Außenseitern, und er schloß sich dem NS-Studentenbund an. Dort brauchte man Leute wie ihn. Er war groß, schlank, kräftig, von der Statur her stellte er etwas dar; sie gaben ihm eine Uniform, und er glänzte darin. Hätte ihm das nicht gefallen sollen? Hätte er das Parteiprogramm bis in die letzte Nuance kennen müssen? Nein, das alles war für ihn nicht wichtig. Judenvernichtung, Kampf dem Marxismus – das waren Schlagworte, die eine Partei nach seiner Meinung benötigte, um die Massen anzuziehen, ihnen zu imponieren. Er las die Pamphlete nicht, er hatte genug mit dem Studium zu tun.

So hatte er es Katharina erklärt, aber es leuchtete ihr nicht ein. Sie konnte es nicht verstehen. In ihrem Verständnis begab er sich unter eine Horde von Rohlingen. Sie sprach von ihrer Festnahme, und er entgegnete ihr, sie habe sich ›dumm angestellt‹. Sie wies auf die Verhaftungen hin, und er sagte, es müßten ›Opfer gebracht werden‹. Sie erzählte von der Bücherverbrennung, und er fragte sie, ob sie zuvor die Schriften der Autoren gelesen habe, die den Nazis nicht genehm seien. Sie stritten sich heftig, aber ihr Gespräch war wie ein Schlagabtausch, der hinter den Kulissen – wie zur Probe – geführt wurde. Vielleicht sind sie sich gerade dadurch nähergekommen, ich weiß es nicht. Was weiß ich? Verstehst du – diese Gespräche hatten damals noch nicht den grauenvollen Hintergrund, den erst die späteren Jahre ins Bewußtsein rückten. Es waren sehr vorläufige

Unterhaltungen, und die Linien verliefen keineswegs so, daß man dem einen immer Recht und dem anderen immer Unrecht hätte geben können.

Dann entwickelte sich die Angelegenheit. An einem Abend, als viel Betrieb war, wollte Katharina in der Küche aushelfen. Da stieß sie das erste Mal mit Adelheid zusammen. ›Raus‹, höre ich sie noch rufen, ›wir dön unseren Krom alleen.‹ Damit hatte ihre Feindschaft begonnen. Sie wetteiferten, und mit der Zeit wurde Henner der von beiden stillschweigend erwählte Richter, der über diesen Wettstreit entscheiden sollte. Dadurch zogen sie sich an, und dadurch zogen sie einen Dritten an, dem allmählich ihre Fürsorge und wohl auch ihre Liebe galt. Zwei starke, unbeirrbare Menschen standen da gegeneinander; sie hatten sich nicht das Geringste zu sagen, sie hätten aneinander vorbeigehen können. Aber es reizte sie, den Kampf aufzunehmen.

Während eines Schützenfestes versuchte Katharina, alles zu entscheiden. Adelheid war nicht mitgekommen, wir schlenderten in einem großen Kreis von Freundinnen und Freunden zum Festzelt, Henner war darunter, aber Katharina hatte sich bei mir eingehängt. Am Samstagabend begann das Böllerschießen auf dem Kucksberg. Am Abend traten die Schützen an, und der Schützenkönig wurde an seiner Residenz abgeholt und begrüßt. Dann zog man durch den Ort zum Zelt, während auf den Hügeln ringsum das Feuerwerk abgebrannt wurde. Man tanzte, man freute sich. Katharina war aufgeregt, gespannt; sie hatte sich in den letzten Monaten erschöpft, sie suchte nach einer Erholung, einer Abwechslung, und mir war klar, daß dafür nur die Annäherung an Henner in Frage kam. Sie kannte ihn, aber sie kannte ihn noch nicht gut genug. Er imponierte ihr; er hatte sich – als einer von Wenigen – aus den engen Verhältnissen des Dorfes befreit. Er hatte studiert, er kam voran, er hatte ihr von Berlin erzählt, wo er sich einige Monate lang aufgehalten hatte. Er träumte davon, einmal in Berlin zu leben, und in dieser Sehnsucht stimmten sie beide, noch bevor sie es sich gestehen konnten, überein. Die Magie ihrer Annäherung – verstehst du, ich beobachtete sie an diesem Abend, und ich konnte nichts tun, ich konnte es nicht aufhalten, ich war vielmehr ein kleiner Impuls zwischen ihnen, der alles zum Drehen brachte. Denn ich forderte Katharina als erster zum Tanz auf; wir tanzten ausgelassen, lange, vergnügt. Als wir zurück an unsere Plätze kamen, hatte sich Henner zu uns gesetzt. Nun sprach sie mit mir, und sie redete doch zu ihm; nun hörte ich ihr zu, und mußte doch sehen, wie er sie anschaute. Verstehst du – aber was erzähle ich da, die alten Allerseelengeschichten!‹

›Nein‹, sagte ich, ›weiter, mach weiter, ich höre dir zu.‹

›Weiter – wie weiter?‹ fuhr Hacker fort, ›es war schon geschehen. Sie tanzten zusammen, und, bei Gott, er konnte nicht gut tanzen. Er gab sich Mühe, aber er konnte es nicht. Jeden anderen hätte sie bald stehen lassen, mit ihm gab sie sich Mühe. Sie zog ihn zu sich heran, sie brachte ihm einige Schritte bei, sie munterte ihn auf, es immer wieder zu versuchen. Es gefiel ihm; er sonnte sich in ihrer Anstrengung, aber er mußte früh gehen, er blieb nicht bis zuletzt. Da saß ich dann neben ihr; sie war nicht ungehalten, daß er gegangen war. Sie hatte das Spiel eröffnet, und ein wenig hatte sie schon dazugewonnen. ›Er tanzt nicht gut‹, sagte ich zu ihr.

›Nein‹, antwortete sie, ›er ist noch immer ein Buer, ein etwas steifer Buer vom Hähner Hof.‹ Verstehst du – sie hatte ihre Aufgabe gefunden, sie wollte alles daran setzen, diesen steifen Bauern lebendiger zu machen. Ich war mir sofort sicher, daß sie daran dachte. Aber es kam mir zwiespältig vor, so, als wollte sie ihn verführen und sich gleichzeitig entführen lassen. Begreifst du das? Es ist schwer zu begreifen, wenn man es nicht gesehen hat. Die inneren Kristalle sterben mit der Zeit ab, sie funkeln nicht mehr; damals leuchteten sie, gerieten in Schwingungen. Niemand von uns hatte das in der Hand; wir waren den Stimmungen ausgeliefert in diesen Jahren, mehr als heute, so kommt es mir vor. Ja, wir waren süchtig nach Gefühlen und Erlebnissen, wir suchten täglich etwas Neues, wir waren gespannt, denn in unseren Empfindungen suchten wir die Zukunft vorauszuahnen. Die alte Zeit war vorüber – verstehst du? Es war die Zeit deines Großvaters, dieses strengen, ehrgeizigen Kaufmanns, der deiner Mutter ein kleines Paradies und seinen Söhnen eine erfolgreiche Firma hatte vererben wollen. Ein schwerer Krieg lag nur wenige Jahre zurück. In diesen Kriegsjahren waren wir geboren worden; nein, wir wollten den Krieg nicht, wir suchten nach unserer Welt, unserem Leben. Das sollte freier sein als das von unseren Eltern geduldete, mutiger, ausschweifender. Wie oft haben wir davon gesprochen! Insgeheim schielten wir nach den Ereignissen, die in den Städten geschahen, und am meisten sprachen wir von Berlin. Wir schnitten uns Zeitungsartikel aus, ich klebte Photos von der Hauptstadt in ein Album . . .‹

Adelheid kam aus der Küche und setzte sich wieder zu uns. ›Was redest du da?‹ fragte sie Hacker. ›Allerseelengeschichten‹, antwortete Hacker, ›Totengedenktage, wie wir uns früher nach Berlin sehnten, wie neugierig wir waren.‹

›Giv Roh‹, rief Adelheid, ›hürst de mich? Giv Roh! Ich wull nix mer hürn, wat woar, wat is, wat kummt! Giv Roh! Wat hann ich geschennt, wat hann ich geflocht! Wat soh ich früh, wie et kom! Wat laachte man üwer mich! Derheem – do peift der kaale Wend, do kennt mer ken Sonn, do pflückt man de Kerschen, do wachsen de Stricher. Hät dich dä Iwwermut geplogt? Iwwerlä, iwwerlä!‹ Sie stand auf und ging in die Küche zurück. Wir hörten sie weiter schimpfen, sie sprach laut vor sich hin.

›Sprich weiter‹, sagte ich zu Hacker.

›Was denkst du‹, fuhr er fort, ›der Schützenfestsonntag begann mit einem Ständchen vor dem Haus des Königs, dann eilte man auf den großen Festplatz zum Konzert. Nachmittags traten die Schützen wieder an, der König und sein Hofstaat wurden abgeholt, der Parademarsch des Oberst, der Offiziere vor dem Hofstaat fand statt, die Menschen aus der Umgebung versammelten sich, es war eines der größten Feste im Dorf. Bei solchen Gelegenheiten hielten sich die Nazis zurück; jahrzehntealte Traditionen konnte man nicht von heute auf morgen zerstören. Was denkst du – als Henner an diesem Nachmittag nicht erschien, machte sich Katharina zu Fuß auf den Weg zum Hähner Hof. Henner konnte nicht fort; er hatte auf dem Hof zu tun. Sie muß sich umgezogen und ihm geholfen haben; sie ist mit ihm in den Stall gegangen, hat die Tiere gefüttert. Als sie wieder in die Wirtschaft kam, hatte Adelheid ihr Kleid verbrannt. Henner lief zu seiner Schwester, er fand sie unten am Fluß. ›Un damit du et weest‹, hatte sie zu ihm gesagt, ›deine Kakkerlackes-Uniform hann ich gleich mit verbrannt.‹ Stell dir das vor – sie hatte seine SA-Uniform in den Ofen gestopft! Henner tobte, er riß sie an den Haaren, sie gerieten in den heftigsten Streit, Katharina aber machte sich auf den Rückweg.

Am nächsten Tag, dem Montag also, holte er sie ab. Ohne daß einer darauf vorbereitet gewesen wäre, tauchte er in Katharinas Elternhaus auf. Ich stand im Flur, Katharinas Vater begegnete ihm im Treppenhaus. ›Nu geht et los‹, hatte er gesagt, nicht mehr. Katharina freute sich; am Abend gingen sie zum Konzert, sie tanzten zusammen bis weit nach Mitternacht. Aber ich gehörte schon nicht mehr dazu. Sie hatten mich zu Hause gelassen, und es machte mir keinen Spaß, den Abschlußtanz in der Ortsmitte zu erleben, bei dem es, wie ich wußte, zu Küssen und Umarmungen kam. Von da an erschien Henner beinahe jeden Tag. Hatte er keine Zeit, fuhr Katharina hinaus zum Hähner Hof. Ihre Freundschaft hatte begonnen.‹

War es so gewesen? Ich vertraute Hacker, ich glaubte seinen Schilderungen. Ich mußte es festhalten, es aufzeichnen! Es war keine Zeit zu verlieren. Die Rückreise meiner Mutter rückte näher. Ich wollte soviel in Erfahrung bringen wie möglich. Warum hatte ich bisher nicht daran gedacht, nach Briefen zu suchen, nach Schriftstücken, die sich doch im Haus befinden mußten? Ich wollte schreiben, ja schreiben! Diese Erinnerungen zusammenfügen, sie ergänzen, endlich den Faden, den Strang, den Strick entdecken, an dem sich ziehen ließe!

Adelheid erschien; sie deckte unseren Tisch, dann brachte sie Forellen, Kartoffeln, Salat und eine Flasche Wein. Sie setzte sich wieder zu uns. ›Hätt er dir alles erzellt?‹ fragte sie, ›weest de nu, wie et woar? Hür ihm net zo! Hür mir zo! Krach, Krach, et gov nur Krach! Wie dei Mudder kom, gov et Krach, die hett den Henner verhext, die hett en mit Blindheit geschlon, die hett en nit losgelon!‹

›Adelheid‹, sagte Hacker, ›verdrehe nicht alles, ich habe es ihm schon erzählt. Er wird dir nichts glauben. Du brauchst ihn nicht zu bekehren.‹

Sie ließ uns nicht in Ruhe. Sie rückte näher an mich heran. Sie sprach aufgeregt und hastig, aber ich verstand nicht alles. Immer von neuem begann sie von vorn, ›hürst de mich‹, zischte sie Hacker zu, ›giv Roh, giv Roh‹, fuhr sie auf, ›wat soh ich früh, wie et kom‹. Sie war nicht zu beruhigen. Mit zwei Zügen hatte sie ihr Glas leer getrunken. ›Tretschdreppelnaß sin mer worn‹, sagte sie, als wüßte ich schon, wovon sie sprach, ›mer hett uns fir de Dier gejagt, de feichte Kleirer hatte mer um Buckel, et gob nix zu äßen, mer wor nur am friern.‹ ›Adelheid‹, begann Hacker wieder, ›niemand hat dich aus dem Haus gejagt, niemand hat dir das Essen oder die Arbeit genommen.‹ ›Wor et net su?‹ machte sie weiter, ›verstonn ich net ze kochen?‹

Wir konnten uns nicht mehr unterhalten. Hacker fragte mich noch nach diesem und jenem. Adelheid hörte uns nicht zu, sie lief wieder in die Küche. Ich versprach Hacker, in den nächsten Tagen noch einmal vorbeizukommen. ›Ach‹, fragte ich ihn noch, ›besitzt du Briefe von meiner Mutter?‹ ›Briefe?‹ überlegte Hacker,

›ja, aus ihrer Berliner Zeit.‹ ›Die hole ich mir vielleicht‹, sagte ich, und er war einverstanden.

Nach dem Essen verabschiedete ich mich. Hacker wollte noch eine Stunde in der Wirtschaft bleiben, um Adelheid zu beruhigen. Ich suchte sie in der Küche auf und bedankte mich für das Essen. ›Loß mech in Roh‹, rief sie und lief hinter mir her, als ich die Gaststube verließ, ›loß uns alle in Roh, häst de gehürt – häst de gehürt?‹

Ja, ich hörte sie noch, als ich die kleine Anhöhe vor der Wirtschaft erreicht hatte. Es war längst dunkel. Ich eilte den steilen Weg so schnell ich konnte hinauf. Der Wind sackte in warmen Stößen ins Tal, in der Ferne hielt sich eine matter werdende Helligkeit, die Wälder standen im Dunkel. Ein paar Motorengeräusche, sonst nichts. Ein Hundebellen, ein Rauschen.

Ich erreichte das Haus, ich trank einen Cognac, ich wusch mich, ich holte den Packen Papier und ging ins Blockhaus hinüber – ich schrieb, ich schrieb.

DONNERSTAGABEND

Wie es mich treibt, wie es mich hetzt! Ich hatte gewiß nicht vor, meine Tage hier so zu verbringen. Ich wollte zur Ruhe kommen. Gestern dachte ich für einen Moment daran abzureisen. Wieder hatte ich eine unruhige Nacht verbracht. Ich war mehrmals aufgestanden, um ein Glas Wasser zu trinken. Mein Mund war ausgetrocknet, die Lippenränder aufgesprungen. Ich erneuerte die Wundsalbe und löste eine Tablette im Wasser auf. Doch es war Unsinn; ich hatte weder Fieber noch Schüttelfrost, obwohl es mir so vorgekommen war. Am Morgen schien wieder die Sonne, ich rief im Büro an und erkundigte mich nach den Aufträgen. Klumpp war am Apparat; er sprach so laut, daß ich den Hörer am liebsten aus der Hand gelegt hätte. Wie es schien, kamen sie gut voran. Klumpp wollte mir die Einzelheiten eines Projektes erklären, aber ich ließ ihn merken, daß er mich überforderte. ›Geht es dir nicht gut?‹ fragte er, und ich erzählte ihm viel zu ausführlich und langsam von Wetterumschwüngen und Klimaschwankungen. Er stellt sich den Westerwald als eine der trostlosesten Gegenden vor; aber er ist noch nie hier gewesen. Er käme nie auf die Idee, sich in solchen Gegenden umzusehen. Sein Urteil steht fest, und wenn man es zu korrigieren versucht, langweilt man ihn nur. Statt dessen fährt er ins Hochgebirge, läuft Ski, lernt ein paar Leute kennen und verabredet sich mit ihnen für den nächsten Urlaub. Er weiß zu jeder Jahreszeit, was zu tun ist. ›Da werden wir einiges erleben‹, sagt er, wenn er seine Reisen im Büro ankündigt. Er fährt allein, aber er ist sich sicher, daß er am Ende nicht mehr allein sein wird. Ich beneide Klumpp nicht, und ich will ihm nichts entgegenhalten. Er ist ein tüchtiger Architekt, eigentlich arbeiten wir gut zusammen. In privaten Angelegenheiten hören wir nicht aufeinander. Wir machen uns nichts vor, wir versuchen nicht, den anderen zu begeistern. Ab und zu ist Klumpp erstaunt über mich, und ich vermute, daß er dann darüber nachdenkt, ob er den richtigen Partner hat. Aber ich beweise es ihm. An solchen Tagen gelingt mir das meiste. Klumpp ist befriedigt, er legt mir den Arm um die Schulter, er lädt mich zum Essen ein. ›Machen wir uns einen schönen Abend‹, sagt er; aber schon wenn ihm mein Blick begegnet, würde er sich dafür am liebsten entschuldigen. Auch diesmal hatte er sich eine Neuigkeit für den Schluß unseres Gespräches aufgehoben. ›Marie hat angerufen‹, sagte er, ›sie will dich sprechen.‹ Ich bedankte mich kurz für die Nachricht und hing ein.

Ich frühstückte und ging ein wenig hinaus. Wie hatte ich in den letzten Jahren gelebt? Normalerweise haßte ich es, mir solche Fragen zu stellen. Es waren Fragen von der Art, wie sie mir oft von Frauen aufgedrängt worden waren, die eine interessante oder aufschlußreiche Antwort erwartet hatten. Aber ich hatte ihnen nichts zu bieten. Es war mir oft schwergefallen, vor anderen Menschen ehrlich zu sein. Ehrlichkeit läßt sich nur in Sätze fassen, die keinen überraschen oder aus dem Häuschen bringen. Ja, ich hatte mir einen Panzer aus Gleichgültigkeit zugelegt. Ich antwortete gelassen auf solche Fragen, aber ich hatte nichts Neues zu sagen, obwohl vielleicht gerade meine Gleichgültigkeit beeindruckte. Möglich war es aber auch, daß mir der Falsche die Frage gestellt hatte, die mich beschäftigte. Solche Mißverständnisse wirkten oft wie Schläge, die den scheinbar überflüssigen Gedanken rechtzeitig Einhalt gebieten sollten. Ich war dankbar, nicht mehr nachdenken zu müssen, ich sprach von etwas anderem, ich hatte die Linie einer Unterhaltung wieder gefunden.

Wie hatte ich also in den letzten Jahren gelebt? Mein Eifer war erloschen, er war einer manchmal süchtig ausgedehnten Passivität gewichen. Ich muß es genauer sagen. Ich erinnere mich noch gut an meinen Entschluß, das Klavierstudium abzubrechen. Eine Sehnenentzündung am Arm bereitete ihn vor. Während der Wochen der Genesung hatte ich an meiner Untätigkeit Gefallen gefunden. Es war wie ein Schock. Die nervöse, aufgeregte Anspannung, die mich in den letzten Jahren verfolgt hatte, war auf einmal – wie durch einen selbstverständlich erscheinenden Zwang bewirkt – dahin. Mein Gedächtnis fütterte mich nicht mehr ununterbrochen mit Klängen und Melodien; ich konnte gelassen zuhören, wenn ein anderer spielte, ich versuchte nicht, Verbesserungsvorschläge zu machen. Zum ersten Mal drängte kein Ausdruck aus mir heraus, sondern – eher im Gegenteil – nach innen. Ein Krampf, ein Erschrekken, eine anhaltende Lähmung? Ich weiß es noch heute nicht. Damals erkannte ich nur, daß es falsch gewesen wäre, da fortzufahren, wo ich – vielleicht durch einen Zufall – zum Abbruch gezwungen worden war. Anfangs konnte ich mich an das neue Studium schlecht gewöhnen. Ich hatte die früher intensiv erlebten Tage des Übens, der Konzentration, der jähen Aufschwünge und schwindelerregenden Ekstasen, gegen Wochen eingetauscht, in denen scheinbar nichts mich aus der Ruhe bringen konnte. Ich hungerte nach den alten Erlebnissen, ich entbehrte die wenigen Minuten der Befriedigung, die mich für gelungene Studien entschädigt hatten. Statt dessen zerfielen die Tage in viele, zeitlich knapp bemessene Tätigkeiten, bei denen ich mir geduldig zuschaute und mich fragte, warum ich sie überhaupt noch ertrug. Ich lernte, aber ich erkannte meine Fortschritte nicht. Ich zeichnete, aber ich löste nur ein paar mittelmäßige Aufgaben, über deren Erledigung meine Kollegen ins Stöhnen ausbrachen. Ja, ich hielt mich selbst an einem Strick gebunden, ich ging mit verschlepptem Tempo, ich wurde ein von vielen geschätzter, lakonischer Beobachter, dessen Kommentare und dessen Urteil man hören wollte. Nicht mehr. Ich erledigte den Alltag, ich badete in seinen Gewöhnlichkeiten, ich mutete mir keine übertriebenen Anstrengungen mehr zu. Aber ich wurde für einige Zeit ein eifriger Kinogänger, der die Filme, die ihm gefielen, mehrmals sah, der Schauspieler und Dekors studierte, und sich von manchem Einfall überrumpeln ließ. Ich legte keinen großen Wert mehr darauf, etwas zu können; wichtiger erschien es, den Überblick zu behalten, sich zu beherrschen, die kleinen Posen des Vergnügens zu meistern.

Inzwischen haßte ich diese Gleichgültigkeit. Aber ich müßte noch genauer sein, um sie mir zu erklären. Ich habe etwas verschwiegen, und ich will kurz darüber schreiben. Nach meinem Anruf am gestrigen Morgen erinnerte ich mich daran; ich hatte es nicht vergessen.

Nach der ersten Nacht, die ich mit Marie verbracht hatte, hatte mich eine gewisse Aufregung überfallen. Ich war insgeheim froh darüber gewesen, daß meine Mutter so schnell abgereist war. Wir hatten sie an die Bahn gebracht, wir waren nach Abfahrt des Zuges wieder in unser Quartier zurückgegangen. Noch an diesem Vormittag hatten wir ein zweites Mal miteinander geschlafen, an den folgenden Tagen hatten wir nur zu den Mahlzeiten und zu kurzen Spaziergängen das Zimmer verlassen. Ich hatte es mir nicht erklären können. Noch heute bin ich sicher, daß ich nicht in der mir vertrauten Art in Marie verliebt gewesen war. Sie hatte mich in die Schweiz begleitet, sie war gern in meiner Nähe, aber ich vermute, auch sie liebte mich nicht. Vielleicht zog uns gerade die Ruhe an, mit der der eine dem anderen begegnete. Wir erwarteten nichts, und daher gab es nichts zu verbergen oder zu verstecken. Wir dachten nicht sehnsüchtig daran, dem anderen näherzukommen, und doch wuchs unsere Erregung mit jedem Tag. Erst diese Erfahrungen hatten meine Gleichgültigkeit zum erstenmal erschüttert. Nach unserer Heimkehr hatten wir uns keine Mühe gegeben, diese Erlebnisse zu erneuern. Auf der Rückfahrt hatten wir lange darüber gesprochen. Wir hatten uns vorgenommen, die Freundschaft ganz in der Weise fortzusetzen, wie wir sie früher geführt hatten. Die Erfahrungen, die wir in der Schweiz gemacht hatten, waren nicht zu wiederholen. Meiner Mutter hatte ich später erklärt, wir seien verfrüht abgereist; ich weiß, ich habe das auch in diesen Aufzeichnungen so festgehalten. Aber es stimmt nicht. Wir hatten diese abgeschiedenen Tage in all ihrer Seltenheit genossen, und wir waren froh gewesen, nichts Bekanntem zu begegnen. Später jedoch ließ sich darüber kaum noch sprechen; wir wußten das, und wir hatten nicht mehr versucht, die Intensität dieser Tage einzuholen, obwohl ich Marie gegenüber einmal zugegeben hatte, sie mir manchmal herbeizuwünschen.

Wochen später hatten sich diese Erinnerungen und Gedanken auf unvorhergesehene Weise belebt. Durch einen Zufall war ich in eine Ausstellung von Aquarellen und Zeichnungen Egon Schieles geraten. Es waren Bilder, die ich vor einigen Jahren noch nicht beachtet, geschweige denn studiert hätte. Körper – ohne Ruhe, aber auch ohne eigentliche Bewegung, einem siedenden Teich von Schlingpflanzen entzogen, die eben noch hellgrün geleuchtet haben mochten, plötzlich jedoch die Farbe gewechselt hatten, schillerten und verwelkten; Körper – im Endzustand der Ermattung, das Siedende abstreifend, ein Ende durch Austrocknung droht, die Haut gespannt, Ellbogen als Narben, Brustwarzen als Schürfflecken; Körper – die sich verdoppelten, zersplitterten und aus ihren Restbeständen neue, zueinanderstrebende Teile bildeten; ein weiblicher Torso – in der kalten Höhle der Laken erfroren, schwarze Todesstrümpfe bis zu den Knien; das Schmetterlingsklirren eines Mundes, eine Hand, umstarrt von Kälte, gerade im Zustand vor der Eintauchung ins Brühende, Heiße; Grätenkörper, dem Element entzogen, in dem sie einmal geschwommen haben mochten; Verrenkungen der Glieder – ein Bauch, ein Nabel, die zerschundenen Knie, die geröteten Augen, die übernächtigte Hülle, die endlich wie in Fetzen dem kühlenden Luftstrom ausgesetzt wird; ein Hagerer, stehend, den einen Fuß auf den anderen gesetzt, die sonst aneinandergeketteten Beine in der Höhe der Knie einen Spaltbreit geöffnet, die linke Hand hineingeglitten, wie zum Schutz gegen weitere, unweigerlich tödlich wirkende Eingriffe; die Abgemagerten, die Fetten, die Zusammengesunkenen – der jeweils eigene Schönheitsausdruck des Fleisches, die Ikone, das Porträt, die Traum-Studie; es kam mir vor, als habe kein anderer Maler eine so intensive Empfindung des nackten Körpers geweckt, als habe Schiele diese Gestalten stückweise entblößt, ja ihnen die Kleidungsstücke vom Leib gebrannt, als habe er sie in der Dunkelheit der Räume auf die einbrechende Helligkeit warten lassen, die diese zusammengeschmolzenen Körper zerteilt, sie aufstehen, sich voneinander lösen läßt.

Die Bilder hatten mich beunruhigt; aber als ich Marie später davon erzählen wollte, kamen mir meine Eindrücke unbeschreibbar, isoliert, wie flüchtige Schemen konzentrierterer Augenblicke vor, in denen der Körper seine Wahrnehmung auf ein Maß ausdehnte, vor dem mir graute, während es mich gleichzeitig anzog. Denn ich verglich diese Augenblicke mit den anhaltenden Phasen meiner Gleichgültigkeit, und ich mußte mir gestehen, daß ich meine Erwartungen betrog. Marie und ich trafen uns immer seltener; es war, als hielten unsere Treffen unseren Wünschen nicht mehr stand. Dabei richteten sich diese Wünsche gewiß nicht nur auf die Wiederholung unserer sexuellen Abenteuer, nein, sie waren uns insgesamt über den Kopf gewachsen. Wir saßen uns gegenüber wie zwei Kranke, die sich gegenseitig angesteckt hatten und Gesundung vom anderen erwarteten. Wir hatten Leidenschaften geweckt, die wir neu zu beleben suchten; doch wir verstanden einander viel zu wenig, als daß dies möglich gewesen wäre. Wir hatten uns geirrt; unsere frühere Gleichgültigkeit war – wie in Abwesenheit unserer Gedanken, sonstigen Gefühle und Ideen – einer körperlichen Anziehung gewichen, die nun – entdeckt, entwickelt und gesteigert – keinen Platz mehr in unseren Gefühlen fand. Haben wir das damals erkannt? Ich weiß es nicht. Aber ich weiß, daß die Trennung von Marie meine unruhigen Nachtspaziergänge auslöste, in denen die alte Erwartung vagabundierte, die Erwartung eines plötzlichen, punktuellen, blitzartig einbrechenden Einverständnisses, das niemals fortgesetzt und nur wiederholt werden konnte, wenn man alles lange genug vergessen zu haben glaubte.

Was wollte Marie nun von mir und warum dachte ich gerade gestern morgen an sie? Ich ging wieder ins Haus und wählte ihre Nummer. Sie meldete sich, und ich sagte ihr, wo ich mich aufhielt und wie es mir ging. ›Ich wollte dich einmal wiedersehen‹, sagte sie, ›ich habe ein paar Tage frei. Soll ich vorbeikommen?‹ ›Um Gottes willen‹, antwortete ich viel zu schnell, ›nein – jetzt nicht.‹ ›Du bist also nicht allein?‹ fragte sie. ›Ich bin allein‹, sagte ich, ›aber es geht nicht.‹ Ich wußte, daß ich nun ihre Vorwürfe zu hören bekam, aber ich hatte mich getäuscht. Sie schlug mir eine Reise nach Südfrankreich vor, aber ich verstand nicht, warum sie mich wiedersehen wollte. Für einen Augenblick dachte ich an einen sonnigen Platz im Süden, ein Café, einige Tische, Maries Gesellschaft, Spaziergänge am Meer, aber es waren lächerliche Vorstellungen, die sofort zusammenfielen, als ich an die Rückkehr meiner Mutter dachte. ›Jetzt nicht‹, wiederholte ich, und ich bemerkte, wie schwer ich es

Marie machte, mich zu verstehen. Aber ich konnte nicht mehr sagen, ich trat auf der Stelle, es war eines jener unausstehlichen Telefongespräche, die man lange im Gedächtnis behält. ›Arbeitest du?‹ setzte sie ein letztes Mal nach. ›Ja‹, sagte ich und widersprach mir sofort, ›nein, ich werde hier aufgehalten.‹ ›Du kannst nicht frei sprechen, es ist jemand im Zimmer‹, antwortete sie. ›Ja‹, sagte ich, ›so ist es, so ist es beinahe.‹ ›Gut‹, verabschiedete sie sich entschlossen, ›ich hänge jetzt ein.‹ ›Ja‹, sagte ich noch, ›ich melde mich wieder.‹

Einen Moment lang war ich beinahe glücklich, ihrem Angebot widerstanden zu haben. Meine Zufriedenheit ergab keinen rechten Sinn, ich hätte sie nicht einmal begründen können. Aber ich wußte beinahe instinktiv, daß ich richtig gehandelt hatte. Bei diesem Empfinden überraschte mich die Erinnerung an meine Vorhaben. Endlich einmal war es mir in diesen Tagen gelungen, in der Frühe aufzustehen. Ich war müde, aber gespannt; nach dem Aufstehen hatte ich mein bleiches, etwas eingefallenes Gesicht im Spiegel gesehen. Die Haut war trocken, eine empfindlich wirkende Porenschicht, die auf jede Veränderung zu reagieren schien.

Ich ging hinauf, ins obere Stockwerk. Den ganzen Vormittag verbrachte ich mit der Suche nach Briefen, Dokumenten und Photographien. Sie waren leicht zu finden, aber da sie nicht geordnet waren, sondern in unübersichtlicher Zahl in den Schubläden der kleinen Wandschränke lagen, legte ich sie – so gut ich konnte – zu Stapeln zusammen. Ich sortierte die Briefe nach ihren Daten, ich machte mir Notizen über ihre Zahl, über Adressaten und Empfänger und legte die Photoalben daneben, um einen Überblick zu bekommen und in den Bildern nach Ergänzungen zu den Briefstellen zu suchen. Soweit ich auf den ersten Blick erkennen konnte, hatte meine Mutter die meisten Briefe geschrieben, vor allem an meinen Vater, dann aber auch an Carl, den Bruder. Nach seinem Tod waren diese Briefe wohl in ihren Besitz zurückgegangen. Die Briefe an meinen Vater waren nach Koblenz, Düsseldorf, München, Köln und Berlin adressiert. Zusammen mit denen an den Bruder mochten es mehrere hundert sein. Die Zahl der Briefe, die mein Vater geschrieben hatte, war dagegen weitaus geringer. Ich machte mir eine exakte Aufstellung, bündelte die Korrespondenz dann nach Jahren und ordnete sie schließlich so hintereinander ein, daß ich sie leicht verfolgen konnte. Die Briefwechsel begannen 1934, sie endeten fünf Jahre später, umfaßten also die ganze ›Brautzeit‹. Ein Teil schien aussortiert worden zu sein, denn manchmal war die Korrespondenz für Monate unterbrochen. Ein zweiter, beinahe ebenso großer Stoß konnte auf die Jahre 1941–1945 datiert werden. Unter ihnen befanden sich zahlreiche Feldpostbriefe meines Vaters. Diesen Stoß legte ich vorerst zur Seite. Dann ging ich hinunter, schaute auch im unteren Stockwerk nach, vergaß den Keller nicht, fand jedoch keine weiteren Briefe. Ich rief Hacker an und erkundigte mich nach denen, die er erwähnt hatte. Er erzählte ausführlicher als mir lieb war von dem Gespräch, das er nach meinem Aufbruch noch mit Adelheid geführt hatte. Ich fragte ihn, ob ich die Briefe am Nachmittag holen könne, und er willigte ein. Dann rief ich auch die Tante an. Sie lud mich sofort zum Mittagessen ein und gab an, noch viele Briefe zu besitzen, die meine Mutter in den Jahren, die sie in Berlin verbracht hatte, an die Familie geschickt hatte. ›Komm doch‹, sagte sie, ›ich bin allein.‹ Ich war einverstanden. ›Was wünschst du dir?‹ fragte sie. ›Buhnen un Erwel unnereinanner‹, sagte ich, und sie lachte. Es war ein altes Gericht, das ich im Haus meiner Großmutter oft gegessen hatte. Kartoffelscheiben, Schnittbohnen und saure Äpfel wurden in Wasser aufgesetzt; zusammen mit kleinen Stücken grober Mettwurst wurde alles zum Kochen gebracht. Dann stampfte man es zusammen, schöpfte etwas Brühe ab, gab ausgelassenen Speck und Zwiebel hinzu, schmeckte mit Salz, Pfeffer und Essig ab, und rührte noch etwas von der abgeschöpften Brühe hinzu. Ich versprach, am Mittag zu kommen.

Ich ging hinaus in den Garten, der sich hinter dem Haus befand, deckte den Winterschutz der Fichtenzweige von den niedrigeren Gewächsen ab und sammelte im oberen Waldstück die abgebrochenen Äste ein. Es war warm wie sonst selten in dieser Jahreszeit. Ich dachte daran, im Waldstück junge Rotbuchen nachzupflanzen, und rief bei einem Gärtner an. Ich bestellte fünfzig niedrige Bäumchen; sie sollten am späten Nachmittag geliefert werden.

Dann wusch ich mich und legte mich noch eine halbe Stunde auf die Liege im Blockhaus. Ich konnte nicht schlafen, und als ich den kleinen Schreibtisch betrachtete, war die Versuchung groß, dort fortzufahren, wo ich am Abend zuvor hatte abbrechen müssen. Seltsam, daß es mir nie gelang, die Ereignisse eines Tages am Abend festzuhalten. Noch immer lag ich in meinen Aufzeichnungen um einen ganzen Tag zurück.

Ich hatte mir Montaignes ›Essais‹ neben die Liege auf

die kleine Ablage gelegt. Sie gehörten zu meinen Lieblingslektüren, und ich hatte mir vorgenommen, in diesen freien Tagen wieder darin zu lesen. Diese wohlüberlegten, langsam vorgetragenen Sätze, bei deren Lektüre mir immer das Bild eines Mannes vor Augen stand, der ein Leben hinter sich hatte und daraus nun seine Folgerungen zog! Diese beinahe rührenden Versuche, Klarheit in den Weltenwust zu bekommen, das eigene Innere zu läutern, zu prüfen, zu beobachten! Diese umstandslose Art, seine Meinungen spazieren zu führen, diese glaubhaften Entschuldigungen, den Leser mit allzu persönlichen Anschauungen zu belästigen! Ein Fest der Mäßigung, eine Kunst, ›kleine Dinge groß erscheinen zu lassen‹, ohne aufdringlich mit ihnen zu prunken. Ich schlug eine Seite auf, ich las. ›Spricht man über rein Menschliches, so ist eine andere, eine weniger erhabene Ausdrucksweise angebracht, als wenn es sich um Gottes Wort handelt; wir sollten dessen Würde, Majestät und sakrale Kraft nicht mißbrauchen.‹ Und weiter las ich: ›Ich trage keine Glaubenssätze, sondern unverbindliche Meinungen vor, über die man nachdenken soll; ich trage vor, was ich mir mit meinem Verstand so ausdenke, nicht, was ich nach Gottes Weisung zu glauben habe; wie ich es sage, ist ganz unkirchlich, nicht theologisch, aber immer sehr fromm. Wie Kinder ihre ›Versuche‹ hinzeigen: sie wollen daran lernen, nicht andere belehren.‹ Ich las weiter und vergaß die Zeit. Es waren Minuten einer beinahe absichtslosen Lektüre. Ich hörte einem anderen zu, und jedes seiner Worte prägte sich für einen Moment ohne Widerstand ein, lockte meine Überzeugungen an und gab ihnen eine Stimmigkeit und Sicherheit, die ich durch eigene Kraft nie gefunden hätte.

Dann hörte ich – weit entfernt – das Telefon läuten. Ich lief hinunter ins Haus. Meine Tante erwartete mich.

›Deine Mutter‹, begann meine Tante, nachdem wir gegessen und uns in ein anderes Zimmer zurückgezogen hatten, um uns noch ein wenig zu unterhalten, ›deine Mutter war in jenen Wochen, in denen sie Henner näher kennenlernte, unruhig und zerstreut. Wir schliefen damals noch zusammen in einem Zimmer, und obwohl ich ein junges Ding war, merkte ich ihr an, wie sehr es sie beschäftigte. Manchmal setzte sie sich am frühen Morgen aufs Fahrrad und fuhr den weiten Weg zum Hähner Hof. Aber sie mußte darauf gefaßt sein, ihn nicht anzutreffen. Damals hatte seine Referendarausbildung begonnen, und nur in den ersten Wochen hielt er sich hier in der Gegend auf, dann kam er in schneller Folge weit herum, wurde von einer Stelle zur anderen versetzt und schrieb ihr ab und zu einen Brief. Sie sahen sich selten, außerhalb von Knippen haben sie sich wohl nur einoder zweimal getroffen. Unser Vater hätte nie erlaubt, daß sie ihn in einer fremden Stadt aufsuchte, und als sie es später gegen seinen Willen doch einmal tat, fanden wir wochenlang keine Ruhe. Da sich Katharina und Henner so selten begegneten, entstand die merkwürdigste Freundschaft, die du dir vorstellen kannst. Ich will es einmal einfach sagen, so, wie ich es jetzt begreife. Sie wußten nicht, was sie voneinander zu halten hatten. Ja, sie kannten einander gar nicht recht, doch jeder bastelte unentwegt an der Vorstellung, die er sich vom anderen gemacht hatte. Verstehst du – wenn sich hier in Knippen zwei junge Leute anfreundeten, miteinander gingen, dann herrschte mit der Zeit ein stillschweigendes Einverständnis darüber, daß sie heiraten würden. Doch in diesem Fall war es anders. Sie hatten sich angefreundet, ja; doch sie ›gingen‹ nicht miteinander, und an Heirat dachte wohl keiner von beiden. Sie umschwärmten sich, aber ganz aus der Ferne; sie entlockten sich Briefe, in denen sie sich vielerlei zu berichten und zu sagen hatten, aber ihre Freundschaft kam anfangs in ihnen nicht vor. Ich entsinne mich genau. Katharina las mir die Briefe, die sie von Henner erhielt, vor. Sie las sie einmal, zweimal, mehrmals, sie kannte sie auswendig. Aber nichts von dem, was da berichtet wurde, erschien ihr selbstverständlich. ›Wie meint er das nun‹, fragte sie, ›wohin soll das führen, was versteht er darunter, wie denkt er sich das, wie sieht er es nun?‹ Sie fragte, als hielte sie Briefe in der Hand, die in einer ganz anderen Sprache geschrieben waren. Mir erschien oft das, was ich vorgelesen bekam, klar und eindeutig, selbstverständlich und vertraut. Für Katharina entwarf beinahe jeder Satz ein Rätsel. ›Warum antwortet er nicht auf meine Fragen‹, sagte sie, ›warum beginnt er mit etwas ganz anderem, wie kommt er dazu, mir hiervon zu erzählen, was läßt er aus?‹ Ich verstand sie nicht. Sie deutete diese Briefe, sie ließ sie nicht los, sie nahm sie mit auf ihre Spaziergänge, und sie begann, Antworten zu entwerfen, die mir umständlich und verdreht erschienen. ›Warum sagst du ihm nicht, daß du ihn liebst?‹ fragte ich, und sie antwortete nicht, ›warum schreibst du ihm nicht, wie es dir geht, worüber du nachdenkst?‹ fragte ich weiter, und sie glaubte, daß sie schon ausführlich genug darüber geschrieben habe. Aber so war es nicht. Ihre Briefe lasen sich schön, und es gab nichts Aufregenderes für mich, als sie am Abend, wenn ich im Bett lag, vorgelesen zu bekommen. Aber – verstehst du – ich verstand sie oft nicht vollständig. Das lag nicht daran, daß Katharina fremde, ungebräuchliche Worte benutzte; ich verstand vielmehr den Ton, die Stimmung, das ganze Geklingel und Gezauber der Worte nicht. Sie gab sich Mühe, wenn sie diese Briefe schrieb; aber man merkte es ihren Sätzen an. Kein Zweifel mischte sich darein, kein Zögern, keine zugegebene Naivität, kaum ein Lachen, heftigere Gefühle wurden ganz unterdrückt. Aber – so fragte ich mich oft – was stand denn darin? Oft hätte ich es dir nicht sagen können, wenn ich einen solchen Brief gerade gelesen hatte. Eine Unruhe blieb in mir zurück, ein Zittern, als habe nicht Katharina, sondern als habe eine Fremde sie geschrieben. Ich war ein junges Ding, ich hatte nicht soviel gelesen wie meine Schwester, ich konnte mich nicht ausdrücken, ich war gehalten worden, ihr ergeben zuzuhören. Aber diesmal ging alles über meine Kräfte. Es war, als sänge eine berühmte Künstlerin immerzu nur gerade die höchsten Töne. Auf die Dauer ertrug ich es nicht. Katharina ging in ihren Briefen anders mit der Sprache um als ich, anders als unser Vater, anders als Carl. Wie soll ich es nennen? Damals hatte ich dafür keinen Ausdruck. Man rätselte ein wenig herum, wenn man diese Briefe las; aber ich war sehr im Zweifel darüber, ob Henner sie besser verstand als ich. Sie gab nichts preis; sie wollte ihn für sich gewinnen, und sie wartete beinahe hartnäckig darauf, daß er sie einmal ganz verstehen würde und daß er ihr das in seinen Briefen bestätigte. Aber auch diese Bestätigung sollte nicht zu direkt ausfallen; er sollte ihr erwidern, aber auf angemessene, leise Art; er sollte sich wohl in ihren Ton hineinhören und herausfühlen, was sie dachte und meinte, aber im stillen. Er sollte ihr schließlich antworten, aber so, daß etwas Unausgesprochenes dennoch zum Ausdruck käme. ›Ich rede zu ihm‹, sagte sie, ›und er dröhnt zurück. Ich flüstere, und er spricht nie leise. Begreift er denn nicht?‹ Wie hätte er begreifen sollen?

Henners Briefe ähnelten denen, die Sieger schrieben. Er wollte nicht imponieren, der stolze, siegesbewußte Ton fiel ihm ganz ohne Mühe zu. Er kam voran, und er hatte das Empfinden, daß er eine Entwicklung mitbeschleunigte, an der alle teilhaben, von der alle profitieren sollten. Er schrieb von ›Orientierungsarbeiten‹, von Messungen im Gelände, von ›Flächeninhaltsberechnungen‹; er arbeitete mit am Bau der ersten Reichsautobahnstrecken, er maß neue Streckenführungen der Reichsbahn aus, er sah, in welchem Tempo sich Projekte verwirklichten. Mit kaum versteckter Freude beschrieb er Aufmärsche und Feiern; eine neue Strecke war eröffnet worden, ein Trupp hatte einen Tunneldurchbruch bewältigt, eine Besichtigung des Geländes führte zum Plan eines kühnen Brückenbaus. In seinen Briefen ›exerzierte‹ man, man ›stieß vor‹, man ›brach ein‹, man ›schloß Frontlücken‹, man ›setzte Stroßtrupps ein‹, man studierte einen ›Exerzierplatz‹. Es war, als sei ein ganzes Volk aufgestanden, um dem Land mit aller Gewalt und in höchster Eile ein neues Aussehen zu geben. ›Dies gehört der Vergangenheit an‹ – ›das hält dem Zug der Zeit nicht stand‹ – so lauteten seine Wendungen, und sie wirkten auf Katharina, als kämen sie aus der Befehlszentrale eines unaufhaltsamen Umbruchs. Was sollte sie dagegenhalten? Hatte er nicht Recht?

Ging es nicht überall voran, erhielten nicht die Arbeitslosen Arbeit, verschwand nicht die lange gehegte Unzufriedenheit immer mehr? Sie schickte ihm ihre kleinen Dorfschilderungen, in denen sie festhielt, was sie beobachtet hatte, und sie unterdrückte ihren Widerwillen nicht. Aber Henner ging darauf nicht ein, er trompetete zurück, und er schrieb ihr, sie solle ihre Bedenken, die ja nur ihrem mangelnden Überblick über die rasche Entwicklung im Land zu verdanken seien, zurückstellen, bis ›der Führer und sein Volk ihr Werk vollendet hätten‹.

Von da an entwickelte sich ein geheimer Kampf. Er ›eroberte‹, zog ›Folgerungen‹, schaute ›aufs Große‹ – sie hielt sich an die unmerklichen Veränderungen im Alltag, an die kleine Welt des Dorfes, in der sie noch immer alles zu entdecken glaubte, was die eiligen Veränderer überführte. Und – ich war mir schon damals nicht sicher, ob sie seinen Tatendrang nicht heimlich bewunderte, ob es ihr nicht gefiel, wie entschieden, entschlossen und einig mit sich und der Welt er sich darstellte. Hielt sie ihm etwas entgegen, verwahrte er sich gegen ihre ›Miesmacherei‹, gegen ›dieses Gestänker‹, dieses ›Gemecker‹; sie müsse – so empfahl er ihr – das Überholte erkennen, das in den Vorstellungen ihres Vaters wurzele, es gehe nicht mehr darum zu behaupten, wir sind Katholiken, wir sind Protestanten, wir kennen Klassen, Konfessionen und Kasten; man müsse nur an eine Heimat, eine Fahne, ein Volk, einen Führer denken. Das alles hatten wir längst gehört; Harry Krämer predigte es ganz ähnlich in der ›Volkswacht‹, wir lasen diese Schlagworte auf Litfaßsäulen und Plakaten, wir hörten sie im Rundfunk, so daß wir ihrer überdrüssig wurden. In Henners Briefen jedoch erschienen sie in einem anderen Licht; sie besonnten geradezu seinen Ehrgeiz, sie gaben seinen Arbeiten erst das Gehäuse, sie stellten jede noch so unbedeutende Tat heraus und ordneten sie in den ›Frontkampf‹ der Arbeiter gegen die zögernden Müßiggänger ein.

Besonders seine Post- und Ansichtskarten, die er mit eilig hingeschriebenen Meldungen in übergroßer Schrift vollkritzelte, glichen Fanalen, die ihr ins Ohr dringen sollten. ›Deutschland rüstet zum Willensbekenntnis‹, meldete er von einem Reichsparteitag; ›wir alle machen jetzt eine innere Wandlung durch‹, schrieb er von einem Arbeitseinsatz; ›du solltest einen Blick durch das Brandenburger Tor auf die via triumphalis unserer Hauptstadt werfen‹, empfahl er, als er an der Eröffnung der Olympischen Spiele teilnahm. Diese Botschaften sprachen von ›nahenden Ereignissen‹, von ›Vorfreude‹, von ›Feststimmung‹, von ›erregter Erwartung‹; er schreibt wie ein Kind, das sich auf den Weihnachtsabend freut‹, sagte Katharina, doch Henner hatte nur einen Aufmarsch auf dem Tempelhofer Feld geschildert.

Das Seltsamste aber war, daß davon nicht mehr die Rede war, wenn sie sich begegneten. Dann schienen sie sich gut zu verstehen, Vergnügen an ähnlichen Dingen zu haben. Henner holte sie ab, und sie fuhren mit den Rädern hinauf nach Katzwinkel oder Elkhausen; sie badeten zusammen in der Nister, sie brachten Fische mit, die Henner gefangen hatte. Plötzlich waren sie zu anderen Menschen geworden, während sie sich in ihren Briefen verwandelten, Fremde auseinander machten, sich musterten, ein Bild von sich selbst entwarfen. Henner – ›der Arbeiter, der Kämpfer, der Sieger‹ – – Katharina – ›die Beobachterin, die Zögernde, die Klagende‹. Alle, die von der Freundschaft der beiden wußten, verstanden sie nicht. ›Wat hann die nur miteinanner?‹ fragte unser Vater und schüttelte den Kopf. Ach, sie ›hatten nichts miteinander‹, sie waren gegeneinander angetreten, und jeder versuchte, den anderen zu sich zu ziehen, ihn einzunehmen, um ihm dadurch zu gehören. Verstehst du – na, du bist alt genug‹, schloß die Tante.

Ich dachte an Marie und die nächtelangen Gespräche, die wir geführt hatten. Es war schwer, sich anzuvertrauen; wieviel schwerer mochte es meinen Eltern gefallen sein! Zwischen ihnen hatte mehr gestanden als ihre verschiedene Herkunft, ihr verschiedenes Fühlen und Denken; sie hatten ihre Liebe – wie zu einer Bewährungsprobe – der Zeit ausgesetzt, und sie hatten darum gekämpft, wer recht behalten würde.

Während die Tante gesprochen hatte, hatte sie den kleinen Stapel von Briefen in der linken Hand behalten. Manchmal hatte sie mir damit zugewinkt, als offenbarten sich alle Geheimnisse, wenn ich nur recht zu lesen verstünde; dann ließ sie die Briefe wieder in den Schoß sinken, wo sie langsam hin- und hergeschüttelt wurden, im Rhythmus der Sätze. Schließlich gab sie mir den Stapel, und ich blickte wahrhaftig darauf, als könnte ich schon mit diesem ersten Blick etwas Neues erfahren. ›Ich brauche dir nichts mehr zu sagen‹, meinte sie, ›du wirst schon zusehen‹. Als ich versprach, die Briefe so schnell wie möglich zurückzubringen, schüttelte sie den Kopf. Sie wollte mir den Stapel schenken.

Ich bedankte mich und machte mich auf den Weg.

Auch Hacker hatte die Briefe, die er von Katharina erhalten hatte, schon bereitgelegt. Er begann wieder zu erzählen, doch ich verabschiedete mich schnell. Es war Nachmittag geworden, ich hatte keine Zeit zu verlieren. Ich war neugierig und gespannt darauf, was den Briefen zu entnehmen war. Als ich das Haus erreichte, sah ich die Rotbuchen, die der Gärtner während meiner Abwesenheit gebracht hatte. Sie lagen – eine neben der anderen – in der Nähe der kleinen Garage. Ich nahm mir vor, sie am kommenden Morgen zu pflanzen. Dann ordnete ich die Briefe ein und begann mit der Lektüre.

Gerade jetzt, am späten Nachmittag, mit dem Einsetzen der Dämmerung, würde mein Vater ins Hotel zurückkehren. Er würde leise an der Tür des Zimmers anklopfen, und erst auf die Frage meiner Mutter hin, wer da sei, würde er sie öffnen. Er würde den Stock in einer Ecke des Zimmers abstellen, er würde sich setzen und die Beine ausstrecken. Mit der rechten Hand würde er sich durch die Haare fahren, er würde den Kopf hinabbeugen, um die Schuhriemen ein wenig zu lockern. Meine Mutter würde am Fenster sitzen, sie würde ihm zuschauen, vielleicht stellte sie ihm ein Glas Wasser bereit. Sie käme nicht mehr auf die Idee, viel von ihm zu verlangen, und ihm würde es gerade ebenso gehen. Sie säßen still, bis mein Vater zu erzählen begänne. Meine Mutter höbe den Kopf, sie würde das Buch beiseitelegen, in dem sie in der letzten halben Stunde doch nur geblättert hätte. Sie wäre froh, ihn wiederzusehen, zuzuschauen, wie er sich ausstreckte, die Brille zu putzen begänne, sich langsam von seinem Sitz erhöbe und mit dem Glas ans Fenster träte. Dort stände er einen Augenblick still, ganz in ihrer Nähe. Sie würden vielleicht beide hinausschauen, dann träte mein Vater einen Schritt zu ihr hin. Er würde die beiden Hände auf ihre Schultern legen, aber er stände hinter ihr, so daß sie sein Gesicht nicht zu sehen bekäme und den Kopf heben müßte, um ihn anzuschauen. Er würde lächeln, sie wären froh, so ruhig miteinander auszukommen. Mein Vater gäbe ihr einen Kuß auf den Nacken, und meine Mutter würde seinen Kopf mit der Linken, mit der sie nach hinten ausholte, halten, nur einen Moment lang. Noch während er spräche, würde sie aufstehen, um ins Bad zu gehen. Sie würde die langen Haare auskämmen, so, wie früher, als ich sie vor dem Spiegel hatte stehen sehen, in ihr eigenes Spiegelbild vertieft, um zu schauen, um wieviel sie gealtert wäre. Mein Vater stände jetzt noch immer vor dem Fenster. Er würde meine Mutter fragen, ob sie Lust habe, mit ihm auf dem Zimmer eine Flasche Wein zu trinken. Die Frage würde sie aufschrecken; für einen Moment würde sie innehalten, um nachzudenken. ›Gern‹, würde sie dann vielleicht sagen, und mein Vater würde die Rezeption anrufen. Dann, ein wenig später, wäre es draußen sehr dunkel geworden. Mein Vater hätte die kleinen Lampen eingeschaltet; der Wein wäre gebracht worden, und die beiden hätten vor dem ersten Schluck angestoßen, ohne ein Wort darüber zu verlieren. Meine Mutter hätte sich wieder über ihr Buch gebeugt, aber sie hätte nicht länger lesen können, wohl aber so getan, um auch meinen Vater anzuhalten, zu einer Zeitung oder zu einem Buch zu greifen. Mein Vater hätte es sich überlegt; wahrscheinlich hätte er in dieser Situation zu einer Zeitung gegriffen. Doch schon bald hätte er sie sinken lassen, um aufzuschauen und –

nach einem weiteren Schluck – von der Heimat zu sprechen, vom Haus, den vielen Arbeiten im Frühjahr, den ersten Erledigungen, die nach der Rückkehr anfielen. Meine Mutter hätte ihm gern zugehört. Sie würde aufstehen, ans Fenster gehen, ihn bitten, den Reißverschluß des Kleides zuzuziehen. Er würde noch immer vom Frühjahr sprechen, wenn er ihr den Gefallen täte. Dann säßen sie sich gegenüber, ein wenig ermüdet und abgespannt, aber noch neugierig auf den bevorstehenden Abend. Lichter auch draußen, ein Rufen, ein Gehen. Allmählich erhielte man den Eindruck, die Helligkeit im Raum nähme zu, aber es wäre nur eine Täuschung, wie immer. Mein Vater würde aufstehen, und wie auf Befehl würde auch meine Mutter ihren Platz am Fenster verlassen. Gemeinsam würden sie hinuntergehen.

Marie, und Marie? Dachte ich nicht für einen Augenblick daran, sie nochmals anzurufen? Wollte mir wahrhaftig ihre Nummer nicht einfallen? Hielt ich nicht den Bleistift – kurz nach der ersten Notiz – bemerkenswert weit von dem Papier entfernt, auf dem er hätte aufsetzen sollen?

Die Tante hatte nicht übertrieben. Die Briefe meines Vaters lasen sich wie Meldungen von einer Schlacht, über deren guten Ausgang längst entschieden war. Er beschrieb Arbeitsdienste im Wald, das Roden der großen Flächen, das Ausheben von Gräben, die Anlegung von Entwässerungskanälen, die ›Volksgenossenschaft‹ bewährte sich. Die Kleinbauern erhielten neue Höfe und Land zugeteilt, die Siedlungsflächen wurden vergrößert, die leer stehenden Restgüter wurden aufgeteilt, und der

›freie Bauer‹ fühlte sich wohl, ›auf eigener Scholle‹. Beim Bau der Reichsautobahnen wurden ›Angriffsschlachten gegen die Arbeitslosigkeit geschlagen‹; ›erhöhte Leistungsfähigkeit‹, ›größtmögliche Schonung des Materials‹ und ›verlängerte Gebrauchszeit‹ der Automobile waren zu erwarten. Er schilderte Grünstreifen und Querhecken, die das Straßennetz verschönern sollten, er stellte sich einen Ausbau der Strecken von Hamburg nach Basel, von Stettin nach München vor. Vollspurstrecken der Reichsbahn trieb ein ›großzügiges Bauprogramm‹ voran, Tunnels wurden freigelegt, Platz für unterirdische Schnellverkehrsbahnen wurden geschaffen. Die Fahrtrinnen der Wasserverbindungen sollten erweitert, die Ufer befestigt, Staustufen und Brücken geplant werden. Planierungs- und Abschrägungsarbeiten galten der Kanalisierung; Häuser wurden instandgesetzt, Großwohnungen wurden geteilt, öffentliche Plätze neu angelegt. Grundsteinlegungen, neue Amts- und Regierungsgebäude – damit wurde ›für deutsche Werte geworben‹.

›Lieber Henner, wovon soll ich Dir schreiben? Käme ein Tag, an dem ich das wüßte! Gefiele es Dir, wenn ich Dir davon berichtete, welche Fortschritte Hackers Deckengemälde in unserer Knippener Kirche macht? Ich glaube es nicht, will Dir aber doch sagen, daß die große Figur des Heiligen beinahe vollendet ist; nun droht der Spuk von Chimären und Sphinxen, die alles verschlingen. Auf dem Bild findest Du vieles zugleich: Regen und Sonne, Feuer und Wasser. Manche der zwielichtigen Gestalten, die den Heiligen bedrängen, sind gebunden, gefesselt durch seinen starren Blick; andere sind ganz ohne Kopf, dann krabbeln welche wie Ungeziefer, spucken böse

Worte aus und verbreiten Gestank. Aber soll ich Dir davon schreiben, wenn es Dich langweilt und Du aufgähnen wirst wie einer, den das alles nicht reizt? Ich gestehe Dir, Henner, wie es mich reizt! Nicht nur, daß ich Hacker gern zusehe, wenn er auf dem hohen Gerüst mit der Arbeit beginnt und langsam die ersten Konturen entstehen – dort ein Schweif, eine Mähne, ein furchtbar grinsendes Gesicht, da ein Schweinskopf, eine Herzhälfte, ein schwarzer Hirsch –, nicht nur also, daß ich es bloß gern sehe, wie es entsteht, zunimmt, die leeren Flächen bedeckt – nein, ich selbst habe ihm ein wenig geholfen, seine Entwürfe passieren zunächst meine Kontrolle, ich prüfe sie, lege sie aus, verbessere manchmal, oder richtiger – schlage vor, wie es auch anders ginge. Da stehe ich dann in der Kirche, Du siehst mich, nicht wahr, im hellen Mantel, eine Spur zu verfroren, denn es ist ja sehr kalt, auf- und abtippelnd, Du siehst mich, und über meinem Kopf wächst, was auch mir so beigekommen, zugefallen, in den Sinn gekommen ist – nenn es so, wie Du es willst. Wäre ich aber stolz darauf? Gewiß nicht, ich könnte mich sonst nicht leiden. Was ich Dir so schriebe, wäre gewiß nicht viel im Vergleich zu dem, was Du siehst, tust und betreibst; es wäre gewiß nicht der Rede wert; noch schlimmer aber würde es ins Gewicht fallen, daß all das, von dem ich berichtete, nur auf Erfindung, Phantasie, ein wenig Himmelsspinnerei hinausliefe – wenn Du mir darin zustimmen würdest, daß wir uns beim Ausmalen der Decke gleichsam mit einem Stück Himmel beschäftigen, der uns versöhnen soll mit dem, was wir sonst nur vermissen. Vermisse ich etwas? Ich will Dir davon nicht klagen, Du würdest diesen Brief sonst gewiß ärgerlich beiseitelegen.

Die ›deutschen‹ Geschäfte im Dorf – wie man sie nennt – zeigen nun in ihren Schaufenstern ein kleines Schild; es soll zu erkennen geben, daß sie nicht jüdisch sind. Die Fremden, verstehst Du, hatten sich in letzter Zeit zu oft geirrt; wer hätte ihnen auch sagen können, ob dieses oder jenes Geschäft jüdisch oder deutsch geführt wird? Die Volksgenossen sind übrigens dankbar, daß die Schilder sie aufgeklärt haben; manche fühlen sich wohl auch unauffällig erzogen, was zu tun, was zu lassen sei. In Knippen hoffen jetzt viele auf das Wirken der oberen Organe; mit den unteren ist es jedenfalls nicht ganz so gut bestellt wie mit den Größen des Reiches. Vom Führer wage ich gar nicht zu schreiben; er ist erhaben über jede Kritik. Doch die unteren Organe, die halten im Lauf der Zeit noch nicht mit. Sie verschleppen das Tempo, und sie bieten ein wenig zuviel Einerlei. Ich beneide sie nicht, sie haben eine schwere Arbeit. Vielleicht sind die Blockleiter nicht maßgebend, tonangebend wollen sie schließlich sein, doch Goebbels und Hitler hätten am Ende viel zu tun, sollten sie in jedes Dorf kommen, um zu zeigen, wie man es macht. Da man vor kurzem die Losung ausgegeben hat, es dürfe im Staate Hitlers keinen Menschen geben, der sich verlassen fühle, sind unsere Ortsgruppenleiter mit allem Eifer dabei, die Verlassenheit zu bekämpfen. Wir haben kaum noch eine ruhige Minute; viermal wöchentlich finden Sprechstunden statt, und die Leute im Dorf wissen kaum noch, welche Sorgen sie aufbieten und loswerden sollen, um ihrer Verlassenheit ein Ende zu machen. Die Schulungsabende, die Aufmärsche der politischen Leiter, die bereits zackig für den nächsten Parteitag proben – solche Aktionen zeigen uns hier, wie besorgt man um unsere Sicherheit und unser Wohlergehen ist. Aber was schreibe ich Dir davon? Du weißt es selbst, und vielleicht marschierst Du gerade ein wenig mit. Daß Dich aber beim Stechschritt einmal die Gedanken an Knippen überkämen und Du einhalten möchtest, das wünsche ich mir manchmal.‹

Henner hatte auf solche Briefe nichts zu erwidern. Ich war sogar im Zweifel darüber, ob er den leisen, ironischen Ton wahrnahm, ob er die zurückgehaltene Bedrückung einzuschätzen wußte oder die geheime Sorge in jenen Passagen, in denen von ihm die Rede war. Er schrieb ihr mit übertriebener Frische und Munterkeit; trotzdem wirkten seine Briefe selten falsch oder unehrlich. Ich las ein grenzenloses Vertrauen auf die Zukunft aus ihnen heraus. Henner war damals ein Mann um die Dreißig; er hatte noch keine üblen Erfahrungen gemacht, jeder Tag bewies ihm nur, daß der Tüchtige sein Leben selbst in die Hand nehmen, es gestalten und verbessern könne, mochte er auch aus Knippen kommen. Politische Erfahrung hatte er nicht erworben; er ahnte nicht, wie Massen reagieren konnten, in seiner Jugend hatte er kaum mehr als einige hundert Menschen auf einmal gesehen. Die größte Versammlung, die er je erlebt hatte, war von den Nationalsozialisten organisiert worden, Jahre vor der Machtergreifung. Sie war ungestört verlaufen, eine Art stiller Andacht von Tausenden, die auf Worte lauschten, die eine Besserung der Verhältnisse nicht nur herbeiredeten oder herbeiwünschten, sondern herbeischrien. Dieser ungeduldige Ton hatte ihm gefallen; man durfte nicht mehr warten, die wirtschaftliche Lage war schlecht genug, er sah, wie schwer es die Eltern auf dem Hof hatten. Die Preise für Getreideerzeugnisse sanken, die Familie mußte haushalten; hätte man nicht die Wirtschaft betrieben, wäre es einem noch weitaus schlechter gegangen.

›Liebe Katharina, oft erscheinen mir die raschen Fortschritte, die wir bei unserer Arbeit machen, wie ein Wunder. Es gibt keine Verzögerungen, ein Teil greift nahtlos in den anderen. Kaum sind die geplanten Vermessungen beendet, kaum sind Theodolit und Meßstäbe beiseitegeschafft, schon stehen die ersten Bautrupps bereit. So können wir die Früchte unserer Arbeit erkennen, und wir sind stolz darauf, daß wir unseren Teil beitragen können, das Werk zu beschleunigen. Haben wir nicht in den letzten Jahren lange genug auf fremde Hilfe, auf Hilfe aus dem Ausland, auf Hilfe vom Himmel gewartet? Unsere Hoffnungen wurden enttäuscht. Nun haben wir uns auf uns selbst besonnen, unsere Kraft, unser Werkfleiß werden ausreichen, meinst Du nicht auch? Dem Mutigen hilft Gott!

In der vorigen Woche feierten wir hier den Erntedanktag. Es ist eines der größten Feste im Jahr. Die Straßen waren mit Fahnen geschmückt, und die kleinen vollbeladenen Erntewagen wurden von Pferden durch die Stadt gezogen. Ich bin froh, daß man gelernt hat, die Produkte des Landes zu schätzen. Viel Schweiß, viel Arbeit steckt in ihrer Erzeugung. Endlich wird auch der deutsche Bauer geehrt und gegrüßt. Auf dem Bückeberg bei Hameln hat der Führer dafür die passenden Worte gefunden. Du wirst davon gelesen oder gehört haben.

Es ist für mich noch immer ein Rätsel, wie es in den letzten Jahren gelungen ist, alle Schichten des Volkes für eine gemeinschaftliche Anstrengung zu begeistern. Arbeiter, Handwerker, Bauern, Beamte, Angestellte – das alles macht keinen großen Unterschied mehr, wenn es um die Pflichten geht, die jedem Stand auferlegt sind. Es soll keine Außenseiter mehr geben, und ich glaube, die meisten fühlen sich inzwischen im Aufbauwerk geborgen und angesprochen. Was früher gegeneinanderstand, ist jetzt zusammengewachsen, und ich bin glücklich darüber.

Auch aus Knippen habe ich Gutes gehört. Eure Eisenerzgruben sollen wieder voll in Betrieb sein, die Feuer sind angeblasen, die Seilbahnwagen rollen wieder. Nun wird niemand mehr auf Brot und Arbeit zu hoffen brauchen; Beschäftigung kommt schließlich allen zugute. Auch den Eltern und den Geschwistern wird es mit der Zeit besser gehen. Ich grüße Dich!‹

›Mein lieber Bruder Carl, die Tage vergehen, und ich habe so oft die Hände für Stunden nur in den Schoß gelegt. Im Dorf ist es ruhiger geworden, nur die Züge der Fortreisenden, die in froher Stimmung zum Bahnhof ziehen, beleben das Bild. Einige werden in ein Aufbaulager eingezogen, andere werden als Arbeitsmänner zur Landarbeit verschickt; sie marschieren zum Bahnhof, den Spaten geschultert, Sonderwagen bringen sie fort.

Gestern kamen Vaters Geschäftsfreunde vom Katholischen Kaufmännischen Verein aus Köln zu Besuch. Der Glaube wird einem schwer gemacht in diesen Tagen, sie sagten es auch. Sie sprachen von einem Domprediger, der die Menschen anziehe. Hier sind die Gottesdienste weniger gut besucht als früher. Meine Freundin Martha hat erfahren, daß die Bibliothek bald ganz geschlossen werden wird. Das Interesse hat abgenommen, und die Partei wird eine andere Bücherei in ihrem Stil aufziehen. Im Haus gibt es viel zu tun, aber ich bin oft nur mit halbem Einsatz bei der Arbeit, le coin où je demeure est plein de silence. Ich spreche jetzt manchmal etwas französisch, im Deutschen ist vieles zu schwer geworden.

Heute ist Sonntag, der Regen hat uns den Tag verdorben. Die Freunde vom »Uhu« sind in alle Himmelsrichtungen zerstreut. Wir Mädchen sind beinahe unter uns. Die Unterhaltungen langweilen mich; bin ich hochnäsig geworden? Was gefällt mir nicht? Ich habe mir eine kleine Lampe ins Zimmer gestellt; an den Abenden lese ich, Du weißt worin. Die kleine Nachbarstochter gefällt mir. Wir gehen zusammen spazieren. Sie pflückt Blumen, wir überqueren die Siegbrücke. Sie achtet sehr auf alle Farben und fragt nach den Namen; überhaupt machen ihr neue Worte Vergnügen. Ich denke mir oft wahre Unsinnsnamen aus, sie spricht sie nach und hat ihren Spaß.

Wenn ich Dich einmal besuchen könnte, würde ich fliegen. Wir würden am Rheinufer spazierengehen und im »Königshof« essen. In den Ferien wirst Du nach Freiburg fahren – oder doch in die Schweiz? Deine Schwester wartet auf Nachrichten, sie liest jeden Brief, den sie erhält, unzählige Male.‹

Die Lektüre dieser Briefe irritierte mich. Immer wieder drängten sich Bilder und Phantasien auf. Meine Mutter in ihrem Zimmer, sitzend, wartend. Das beschirmte Licht der Leselampe. Ein Blick aus dem Fenster ihres Elternhauses. Fahnen auf beiden Seiten der Straßen, ein einzelnes Auto fährt vorbei, ein Mann huscht an der Häuserwand entlang. Anfangs führte ich es auf meine Müdigkeit zurück, ich unterbrach die Lektüre, legte mich ein wenig hin, aber schon setzten sich die Bilder fort. Eine Katze, lange unbeweglich, den Kopf zur Seite gebogen, plötzlich anspringend, immer schneller werdend. Menschengruppen an den Häuserecken, einer geht vorüber, und die anderen schauen ihm stumm hinterher.

Diese Bilder schienen mit den Briefen, in denen ich gelesen hatte, nichts zu tun zu haben. Doch mit der Zeit formierten sie sich zu Sequenzen. Es war, als fixierte eine Kamera Dinge und Menschen so lange mit ihrem Blick, bis sie sich eiliger und verkrampfter benahmen als sonst. Dabei konnten sie diese Kamera nirgends entdekken, hier war sie nicht, dort nicht; sie war unauffindbar, aber nur für den, der sie wahrnahm und suchte. Die anderen aber, die sie gar nicht zu bemerken schienen, tobten sich vor ihr aus.

Die Briefe meiner Mutter erschienen mir wie Abwehrschläge. Sie sah sich vor, sie deckte sich ab, sie schützte sich, sie wagte es nicht anzugreifen. Das Gespinst, in dem sie sich aufhielt, wurde dichter, da sie es mit Worten, Gesten und Handlungen nicht mehr zerreißen konnte. Henner in der Ferne – der Reisende, Umherziehende; jeder Brief, den er ihr schickte, wirkte als unbeabsichtigte Bedrohung. Sie fühlte sich verschwinden vor seinen Losungen und Parolen, sie konnte die Weite, von der er schrieb, nicht nachempfinden, da doch alles enger wurde um sie herum. Carl, der Bruder – er tröstete, aber seine Sätze trafen sie nicht. Sie glichen Beistandsvokabeln, gelernt, eingeübt, aber nicht mit dem Leben verbunden. Sie stritt sich mit ihm über die Bedeutung von Bibelpassagen, und er legte die Legenden des Testamentes aus, als müsse er sie Kindern erklären. Hacker spielte in ihren Briefen eine große Rolle; durch ihn fühlte sie sich weder belästigt noch bedroht, weder herausgefordert noch beschwichtigt. Hacker existierte, mehr nicht. Dachte sie an ihn, richtete sie sich neben ihm auf. Ihre Worte gewannen an Kraft, an Lebendigkeit, fielen schneller, als müßte sie sprühen von Ideen. Und nahe genug saß der Vater, an den sie sich hielt. Der Vater gab Schutz; man konnte nicht mit ihm sprechen, man konnte ihn nichts fragen, aber er saß an den Abenden unbeweglich in seinem Stuhl, studierte die Zeitung, kommentierte die Ereignisse. Dies waren die Gestalten, die innere Bewegungen herausforderten, anfachten, in Gang setzten. Ihnen schloß sich der zweite, weiter außerhalb liegende Ring an: die Mutter, die Schwester, Freundinnen; dann die weiteren Ringe: Bekannte im Dorf, Verwandte. Doch all diese Menschen hatten keine Macht mehr über sie. Die Macht war vielmehr auf wenige verteilt. In diesen sich unmerklich hin- und herbewegenden Kräfteverhältnissen lebte sie, dehnte sie sich aus, zog sie sich zusammen, empfand sie die Umschnürungen.

›Lieber Carl, Deine Antwort kam schnell, nun eilt meine zurück. Ich werde am kommenden Sonntag nach Freiburg abreisen, ich freue mich sehr. Niemand hatte etwas dagegen einzuwenden; auch Vater glaubt, es werde mir guttun. Dein Vorschlag kommt zur rechten Zeit, insgeheim hatte ich ihn schon erwartet. Ich wollte Dich aber nicht ein zweites Mal drängen.

Gestern kam der Zeitungswerber der »Volkswacht« erneut vorbei. Wir hatten ihm schon in der vorigen Woche mitgeteilt, daß wir an einem Abonnement nicht interessiert seien. Nun gelten wir als ›Eigenbrötler‹ und ›Besserwisser‹. Wer die Zeitung nicht liest, der nimmt keinen Anteil am Leben seines Volkes – so gab er uns Bescheid. Harry Krämer hat in die neuste Nummer einen Artikel setzen lassen unter der Überschrift ›Keine Zeit für sein Volk‹. Wir werden nicht mit Namen genannt, aber wir sind gemeint. Auf diesen Schleichwegen nähern sie sich uns. Jeder Tag läßt sie eine neue Gemeinheit erfinden. Es kommt einem so vor, als prüften sie noch den Staub in den Ritzen des Fußbodens; man könnte ihn aus dem Ausland bezogen haben.

Auf diese Weise unterstehen selbst die alltäglichsten Handlungen der Kontrolle. Könnte man sich nur rekken, könnte man nur aufspringen, um allen Gerüchten, Verdächtigungen und Nachstellungen zu entgehen.

Aber ich komme ja zu Dir, dann sprechen wir länger darüber.‹

›Liebe Katharina, Du hast mir geschrieben, Du kämest auch gern ein wenig herum, Du wolltest Dich ablenken, einmal etwas anderes sehen? Die Gemeinschaft »Kraft durch Freude« nimmt jeden auf, der sich ihr anschließen möchte. Die Fahrten sind preiswert; sie führen in die norwegischen Fjorde, nach Potsdam, ins Berchtesgadener Land, auch zu den Nordseebädern. Ich schicke Dir gern weitere Informationen. Unser Land ist schön – das habe ich gerade in den letzten Wochen wieder gespürt. Man kann sich nicht daran sattsehen, man behält die Eindrücke lange im Gedächtnis. Frag Deine Eltern, was sie dazu meinen, und laß Dich nicht von Deinem Vater bereden!

Wir kommen mit unserer Arbeit zügig voran. Ein Brückenbau ist in Planung. Inzwischen sind schon Männer vom ›Arbeitsdienst‹ angerückt. Bereitwillig greifen sie zu. Ihr Lager liegt ganz in der Nähe. Gestern abend wurde ich eingeladen, bei ihnen zu übernachten. So erhält man neue Einblicke. Die Schlafräume sind sehr geräumig, die Leute bekommen gutes Essen, ich habe ihren Speisezettel gesehen, jeden Tag Fleisch, abends Würste, kalten Braten. Man läßt niemanden im Stich. Die Männer waren sehr zufrieden, viele hatten eine solche Verpflegung nicht erwartet. Es ist erstaunlich, wie jede Einzelheit bedacht wird, wie man sich um alles kümmert und niemand links liegengelassen wird. Ich grüße Dich!‹

Meine Mutter hatte Knippen für einige Wochen verlassen. Carl hatte sie in Freiburg empfangen. Zum erstenmal seit langem fühlte sie sich unbeobachtet. An den Abenden trafen sich die Bundesbrüder in der Nähe des Münsters. Sie zogen durch die Stadt, sie tranken Wein, sie planten die beabsichtigte Reise in die Schweiz. Auf den kleinen Photographien des Albums ist meine Mutter leicht zu erkennen; sie trägt eine schwarze Kappe schräg auf dem Kopf, das Haar ist zurückgekämmt. Noch heute fällt es ihr schwer, bei einer Aufnahme direkt in die Kamera zu blicken; statt dessen schaut sie meist ein wenig nach oben, seltener auch auf einen nicht weit entfernten Punkt, der sich irgendwo auf dem Boden befinden muß. Sie hat den Mund leicht geöffnet, als spräche sie noch; aber ich weiß aus eigener Erfahrung,

daß sie bei solchen Aufnahmen nicht spricht. Sie erstarrt für Sekunden, sie will ein Bild abgeben.
Am Abend hatte ich mich in die Alben vertieft. Da die Photographien kleiner waren als gewöhnlich, benutzte ich eine Lupe. Das dicke Glas streifte über die schwarzweißen Flächen, Köpfe, Landschaften und Häuser traten hervor. Ich ließ es kreisen, bis ich meine Mutter entdeckt hatte. Immer wieder ihr unbeweglicher Blick, die angezogenen Schultern, das hingesetzte Lächeln. Könnte sie reden, könnte es mir gelingen, dieses Bildnis aus Stein zum Sprechen zu bringen! So aber saß ich vor diesen Bildern, geriet nur ins Stammeln, brummte mit zunehmender Müdigkeit unsinniges, nicht mehr geordnetes Zeug, und legte schließlich die Alben beiseite. Ich ging hinaus, nach draußen. Noch in der Tür stehend, hörte ich den Gesang eines einzelnen Vogels. Ich bemühte mich, ihn in dem dichten Gestrüpp der Sträucher ausfindig zu machen. Aber nach einer Weile starrte ich nur noch vor mich hin. Ich ging die kleine Anhöhe hinauf, verließ das Grundstück und schaute noch einmal zurück. Ich hörte Kinderstimmen, sehr laut, wie aus der Nähe; doch niemand war zu sehen. Wann hatte ich das letzte Mal diese lauten Stimmen in einer sonst stillen Landschaft gehört?

Es ist seltsam, ich habe die Geschichte meiner Mutter bisher noch nie jemandem erzählt. Ich kannte nur ein paar Einzelheiten, und ich sagte ja schon, der Rest interessierte mich nicht. Andererseits konnte ich diese Geschichte nie vergessen. Sie zog mich an, sie begleitete mich, in gewissem Sinn war sie ein Teil meiner eigenen Geschichte. Aber in welchem Sinn? Ich hatte darauf bisher keine Antwort, erst jetzt bemühe ich mich darum. Die heftigsten Gefühle des Widerstandes, die diese Geschichte früher immer begleiteten, sind gemildert, beinahe ohne mein Zutun, nur durch das Vergehen von Zeit. Ich bin um ein weniges älter geworden, und ein paar Jahre scheinen gereicht zu haben, meine Vorurteile zu überwinden. Denn wie sollte ich sonst begreifen, daß mich jetzt alle Einzelheiten interessieren, daß sie mich beschäftigen und alle anderen Unternehmungen beinahe verdrängen? Nie wäre ich auf den Gedanken gekommen, die Geschichte meiner Mutter einem anderen zu erzählen. Was sollte ich ihm dadurch sagen, was wollte ich mitteilen, indem ich darüber sprach? Ich hätte mich im Gestrüpp verfangen, ich hätte meine eigene Hilflosigkeit, diese Geschichte nicht begreifen zu können, zugegeben und ausgestellt. Frank hätte abgewinkt, ›ach laß, diese Nazilegenden‹; vor Marie dagegen hätte ich mich geschämt. Wie könnte ich einer Freundin die Geschichte meiner Mutter erzählen? Wäre ich nicht selbst in dieser Erzählung zu ertappen, käme nicht ein wenig von dem, was ich verborgen hielt, darin ans Tageslicht? Ja, so dachte ich wohl. Doch ich hätte nicht einmal mit Bestimmtheit sagen können, was ich verbergen wollte. Die Geschichte entzog sich der Schilderung, wie sie sich mir entzog. Denn ich selbst, der Spätgeborene, der Nachkömmling, erschien wie der Fluchtpunkt von Linien, die ins Dunkel verliefen und deren Bewegung mit mir nichts zu tun haben sollten. Ich wollte mich trennen und lossagen von dem, was vor mir gewesen war; ich wollte nicht im mindesten etwas damit zu tun haben – innerlich wußte ich längst, daß ich davonlief. Wäre ich imstande gewesen, diese Geschichte Marie zu erzählen, hätte sie sich nach vorne, über den Tisch gebeugt, um mir zuzuhören, mir dabei ins Gesicht zu schauen, ihre Neugierde anzumelden. So sollte es nicht sein. In den Zügen meines Gesichts gab es nichts zu entdecken, nichts zu lesen. Bestimmt hätte Marie die falschen Schlüsse gezogen.

Nun aber war ich immer tiefer in diese Erzählungen und Berichte hineingeraten. Ich konnte ihnen nicht mehr entkommen, ich schlief unruhig, träumte in den Morgenstunden heftig, lief ins Bad, um mitten in der Nacht ein Glas Wasser zu trinken. War meine frühere Gelassenheit dahin? Und wohin trieb es mich? Für wen machte ich diese Notizen? Ich saß nächtelang in dem kleinen Blockhaus, ich schrieb, ich fiel in den Pausen zwischen den Aufzeichnungen auf die kleine Liege neben dem Pult, wälzte mich von einer Seite auf die andere und kam nicht zur Ruhe. Die Nerven waren angespannt, manchmal zuckte ein unvermutet aufbrausender Schmerz von der Spitze des Kinns bis zur linken Ohrmuschel. Ich preßte die Hand dagegen, und es pochte nur heftiger. Erst während des Schreibens vergaß ich den Schmerz, doch kaum lag ich im Bett, trat er wieder auf. Bin ich ein Gefangener? Und welche Macht haben Gefangene?

Während ihres Ferienaufenthaltes in Freiburg und in der Schweiz hatte meine Mutter neue Freunde gewonnen. Carl hatte sie begleitet, seine Studienkollegen kamen aus den verschiedensten Fakultäten. Sie kümmerten sich um meine Mutter, sie unterhielten sich tagelang mit ihr auf den weiten Wanderungen, die sie im Engadin machten. Meine Mutter machte eine neue Erfahrung;

das Studium, das von Woche zu Woche hinzuerworbene Wissen lenkte ab. Man konzentrierte sich, man lernte, man machte Fortschritte. Was in der Umgebung geschah, verlor an Bedeutung. Mit der Zeit achtete man nicht mehr so genau auf die Risiken, denen man ausgesetzt war. Statt dessen erwarb man sich eine Art inneren Schutz, ein feingesponnenes Gehege aus Lektüre, Bildung und Lebensart. Carls Freunde lebten in Gruppen; sie trafen sich ein paarmal in der Woche, sie diskutierten, sie traten nicht an die Öffentlichkeit. Der regelmäßige Austausch von Meinungen und Wissen beflügelte sie; er fügte den Kreis der Geduldigen, die aus ihrer Verachtung für ›das Regime‹ keinen Hehl machten, immer enger zusammen. Viele waren von der offiziellen Politik der Kirche enttäuscht, sie verstanden sie als Anpassung an das scheinbar Unvermeidliche, und sie waren entschlossen, den Widerstand auf eigene Faust zu betreiben. So lernte meine Mutter den Bruder besser verstehen. Seine Zurückhaltung, seine Bescheidenheit, sein nie auftrumpfendes Wesen – darin suchte er Vorbildern näher zu kommen, die gerade in dieser Zeit ihre Wirkung nicht verfehlten. Carl hatte sein Theologiestudium ernst genommen; plötzlich begriff meine Mutter, welche Macht in scheinbar unbedeutenden Texten verborgen sein konnte. Niemals zuvor hatte sie so gelesen; nun horchte sie auf. Anfangs bereitete es ihr nur Vergnügen, eine Spannung herzustellen, die sich mit einem Mal zwischen einem Text und seinem Leser ergab. Dann zogen die Unterhaltungen sie tiefer hinein. Die einfachsten Worte und Sätze gewannen auf diese Weise an Gehalt, sie wuchsen, richteten sich auf, schossen Pfeile, schlugen um sich. Aber man mußte die Kunst verstehen, sie einzusetzen; man mußte sie zu Gehör bringen, sie wachrütteln, sie zur Anwendung tauglich machen. ›Die Prediger‹, sagte der Bruder, ›haben nicht die Aufgabe, ihre eigenen Gedanken zu predigen. Erwecken sie diesen Eindruck, verstimmen sie nur. Ihre Worte verlieren an Macht, verlieren an Glanz. Sie sollten sich nie in den Mittelpunkt stellen; je mehr sie daran denken, daß sie nur Organe, nur Werkzeuge und Hilfsmittel des Wortes Gottes sind, um so mehr kommen sie ihrer Aufgabe nach. Daher sollen sie nicht betören, sie sollen nicht einreden auf die Menschen, sie sollen nicht spielen mit ihrem Ausdruck. Das alles ist vielmehr die falsche Kunst der Redner. Die Redner vermögen nie zu predigen. Aber sie versuchen unablässig den Eindruck zu erwecken, als predigten sie. Sie sprechen aber nicht, um ihren Zuhörern etwas zu sagen, nein, sie sprechen nur, um ihre Gefolgschaft zusammenzuhalten. Sie wiederholen sich, ihre Worte werden zu Schlagworten, die sie den anderen einhämmern wollen. Um diesen Sinn ihrer Rede aber zu vertuschen, um sich wie die Wölfe im Schafspelz zu geben, geben sie sich den Ausdruck der Prediger. Sie beginnen leise, als hätten sie Demut vor den Worten gelernt; ihre Gesten, ihr Mienenspiel bleibt anfangs beschränkt. Sie flehen den Himmel an, ihnen beizustehen, sie bemühen die umfassendsten Begriffe, um damit heimlich um sich zu schlagen. Dann beleben sie sich, sie geraten in den Sog ihrer Wiederholungen, sie trichtern etwas ein – und bemerken nicht, wie sehr sie mit jedem Wort in die selbst gestellte Falle laufen. Ihre Adern schwellen an, ihre Hände bleiben nicht mehr still; es ist, als sei der Geist über sie gekommen. Doch sie drehen sich nur wie der Kreisel auf der Stelle, und die

Peitsche, die diesen Kreisel treibt, halten ihr Atem und ihre Lunge in Bewegung. Die Törichten! Sollten sie nicht bemerken, daß sie sich bei ihren eigenen Worten erschöpfen? Anders die Prediger! Sie stimulieren sich nicht, sie streuen die Worte nicht unter das Volk, damit sie untergehen. Sie stellen sie nur bereit; nun müssen die Zuhörer das Ihre tun.‹

Meine Mutter hatte ihn verstanden. ›Gottes Wort ist nicht gebunden‹, zitierte der Bruder, ›und wisset Ihr nicht, welches Geistes Kinder Ihr seid?‹ Genügte es aber, dies alles in sich aufzunehmen, sich davon anstecken zu lassen? ›Stellet Euch nicht dieser Welt gleich, sondern verändert Euch durch Erneuerung Eures Sinnes!‹ Diesen Satz notierte sich meine Mutter; noch einige Wochen zuvor hätte sie ihn überlesen. Die Gespräche mit den Freunden regten sie weiter an. Wenn man arbeitete, nachdachte, verschwand der Alltag, vergingen die Tage im Flug, trauerte man der Stunde nach, die man nutzlos verschwendet hatte. ›Il faut travailler, rien que travailler; et il faut avoir patience.‹ Wo hatte sie das vor kurzem gelesen? ›J'ai donné ma jeunesse‹ – wer hatte das so stolz gesagt?

Sie erinnerte sich nicht mehr, aber plötzlich traten ihr solche Sätze wieder ins Bewußtsein. Mußte man sich nicht entscheiden? Die Arbeit – das angenehme Leben? Das Studium – die kleinen alltäglichen Freuden? Sie grübelte darüber nach, aber erst am Ende des mehrwöchigen Aufenthaltes war sie sicher. Als sie sich vom Bruder und seinen Freunden verabschiedete, forderten alle sie auf, bald wiederzukommen. Da hatte sie sich entschieden. Im nächsten Semester wollte sie ihr Studium beginnen.

›Liebe Katharina, Dein plötzlicher Entschluß, Ende dieses Jahres das Studium der Sprachen, der französischen, englischen und deutschen Literatur, aufzunehmen, hat mich sehr überrascht. Wie kommst Du dazu? Hat Carl es Dir eingeredet oder haben seine Freunde Einfluß auf Dich ausgeübt? Hast Du Dir alles gut überlegt? Ich will Dir gewiß nicht meine Meinung aufdrängen, doch, wenn Du mich um Rat fragen solltest, müßte ich Dir ins Gewissen reden. Glaubst Du nicht selbst, daß eine Frau gerade heutzutage andere Aufgaben zu erfüllen hat? Ich will diese Aufgaben nicht ausmalen und Dich nicht mit langen Schilderungen langweilen, Du weißt selbst, was ich meine. Es fällt mir auch schwer, darüber zu schreiben, aber ich versuche es wenigstens. Was ich Dir sagen will, enthält nichts anderes als meine innersten Überzeugungen, und ich glaube, daß diese von sehr vielen, die heute über solche Themen sprechen, geteilt werden.

Jeder, der Verantwortung übernehmen will, wird auf die Pflichten zu achten haben, die ihm von der Gemeinschaft aufgetragen werden. Diese Pflichten fordern von der Frau sehr viel. Sie soll sich dem Mann nicht entgegenstellen, sie soll nicht mit ihm konkurrieren oder auf Gebieten gegen ihn antreten, die seine eigenste Domäne sind, sondern sie soll ihn im besten Sinne ergänzen. Schon von ihrer Natur her wirkt die Frau ergänzend auf den Mann. Ihr Empfinden und das, was ich ihr Gemüt nennen möchte, sind viel stärker ausgeprägt als beim Mann. Der Mann ist labil, geistig, unsicher, manchmal schwankend; die Frau wird dagegen das Bewahrende, Sichernde hinzufügen. Es darf keinen Konflikt der Geschlechter geben, die Natur hat vielmehr dafür gesorgt, daß jeder Teil seine eigene Aufgabe hat, die es zu bewältigen gilt.

Der Mann herrscht im Staat, er nimmt Einfluß auf das Leben der Gemeinschaft, ihre Organisation, ihre Entwicklung und Gestaltung. Die Welt der Frau ist nur scheinbar eine untergeordnete, wenn man sie als die Welt der Familie, des Hauses und der Kinder erkennt. Denn auf dieser kleineren Welt baut die des Staates doch wohl auf? Ohne sie wären die großen Aufgaben sinnlos und dem Verfall preisgegeben! Die Kräfte des Gemütes und der Seele wirken gerade im scheinbar begrenzten Bereich. Hier fügen sie von innen her das Band zusammen, das die Natur angelegt hat.

Ich weiß, liberale Ideen haben der Frau geistige Aufgaben zugesprochen und sie auf ein vielfältigeres Feld ihrer Tätigkeiten hinüberzuziehen versucht. Ist aber letztlich nicht das einzige Ziel aller Tätigkeiten, die der Frau anvertraut werden sollen, das Kind? Lohnt sich unser Leben überhaupt noch, wenn wir vom Kind absehen? Wofür ist der menschliche Kampf sonst, wenn nicht für das Kind? Jedes Kind, das die Frau zur Welt bringt, ist eine Schlacht, die sie für das Wohlergehen des Volkes kämpft. Nur in diesem Sinn ist die Frau im heutigen, im modernen Sinn eingebaut in den Kampf der völkischen Gemeinschaft für eine Zukunft. Und welche Zukunft wird Deutschland haben, wenn sie das erkennt!

Liebe Katharina, ich kann mich nicht so ausdrücken, wie ich es möchte, aber Du wirst spüren und empfinden, was ich sagen will. Es liegt ja gar nicht so weit von dem entfernt, was ich von Jugend auf begriffen habe. Meine Eltern würden es kaum anders sagen, höchstens einfacher und geradliniger. Es steht mir, das bemerke ich auch, nicht zu, mich in Deine Angelegenheiten zu mischen. Doch dachte ich mir, Dein letzter Brief sei als Frage an mich gemeint, was ich von Deinem Entschluß hielte. Daher habe ich Dir so offen geantwortet. Unsere Freundschaft fordert das von mir. Auch die Frau wird kämpfen müssen, aber an ihrem Platz. –

Von etwas anderem: meine Ausbildung neigt sich dem Ende zu. Das zweite Examen wird vorbereitet. Leider habe ich jetzt weniger als zuvor in der freien Landschaft zu tun. Statt dessen steht das Studium von Erlassen, von Grundsteuergesetzen und Grundbuchverordnungen, im Vordergrund. Auch das mündliche Examen bedarf besonderer Vorbereitung. Ich komme kaum noch aus meiner Stube, und ich bin glücklich über jeden Brief, den ich von Dir erhalte. Übrigens hat man mir Aussichten auf eine Einstellung als Assessor bei der Reichsbahn gemacht. Mein alter Traum, in Berlin unterzukommen, könnte in Erfüllung gehen, vorbehaltlich der Zustimmung des politischen Vertrauensmannes und des Nachweises der arischen Abstammung. Darum bemühe ich mich in diesen Tagen. Die Monate meines SA-Dienstes werden mir gewiß hoch angerechnet werden. Anderen wird es nicht so leicht gelingen, gerade dort aufgenommen zu werden, wo man es sich wünscht. Doch wie es auch kommt, ich habe ein grenzenloses Vertrauen in unsere Zukunft. Ich grüße Dich!‹

›Lieber Henner, oh, gewiß nicht, nein, Dein Brief hat mich nicht überrascht. Du bist nicht der Einzige, der so zu mir redet. Auch die Eltern raten von einem Studium ab, und Carl war sogar etwas erbost, als er von meinem

Entschluß erfuhr. Das wundert mich. Gewiß leuchten mir Eure Gründe, die Ihr so laut und deutlich, aber auch mit soviel plötzlicher Heftigkeit vortragt, ein. Ich habe mein Lebtag nichts anderes gehört. Vor allem tut es mir weh, daß Ihr annehmt, ich wollte mich an einen nicht für mich bestimmten Platz drängeln. So ist es nicht. Inzwischen ist dieser Platz für mich geeignet. Soll ich länger in Knippen sitzen, soll ich mich mit kleinen kümmerlichen Tagesarbeiten bescheiden? Du schreibst viel von Gemüt, von Seele, von innerer Kraft. Davon mag jeder – ob Mann oder Frau – seinen Teil besitzen. Was wird aus uns, wenn wir unsere Seelen und Gemüter aufteilen wie Maschinen, die ihren Dienst tun? Mein Entschluß steht fest, allerdings habe ich den Eltern versprochen, bis zu Carls Priesterweihe zu warten, die in wenigen Monaten ansteht. Sie wird in Köln stattfinden, doch die Primiz werden wir hier in Knippen feiern, in unserer alten Dorfkirche. Hackers Gemälde soll bis zu diesem Tag fertig werden. Im Augenblick wird es noch durch große Segeltuchplanen verdeckt. Wir werden diesen doppelten Anlaß zu einer Feier nutzen, wie sie Knippen lange nicht mehr gesehen hat. Ihre Vorbereitung wird mich in den nächsten Wochen ganz in Anspruch nehmen. Überanstrenge Dich nicht während Deiner Prüfungswochen. Schreib mir, wenn Dir etwas fehlt!‹

›Lieber Bruder Carl, dies soll der letzte Brief sein, den ich Dir vor Deiner Primiz schreibe. Sie beendet ja Dein Studium, und es könnte doch immerhin sein, daß sich mit ihr auch unsere geschwisterliche Nähe ein wenig verändert. Du wirst vielfältigere und schwierigere Aufgaben erhalten als bisher. Du wirst als Kaplan einen

Dienst tun, der Dir von allen Seiten schwer gemacht wird. Da wirst Du am Ende nur noch wenig Zeit finden, mir zu schreiben, mich zu treffen, wie es in den letzten Jahren noch möglich war.

Ich danke Dir dafür, wie Du Dich bisher um mich gekümmert hast, wie besorgt Du warst, wenn mir etwas nicht gelang, wenn ich unzufrieden war oder klagte. Ich habe Dir das alles nicht vergelten können, sosehr ich mich auch bemüht habe. Seit Deinem Eintritt ins Albertinum habe ich an Deinem Studium teilnehmen dürfen; das Graecum, das Hebräicum hast Du ohne Murren hinter Dich gebracht. Ich durfte ein- oder auch zweimal im Jahr nach Bonn kommen; wir sind mit Deinen Freunden spazierengegangen, und es waren Stunden für mich, die ich nicht vergessen werde. Ich habe versucht, Dir die kleinen Alltagssorgen abzunehmen, aber ich konnte dazu nicht sehr viel beitragen; ich habe Dir ab und zu die Wäsche schicken und einen kleinen Brief beilegen dürfen. Das war fast schon alles.

Die Reise nach Freiburg und in die Schweiz war jedoch das schönste Geschenk, das Du mir gemacht hast. Nicht nur, daß ich endlich dazu kam, etwas anderes zu sehen, vor allem hörte ich etwas anderes und nahm an Eurem Gespräch teil, das sich – ginge es nur nach mir – dauernd fortsetzen müßte, bis ich die Lust erhielte, ihm ein Ende zu machen. Was so gesprochen wird, was in den Einzelnen derart tief verwurzelt ist, das kann niemand vernichten oder ausreißen – es war wohl diese Gewißheit, die ich in jenen Tagen erhielt und die mich nun dazu gedrängt hat, mit dem Studium zu beginnen.

Ach Carl, es ist so schwer, in sich einen Boden für alles zu bereiten, das der Überlegung bedürfte. Aus mir selbst werde ich es nie können. Ich brauche Freunde, mit denen ich mich besprechen kann, ich brauche diese ruhigen Gespräche, die einen wegtragen von den Marktschreiereien. Bliebe ich hier in Knippen, ich müßte vom Wind zersaust werden am Ende, es trüge mich hierhin und dorthin, ich wäre nichts als eine armselige Lampenputzerin, eine törichte Jungfrau, die das Licht nie zum Leuchten bringt. Daher bitte ich Dich, Du mögest mir in den Tagen nach Deiner Primiz bei den Eltern beistehen, wenn es doch darum geht, meinen Entschluß durchzusetzen. Mit Deiner Feier sollen meine Knippener Tage ein Ende nehmen. Kann ich denn den Wink übersehen, den mir diese Gelegenheit bietet? Auch Hacker – der Einzige, mit dem ich hier sprechen, ein wenig phantasieren, etwas hinausleuchten konnte – wird uns verlassen und nach Köln zurückgehen. Das große Werk, an dem er gearbeitet hat und das mir in den letzten Jahren zugewachsen ist, als hätte auch ich einen gewissen Teil daran, ist beendet. Was soll ich noch hier? Im Dorf wird es immer enger, ich eile durch die Straßen, beinahe nach Luft schnappend. Schon marschieren sie wieder vorbei und tragen stolz diese Fahne vor sich her, die sie in Blut gebadet haben; Du sollst sie grüßen, und wehe Du läufst unachtsam vorüber! Sie schlagen Dir den Hut vom Kopf, sie reißen Dir den Arm in die Höhe – und Du stehst da vor ihrem Leichentuch, ihrem Totengeruch, ihrer Kriegsheulerei. Seit in Hamm die Synagoge brannte, haben sie keine Ruhe mehr gegeben, diese Fahne voraus ins Feuer zu tragen, als sollte sich ihr Blutrot mit dem der Flammen unaufhörlich vermengen, weitere Brände anstiften, niemanden mehr unbeschadet lassen, der nicht in die Knie geht. Sie haben die jüdischen

Viehhändler zunächst aus ihren Berufen gedrängt, indem sie eine Strafe aussetzten für den, der noch bei ihnen kaufte; die den Handel weiterbetrieben, haben sie in Haft genommen, und sie sind verschwunden. Von den anderen, die nicht mehr aufgetaucht sind, brauche ich Dir nicht zu berichten. Vor Vater schrecken sie noch zurück, aber wie lange wird es noch dauern, bis sie auch uns auszubooten versuchen?

Du weißt, was wir tun können. Schon die Nachbarn werfen einen Blick auf unser Haus, liegen in ihren Fenstern und beobachten, wer hineingeht und wer hinaus. Jedes Stück Fleisch, das wir kaufen, wird von diesen Augen erfaßt, sie grüßen noch, aber sie rechnen schon ab mit uns, um uns bald – auf irgendeinen Verdacht hin – zu verraten. Deine Primiz gibt uns eine kleine Gelegenheit, zu zeigen, wie wir denken und empfinden. Krämer hat dagegen Einspruch erhoben, daß der Festzug durch die Hauptstraße zieht; wir waren darauf vorbereitet, und es wäre uns nicht einmal recht gewesen, wenn wir die Adolf-Hitler-Straße hinabgezogen wären, um die Kirche zu erreichen. Gut also, nun ziehen wir von unserem Haus aus direkt zur Kirche; wir werden die Straße mit Tannen schmücken, weiße Fahnen werden aus unseren Fenstern wehen. Krämer wollte den ›Pfaffenzüchtern‹ ihren ›künstlichen Schwarzwald‹ verbieten, doch Vater hat sich gegen ihn durchgesetzt. An den Ecken werden die Photographen stehen, aber es wird uns nicht kümmern. Während des Festamtes sollen die Planen, die Hackers Bild noch verdecken, fallen. Hacker wird ein paar Worte sagen, dann werde ich Dich predigen hören. Oh, ich werde hören, und ich werde Dich jetzt schon verstehen!

Die anschließende Feier im Elternhaus wird meine Sorge sein. Ich habe die nötigen Vorbereitungen getroffen.

Sagte ich Dir schon, wie ich mich freue? Und hoffte ich recht, wenn ich dächte, Du ständest mir bei? Dein Abschied soll auch der meine werden!‹

Ein Testament – dachte ich, als ich diesen Brief gelesen hatte. Hatte der Bruder den drohenden Ton wahrgenommen, der diesen Brief trotz seiner ungemilderten Herzlichkeit durchzog? Hatte er die Irritation verstanden, von der er handelte? Dieses ›Ich‹ und ›Du‹, das ihre Einsamkeit aufheben sollte? Diesen trunkenen Abschiedsklang, der weit über den Abschied von ihm, dem Bruder, hinauswuchs? Hatte er die zitternde Lust wahrgenommen, die dieser Brief verbarg? Dieses entschlossene Hin- und Wegwerfen einer Vergangenheit? Diese wehmütigen Bitten, die an einigen Stellen in ein Flehen ausuferten? Nein, ich glaube es nicht. Er antwortete ihr auf einem kleinen Zettel, er bedankte sich für ihren ›aufopferungsvollen‹ Einsatz, er vertröstete sie auf ein Gespräch nach den Feierlichkeiten. Von nun an dachte auch er daran, sich behaupten zu müssen. Er war nicht mehr länger nur der Bruder, er war auch der Kaplan. ›Die Feier‹ – so schrieb er – ›bereitet mir Kopfzerbrechen.‹ Als ob sie davon hätte hören wollen! Ihn plagte der Gedanke, das Fest könnte gestört werden, unwürdig verlaufen, in irgendeiner peinlichen Aktion versanden. Er wolle, so schrieb er am Ende, über eine Frage Johannes des Täufers predigen: ›Bist Du es, der da kommen soll, oder sollen wir eines anderen warten?‹

Ich habe ihre Briefe mehrmals gelesen, gestern, heute, jetzt liegen sie neben mir. Manche Wendungen tauchen häufiger auf, etwa die, sie stelle sich vor, vieles nur geträumt, also nicht wahrhaftig gehört oder gesehen zu haben; es könne – schreibt sie auch – doch so sein, daß sie etwas anderes gehört oder gesehen habe, daß sie abgelenkt gewesen sei, daß sie noch ›dahintergekommen‹ wäre, hätte man ihr nur die Zeit gelassen. Auf solche Wendungen folgen Entschuldigungen. Sie wolle sich nicht undeutlich ausdrücken, sie gebe etwas darum, alles faßlicher sagen zu können. Dann ist sie sich wieder nicht sicher: wer hatte sie am Arm festgehalten, als sie an einer Fahne vorübergeeilt war, wer hatte sie verflucht, als sie den deutschen Gruß in einem Geschäft nicht erwidert hatte, wer hatte ihr mit einer Anzeige gedroht, als sie einen Artikel der »Volkswacht« ›verlogen‹ genannt hatte? Sie schien sich nicht mehr zu erinnern, Stimmen von allen Seiten, denen sie nacheilte, aber deren Urheber nicht genannt wurden, Geräusche, deren Herkunft nicht zu bestimmen war, Gerüchte, von denen man nicht wußte, wer sie in Umlauf gesetzt hatte. Hinweise auf Atemnot, auf schnelles Gehen und Laufen. Anspielungen auf Stimmungen in der Familie, auf Angst, Zurückhaltung, Mutlosigkeit. Kurze Triumphe, wenn sie – versteckt, unauffällig – von den Büchern schrieb, die sie auf dem Dachboden verborgen hielt. Übertriebene Launen, ›ah, oh‹, rasches Zugeben, wieder einmal ›enttäuscht‹ worden zu sein. Manchmal aufflakkernder Haß auf die, die sie nur ›als Frau‹ betrachteten und entsprechend herablassend behandelten. Ziellose Gedankenspiele, die oft in ausschweifenden Phantasien mündeten – ›ich bin der Richter‹, ›ich verkünde das Urteil‹. Kaskaden von Worten, wenn es galt, jemanden zu loben. Unaufhaltsamer Zorn darüber, daß ihr ›jede Aussicht‹ und ›jeder Weitblick‹ versperrt seien.

Sie haben sich längst schlafen gelegt. Nach dem Essen sind sie am See spazierengegangen. Mein Vater hatte Lust auf ein weiteres Glas Wein. Sie hat abgelehnt, wollte ihn aber nicht enttäuschen und begleitete ihn daher. Sie saßen noch ein, zwei Stunden in einem kleinen Lokal. Die anderen Gäste störten nicht, aber es war gut, daß sie keine Gesellschaft hatten. Wie meist sprach mein Vater eine Spur zu laut. Sie versuchte, ihn zum leiseren Sprechen anzuhalten, indem sie gedämpfter redete. Dann winkte mein Vater den Kellner mit ein paar hastigen Bewegungen zu sich. Plötzlich hatte er es sehr eilig, ins Hotel zu kommen. Um sein Ziel zu erreichen, gab er einen Anflug von Übelkeit an, ein leichtes Unwohlsein, nichts Ernstes. Sie war daran gewöhnt, erkundigte sich jedoch von nun an unablässig nach seinem Befinden, bis es ihm zuviel wurde und er angab, sich besser zu fühlen. Die Höhenluft, die Höhenluft! Sie gingen zum Hotel zurück. Im Zimmer angelangt, zog mein Vater sich als erster ins Bad zurück. Sie stand vor dem Fenster und schaute auf das Wasser, öffnete die Balkontür und ging einen einzigen Schritt hinaus. Sie stand still, drinnen rauschte das Wasser ins Becken. Ein leichter Wind fuhr ihr übers Haar, gegen die Schläfen. Sie ließ die Arme fallen und wartete, als ob man sie jeden Augenblick anspräche oder aufforderte. Als mein Vater aus dem Bad zurückkam, hatte sie die Tür bereits wieder geschlossen. Sie löschte das Licht, nur die Leselampen brannten noch. Dann ging auch sie ins Bad. Sie schloß sich ein, aus alter Gewohnheit. Sie blieb vor dem Spiegel stehen, sie öffnete das Haar und ließ es über die Schultern gleiten. Sie erschrak für einen Augenblick, dann warf sie die Haare nach hinten. Sie verteilten sich auf ihrem Rücken. Sie blieb so lange im Bad, bis sie glaubte, die Stille habe jeden Gegenstand von innen ausgefüllt.

FREITAGABEND

Ich habe mich daran gewöhnt, nur drei bis vier Stunden zu schlafen. Gestern nacht schaffte ich nicht einmal mehr den Weg ins Haus. Ich schlief auf der kleinen Liege ein, die Decke über mich gebreitet, bis es am frühen Morgen kälter wurde. Dann lärmten die Vögel, und das Sonnenlicht fiel durch das Fenster herein. Ich drehte mich der Wand zu, zog die Decke höher und schlief erneut ein. Später weckten mich die entfernten Geräusche, der Verkehr auf der tieferliegenden Straße nahm zu, ich stand auf und ging ins Haus, um mich zu waschen. Die Glieder waren steif, der rechte Arm schlecht durchblutet. Früher bin ich am Morgen oft zum Bahnhof gefahren, um mir Zeitungen zu besorgen. Ich brachte das Frühstück nach draußen und las eine Weile. Daran war heute nicht zu denken. Ich aß zwei Äpfel und kochte mir einen Tee. Dann ging ich hinaus, um die Rotbuchen einzupflanzen. Gegen Mittag hatte ich ungefähr zwanzig Bäume gesetzt, doch ich war nicht bei der Sache. Die Arbeit hatte mich ablenken und beruhigen sollen, in Wahrheit erreichte sie gerade das Gegenteil. Ich mußte mich zwingen, sie nicht zu unterbrechen. Die Bäume konnten nicht liegenbleiben, außerdem wollte ich meiner Mutter eine Freude machen. Zwischendurch hielt ich es nicht mehr aus. Ich ging hinunter ins Haus und rief Hacker an. ›Ich habe die Briefe gelesen‹, sagte ich, ›aber es gibt eine Lücke, die ich nicht schließen kann.‹ ›Welche Lücke?‹ fragte Hacker. ›Die Primiz‹, sagte ich, ›Carls Primiz, die Aufdeckung des Deckengemäldes – was ist damals geschehen?‹ ›Komm gegen Mittag‹, antwortete Hacker, ›dann erzähl ich es dir.‹ Ich arbeitete noch etwas mehr als eine Stunde im Wald, dann fuhr ich ins Dorf. Wir wollten eine Wirtschaft aufsuchen, die in der Nähe des Bahnhofs lag. Doch neben dem Eingang war der Bürgersteig aufgerissen, und die Straßenarbeiter lärmten so laut mit ihren Maschinen, daß wir umkehrten und ins Unterdorf gingen. Ich lud Hacker zum Essen ein, wir nahmen an der Fensterfront eines kleinen Lokals Platz, von dem aus man auf die Sieg schauen konnte. Noch während wir bestellten, kamen Handwerker und Arbeiter hinein und setzten sich in die Nebenstube, die bald überfüllt war.

›An einem einzigen Tag‹, begann Hacker, ›ist soviel passiert, daß alle, die ihn erlebt hatten, sich am Ende wie auf den Kopf gestellt fühlten. Wir hatten Nachricht erhalten, daß die Partei nicht untätig zusehen würde. Aber wir wußten nicht, wie sie vorgehen wollten, die Ungewißheit war kaum zu ertragen. Die Feier sollte im Elternhaus stattfinden, die Gäste waren zum Mittagessen nach dem Gottesdienst geladen, das große Erkerzimmer war dafür vorgesehen, man hatte die Verbindungstür zum Eßzimmer ausgehängt, so daß genügend Platz vorhanden war. Katharina hatte sich um alles gekümmert, sie hatte den Eltern die meiste Arbeit abgenommen, sie hatte die Speisefolge geplant, die Tischordnung festgelegt, sich in der Küche umgesehen, die Helferinnen, die schon am frühen Morgen gekommen waren, eingewiesen. Doch alle waren unruhig. Die Kirchstraße war mit Fahnen geschmückt, die Haustür mit Girlanden verziert, schon eine Stunde vor Beginn des Gottesdienstes läuteten die Glocken. Die Gläubigen kamen aus der ganzen Umgebung, wir sahen sie die Straße hinunterziehen; sie standen in kleinen Gruppen auf dem Kirchplatz, während im Elternhaus Blumen und Geschenke abgegeben wurden, die Katharina in Empfang nahm und ins obere Stockwerk tragen ließ. Bald war auch dort kein Platz mehr vorhanden, und so standen am Ende die Blumenschalen und Blütensträuße auf der Treppe. Carl hatte sich nicht sehen lassen, er war in seinem Zimmer geblieben; ich saß mit Katharinas Vater im Erkerzimmer. Er hatte mir eine Zigarre angeboten, und ich rauchte, obwohl wir noch nie am Morgen geraucht hatten. ›Hürst du et leun?‹ fragte er mich, und als ich antworten wollte, die Glocken läuteten schon eine ganze Weile, erkannte ich erst, daß er lachte, als habe er einen Scherz gemacht. Er freute sich auf diesen Tag, der Zylinder lag auf dem Fensterbord. ›Dann wolln mer mal‹, sagte er viel zu früh, nahm den Zylinder und ging die Treppe hinauf, um die anderen abzuholen.

Als aber Carl sein Zimmer verließ, erkannte er auf einmal, wie wichtig die meisten das Fest nahmen. Er hatte soviel Aufmerksamkeit nicht erwartet, die Unruhe überfiel nun auch ihn, und es schien ihm nicht zu behagen, daß er im Mittelpunkt einer Veranstaltung stand, die weite Kreise über ihren Anlaß hinaus zog. Er herrschte uns an, die Sache nicht zu übertreiben, er ging auf dem Flur hin und her, als müßte er noch überlegen, was er unternehmen könne, um alles abzuwenden. Doch es war längst zu spät. Wir hörten den Gesang, der vom Kirchplatz herüberdrang, und als Katharina hinausschaute, entdeckte sie die Prozession der Gläubigen, die sich dem Elternhaus näherte. Dort formierten sich alle, Carl ging als erster hinab und wartete unten in der Tür auf den Zug, dann folgten seine Eltern, dann Katharina, die Schwester, auch ich selbst. Es war ein kaum übersehbarer Zug von Menschen eingetroffen, der die ganze Straße ausfüllte. Ein Kirchenlied wurde gesungen, Begrüßungsworte wurden gesprochen, dann wendete man und zog betend zum Kirchplatz. Erst als wir dort eintrafen, erkannten die meisten, was geschehen war. Ein stattlicher SA-Trupp hatte sich neben der Kirche versammelt, weitere kleinere Gruppen marschierten auf. Wir wußten nicht, wie wir uns verhalten sollten, zogen dann aber ungestört in die Kirche ein, wo der Gottesdienst beginnen sollte.

Ich sehe es noch vor mir wie heute: unsere Dorfkirche, an diesem Tag bis auf den letzten Platz gefüllt, die Gläubigen standen in den Gängen, bis zur Tür, das Sonnenlicht fiel durch die hohen Seitenfenster ein, Weihrauchwolken folgten den einziehenden Menschen. Wir nahmen in den freigehaltenen ersten beiden Reihen Platz. Als wir auf den Beginn der Feierlichkeiten warteten, schickte der Pfarrer einen Boten in den Kirchenraum, der mir ausrichten sollte, die SA-Leute hätten gedroht, die Kirche wegen Einsturzgefahr und Überfüllung zu räumen. Katharina fragte mich, was geschehen sei, und ich erklärte es ihr. In diesem Augenblick, in dem wir nicht wußten, wie wir dem Ansturm der Männer, die die ganze Versammlung zur Auflösung gebracht und – im schlimmsten Falle – eine Auseinandersetzung herbeigeführt hätten, begegnen sollten, drehte Katharina sich zur Kirchtüre um, durch die sich – im schwarzen, offensichtlich geliehenen, viel zu knappen Anzug – Henner hineindrängte. Sie hatte ihn nicht erwartet. Sie gab ihm ein Zeichen, nach vorne zu kommen, und er machte sich den Weg frei bis zu der Reihe, in der wir saßen. Ich flüsterte ihm zu, was wir befürchteten. Da machte er sich von uns los und schob sich durch die dicht gedrängt stehenden Menschen zur Tür zurück. Er ging hinaus, wir wußten nicht, was er vorhatte. Als aber kurz darauf der Gottesdienst begann, sahen wir ihn in der Tür stehen. Zusammen mit einigen Bekannten schirmte er den Eingang ab. Später erzählte er uns, er habe dem Truppführer unmißverständlich klargemacht, daß man ein Eindringen der uniformierten Gruppen in den Kirchenraum mit allen Mitteln verhindern werde. Es gebe für diese Aktion keinen Grund, ja es sei zu befürchten, daß es zu einer Panik unter den Gläubigen kommen werde. Er selbst bürge als ehemaliges Mitglied der SA dafür, daß die Feier in schlichter, ruhiger Form ablaufen werde.

Katharina hat ihm diesen Einsatz nie vergessen. Als sie nach dem Gottesdienst davon erfuhr, küßte sie ihn; sie war außer sich vor Freude, daß er Zusammenstöße und Störungen verhindert hatte, sie dankte es ihm und ließ ihn einen Platz neben dem Bruder am Mittagstisch einnehmen.

Während der Kirchenfeier wurde das Deckengemälde enthüllt. Einen solchen Augenblick habe ich nie wieder erlebt. Als das Tuch auf ein Zeichen hin entfernt wurde, ging ein Raunen durch die Menge. Manche hatten noch nie ein so großes Bild gesehen, viele waren verwirrt, andere gaben später zu, entsetzt gewesen zu sein. Ich hatte mich an das Motiv der Versuchung des heiligen Antonius gehalten, das Katharina vorgeschlagen hatte;

im Laufe der Jahre aber waren neue Einfälle und Änderungen hinzugekommen, das Bild in seiner endgültigen Gestalt enthielt über dreihundert Figuren. Ich war von dem ursprünglichen Plan, den Heiligen in einer einsamen Felsenlandschaft darzustellen, abgekommen. Statt dessen hatte ich ihn mit den großen Landflächen in Verbindung gesetzt. Diese Ländereien gingen auf die Skizzen zurück, die ich von der siegerländischen Umgebung gemacht hatte. Doch ich hatte alles ins Düstere verwandelt. Über dem Land tobte ein Sturm, dunkle Wolken reichten bis in die Täler und fegten die Bäume, eine Mühle stand in Flammen, Hügel schienen in Leichentücher gehüllt, Kriegerscharen duckten sich unter den Blitzen, Reiter machten vor einem Dorf halt, dessen Bevölkerung sich vor den feindlichen Truppen auf die Knie geworfen hatte, um ihren Einmarsch in die Stadt zu verhindern, ein mächtiger Riß durchzog die Erde und spaltete sie in zwei Hälften, einige Unglückliche waren bereits in den Spalt gefallen, andere hielten sich verzweifelt an den Rändern fest, während ihre Füße schon über dem Abgrund baumelten, viele schienen durch Krankheiten und Seuchen entstellt, ein Zug von Verzweifelten hatte sich auf den Weg gemacht, um die Spitze des rettenden Berges zu erreichen, auf der der Heilige Gott um Beistand bat, während um ihn die Plagegeister versammelt waren, deren chimärischen Leibern ich menschliche Gesichter und Fratzen, Masken und Kürbisköpfe gegeben hatte, deren Züge so manchen, der hinaufschaute, an Bewohner des Dorfes erinnern mochten. Zwischen dem Heiligen, der sich abgewandt hatte und im Gebet versunken war – die Augen geschlossen, den mageren Körper auf die Erde gekrümmt – und der anstürmenden Menge der Ungestalten und Zwitterwesen drehte eine Figur ein brennendes Rad, der Martichoras, mit dem Fell des Löwen, dem Schwanz des Skorpions, dem Gesicht eines Menschen, ja einer Frau, in der sich Katharina sofort wiedererkannte. Viele waren von diesen krassen Darstellungen, von den verzerrten Gesichtern, den gespenstisch sich herandrängenden Geistern und Mischwesen überrascht, erkannten sie doch in der Ferne ihnen allen bekannte Gegenden, den Flußlauf der Sieg, die brennende Synagoge, ein Wasserschloß, dessen Zugbrücke in den Graben gestürzt war.

In einer kurz gefaßten Ansprache erläuterte ich das Bild, und erst mit diesen Worten legte sich die Aufregung. Ich beschrieb die Versuchung des Heiligen, den Trost, den die Menschen bei ihm suchten, der doch gerade einer der Schwächsten sei, die Katastrophen, die – nach der Legende – die Umgebung verwüsteten. Als ich endete, wollte im Kirchenschiff Beifall aufkommen, aber ich gab ein Zeichen, worauf der Organist einen Choral anstimmte, in den alle einfielen. Sie hatten das Bild angenommen, das war für mich das Wichtigste, sie hatten begriffen, was ich hatte ausdrücken wollen, noch ihren Kindern und Enkeln würden sie von der Minute erzählen, in der sie den Kopf gehoben und an der Decke ihrer alten Dorfkirche die Rätsel der Zeit gesehen hatten.

Darauf schloß sich Carls Predigt an. Es war eine kluge, die Frage des Täufers geschickt umspielende Predigt, die Johannes als einen hinstellte, der nach Wahrheit gesucht habe, an der menschlichen Gestalt des Erlösers jedoch anfangs irre geworden sei.

Nach dem Gottesdienst drängten die Menschen ins

Freie; als Carl die Kirche verließ, begannen die Glückwünsche, erst allmählich verteilten sich alle, zogen in die Wirtschaften oder ins Elternhaus, während von den SA-Trupps nichts mehr zu sehen war. Auf dem Kirchplatz wurde ich in viele Gespräche verwickelt. Ich sprach noch ausführlicher über das Bild, einige fragten nach, und ich geriet in immer längere Erklärungen, bis sich die meisten verlaufen hatten. Dann ging ich allein ins Elternhaus zurück, wo sich die Festgesellschaft im großen Speisesaal versammelt hatte. Katharina wies mir meinen Platz zu, Carl saß am Kopf des langen Tisches, neben ihm zur Rechten die Eltern, zur Linken aber Henner, der mich lachend begrüßte und mir zum Bild gratulierte. Es dauerte eine Weile, bis alle Platz genommen hatten. Die Türen wurden geschlossen, es wurde allmählich ruhiger, der Pfarrer hielt eine kurze Ansprache, ein Vertreter der Gemeinde sprach, und wir dachten wohl alle daran, daß nach Carls Dankwort die Mahlzeit beginnen würde, als sich Henner erhob, die Entschuldigung, daß auch er das Wort ergreife, voranschickte, sein erfolgreiches Examen erwähnte, kurz auf den in Aussicht gestellten Posten in Berlin zu sprechen kam und endlich mit der Nachricht schloß, daß Katharina und er sich soeben, auf dem Wege von der Kirche ins Haus, kurzentschlossen und ohne weitere Überlegungen verlobt hätten. Er hoffe, so fügte er hinzu, daß die Heirat noch vor seinem Dienstantritt in Berlin stattfinden könne.

Alle waren überrascht, ich am meisten; einige vermuteten, die Verlobung sei – anders als Henner gesagt hatte – geplant gewesen, andere standen auf und eilten zu Katharina, um sie zu beglückwünschen, und auch ich stand auf und ging wie benommen zu ihr hin, als sie mich umarmte, küßte und mir zuflüsterte, Henner habe uns alle gerettet und vor großen Gefahren bewahrt. Ich verstand sie; im Überschwang des Glückes hatte sie sich einverstanden erklärt, ihm zu folgen. Er mochte sie mit der Aussicht auf einen Umzug gelockt haben, er mochte sie mit seiner Entschlossenheit, an die ich selbst – vielleicht aus Eifersucht, vielleicht aus Neid – nicht recht zu glauben wagte, betört haben – all das zählte in diesem Augenblick nicht mehr. Mit ihrem Einverständnis hatte sie zugleich all ihre Pläne aufgegeben, sie dachte nicht mehr daran, am Studium festzuhalten, und diese plötzliche, völlig unerwartete Wendung ließ die meisten, ihre Eltern, den Bruder, die Gäste, erleichtert zustimmen, so daß alle in ein Hoch ausbrachen, sich von den Plätzen erhoben und sich freuten, Zeugen einer so merkwürdigen Veränderung geworden zu sein. Seltsam erschien es mir jedoch, daß Henner sicher gewesen sein mußte, sein Ziel zu erreichen, denn er hatte die Verlobungsringe bereits in der Tasche getragen. Ich wußte nicht, was ich davon halten sollte; als ich in einer ruhigeren Minute mit Carl darüber sprach, fuhr er mich jedoch beinahe an; ich solle mir keine Gedanken machen, wir hätten Henner viel zu verdanken, so sei es das Beste, Katharina habe nun wieder ein Ziel gefunden, für das sie sich einsetzen werde. Ich schwieg, ich gebe zu, ich war bedrückt. Am Nachmittag ging ich allein in die Kirche zurück, setzte mich auf die Orgelempore und überlegte immer aufs neue, was in Katharina vorgegangen sein mochte, daß sie sich so schnell entschlossen hatte. Dabei war es nicht einmal schwer zu verstehen; nur ich konnte es nicht begreifen, sie war mir ferngerückt, und ich wußte sofort, daß unser Verhältnis nie mehr so sein würde wie bisher. Was hatte ich erwartet, welchen Trugschlüssen war ich erlegen? Ach, ich hatte in ihr etwas gefunden, das mir niemand sonst gegeben hatte, Aufmerksamkeit, Zuneigung, Begeisterung für meine Arbeiten. Dieses Bild, das ich in den letzten Jahren entworfen und an ein zunächst von mir selbst nicht für möglich gehaltenes Ende gebracht hatte, gehörte ihr. Ohne sie wäre es nicht entstanden.

Ich ertrug meine Grübelei nicht, und ich wußte nicht, wie ich meine Unsicherheit in den Griff bekommen sollte. Es gab nur einen Ausweg. Ich ging ins Haus zurück, schlich unbemerkt in mein Zimmer, ordnete meine Entwürfe und Skizzen in einer Mappe und legte einen kleinen Zettel dazu. ›Wem sonst als Dir?‹ hatte ich daraufgeschrieben. Ich packte meine Sachen und nahm mir vor, ihr die Mappe später ins Zimmer zu legen.

Das Fest dauerte bis in die Nacht. Die Gäste gingen erst spät, am Ende half Katharina noch in der Küche aus. Als ich bemerkte, daß sie beschäftigt war, verabschiedete ich mich von ihren Eltern. Ich trug ihnen auf, ihr nichts von meinem Abschied zu sagen, ich drückte Carl und Henner die Hände, ich ging noch einmal hinauf in mein Zimmer, holte meinen Koffer, legte die Mappe mit den Zeichnungen auf einen Tisch in ihrem Zimmer und schlich hinaus.‹

Nun hatte ich verstanden. Während meiner Brieflektüre war ich auf diesen dunklen Punkt gestoßen. Ich hatte nicht begriffen, warum meine Mutter ihre Vorsätze so schnell fallengelassen hatte. Sie hatte sie nie mehr erwähnt; schon zwei Monate nach ihrer Verlobung hatte sie in der Knippener Kirche geheiratet.

Ich begleitete Hacker nach Hause; er war müde geworden und sprach auf dem Rückweg nur wenige Worte. Als ich mich von ihm verabschiedete, fragte er mich, wie ich mir alles erkläre; ich zuckte mit den Schultern.

Am Nachmittag pflanzte ich die restlichen Bäume. Ich arbeitete schnell und unaufmerksam. Wahrscheinlich setzte ich sie viel zu dicht, aber ich rechnete von vornherein damit, daß sie nicht alle anwuchsen. Dann legte ich mir die Briefe noch einmal vor. Der Ton war umgeschlagen; plötzlich schien meine Mutter alle Vorsicht vergessen zu haben. Zweifel oder Bedenken kamen nicht auf; las ich über diese Zeilen hinweg, entdeckte ich nicht einen Untergrund bloß gespielter Gelassenheit? Nein, die Briefe, die sie nach der Verlobung geschrieben hatte, zeichneten mit wenigen Strichen eine Zukunft, an die sie zuvor nie geglaubt hatte. Sie freute sich auf Berlin, sie schilderte Henners Unternehmungsgeist, sie plante den Umzug, sie kam nur mit wenigen Worten auf die Vergangenheit zurück, es war, als habe sie einen Sprung über alle Bedenken hinweg gemacht.

Einen Monat vor ihrer Heirat hatte der Krieg begonnen; an den Bruder schrieb sie von den ›Befürchtungen‹, den ›drohenden Zeichen‹, den ›Unruheherden‹, die dieses Ereignis heraufbeschworen hatte. Doch sie verbarg diese Sätze zwischen denen, die von ihrer Freude und ihrem neuen Elan berichteten. Alle Aufmerksamkeit schien auf einmal dem kleinen Kreis von Besorgungen zu gelten, die kein Ende nehmen wollten. Mit beinahe übertriebener Genauigkeit heftete sie sich an jede Einzelheit; nichts sollte unberücksichtigt bleiben, nichts nur dem Zufall überlassen sein. Ihre Energien hatten ein gleichsam unermeßliches Feld von Betätigungen gefunden; sie kaufte ein, sie beugte sich über Wohnungsskizzen, sie entwarf in Gedanken die Einrichtung, sie besorgte sich Stadtpläne. Ihre Überlegungen hielten einen Verkehr von Ansprüchen, Wünschen und Besorgnissen aufrecht, der von nun an nicht mehr stillstehen wollte.

›Lieber Carl, ich muß Dir schreiben, ich muß Dir sagen, wie gut es um uns steht. In der letzten Woche war Henner in Berlin, er hat den Mietvertrag unterzeichnet. Da die Miete – gemessen an seinem Einkommen – recht hoch ist, haben wir Vater als Bürgen benannt. Nun liegen die Pläne auf meinem Tisch, und ich vertiefe mich ganz in diese Zeichnungen und Photographien, die mich schon in den Träumen, in denen ich längst eingezogen bin, beschäftigen. Wir werden einen Neubau bewohnen, der erst vor wenigen Monaten fertiggestellt wurde, ein schönes Eckhaus, im Heimatschutzstil mit Walmdach. Die weiträumige, halb-offene Bauweise kommt der Rücksicht auf den Luftschutz entgegen; die Häuser stehen in diesem neuen Viertel im Bezirk Lichterfelde nicht gedrängt oder eingezwängt, es gibt keine Seiten- oder Hintergebäude, die Platz oder Licht wegnehmen könnten. Auf diese Weise werden die Grundstücke zwar nicht optimal genutzt, andererseits bietet eine großzügigere Anlage bessere Gewähr dafür, daß es den jungen Familien an nichts fehlt und sie sich gut entwickeln können. Denn nur solchen Familien sind diese Häuser vorbehalten, die nach den neuesten Erkenntnissen des Wohnungsbaus geplant wurden. Sammelheizung, elektrische Herde, Küchen- und Badespeicher, Gemeinschafts-Antenne, Sprechanlage, Wohn- und Wirtschaftsbalkon, Wandschränke in der Küche, Lautsprecher zwischen Haus- und Wohnungseingang – es ist an alles gedacht. Der Sockel des Hauses soll gelblich sein, die Fenster- und Laubenumrahmungen wurden weiß herausgehoben, die Fensterflügel dunkelweinrot umrahmt, die Dächer sind silbergrau. Stell Dir dazu den großen Gartenhof vor, grün, mit Spielplätzen für die Kinder, mit Liegewiesen und kleinen Baumgruppen, eine sonnige Oase, hell und weit. Die Schlafräume liegen von der Straße abgewandt, zwei Kinderzimmer sind eingeplant, jede Wohnung hat mindestens vier Haupträume, mehr als drei Geschosse sind nicht vorgesehen, dafür sind die Dachgeschosse aber mit wahren Puppenstuben ausgebaut. Selbst die Dielen sind taghell, geräumig, nichts erinnert an die veraltete, muffige Form von beengenden Mietwohnungen, vor der es mir gegraut hätte. Ich habe bereits Gardinen und Teppiche ausgesucht, auch die Möbel wurden bereits gekauft. Vater hat uns mit einem erheblichen Zuschuß geholfen. Zusätzlich werde ich die große Truhe erhalten, die bisher im Flur des Elternhauses stand. Sie soll die vielen Bücher aufnehmen, die bisher auf dem Dachboden untergebracht waren, Du weißt, welche ich meine.

Das alles aber zählt wenig gegenüber meiner Freude; all diese Dinge tragen nur dazu bei, meine Lust zu erhöhen, meinen Träumen endlich Befriedigung, ja Befreiung zu verschaffen, die lange Zeit der Grübeleien und des verhaltenen Wartens zu beenden. Erst jetzt rückt vieles näher an mich heran, nimmt mich in Anspruch und läßt mir nicht mehr die Zeit, mich in Phantasien zu betäuben. Schon früh am Morgen kommt mir etwas Neues in den Sinn, und in diesen Tagen gebe ich in unserer Familie eine aufdringliche Störerin ab, die alle anderen in Bewegung hält, sie auffordert, an meinen Gedanken teilzuhaben und mir bei den wichtigsten Besorgungen zu helfen. In Berlin werden meine Kräfte sich verdoppeln, werden meine Fähigkeiten aufgehen. Henner überläßt mir das meiste, er hat nicht die Zeit, sich so wie ich in die Planungen zu vertiefen. Meine Stube ist bereits ausgeräumt, die Wäsche gebündelt, die Kisten stehen auf dem Flur. Es ist, als würden wir eine lange Reise antreten.‹

Kaum mehr als eine Woche in Berlin, beginnt sie, ein Tagebuch zu führen. Sie hat sich zwei schwarze Kladden gekauft und trägt die knappen Notizen mit Bleistift ein. ›Das Fremde, ein erster Schrecken, der lange nicht enden will. Versuch, jeden Tag mit demselben Spaziergang zu beginnen. Was ich wiedererkenne, wird mir vertraut.‹ Henner verläßt die Wohnung in der Frühe, sie ist allein und hat bis zum Abend Zeit. Sie räumt die Kisten aus, ordnet die Gegenstände ein, prüft den Eindruck. Die Nachbarn kommen vorbei, stellen sich vor, der Pfarrer macht sich bekannt, ein Parteigenosse überbringt gute Wünsche und Grüße. Sie stellt Blumen ins Fenster, sie bepflanzt die Kästen auf dem Balkon.

Am Morgen die Einkäufe. Der kleine Wochenmarkt auf dem Händelplatz. Später überquert sie die S-Bahn; das Fischgeschäft, der Lebensmittelladen. Sie beeilt sich, die Sachen heimzubringen, stellt sie in der Küche ab, geht wieder hinaus. Die baumgrünen Dahlemer Straßen, der Botanische Garten. Im Palmenhaus ist es ruhiger, sie setzt sich, wäscht sich an einem kleinen Brunnen durchs Gesicht. ›Die Stadt erfaßt einen von allen Seiten, selbst die Luft legt sich manchmal wie ein Gewicht, wie ein Druck auf den Körper. Autogeräusche bis tief in die Nacht. Noch in den späten Stunden merke ich auf jedes Pochen, jeden Schlag, jede Veränderung. Am Abend fährt mein Kopf wieder Strecken im Kreis, steigt an den Haltestellen der Bahnen für mich aus, versäumt den Anschluß, während der übrige Körper hinterherschlingert, in die Kurven geht. Manchmal denke ich: daß du nicht fortgetragen wirst vom Sturm wie Vaters Hut auf den Feldern daheim!‹

Sie kauft sich einen Taschenatlas und schneidet die Karten aus, um sie auf kleine Kartons zu kleben. Den S-Bahn-Plan trägt sie immer in der rechten Manteltasche. Sie versucht, sich die Namen der Haltestellen einzuprägen. Sie vermeidet das schnelle Umsteigen; wenn sie in einen Menschenstrom gerät, bleibt sie stehen und wartet, bis sich alles verlaufen hat. Sie geht allein auf dem Bahnsteig auf und ab, wartet auf den nächsten Zug. Dann entscheidet sie sich, nicht mehr nach Plan vorzugehen. ›Wenn man etwas kennenlernen will, lernt man es nicht kennen. Ich habe Zeit. Warum eile ich, was treibt mich? Ich will mich fallenlassen, alles tief in mich aufnehmen.‹

So steigt sie dort aus, wo es ihr für einen Augenblick zu gefallen scheint. Merkwürdige Namen ziehen sie an. Onkel Toms Hütte, Krumme Lanke, Ruhleben. Anfangs meidet sie die Stadtmitte; im dichten Verkehr fühlt sie sich nicht wohl. Daher läßt sie sich oft bis zu den Endstationen fahren. Sie ist eine der letzten Fahrgäste, die aussteigen. Die kleinen Bahnhöfe erinnern sie an die auf dem Land. Schlachtensee, Nikolassee, Wannsee.

Dann wagt sie sich auch in die Innenstadt. Sie fährt mit der S-Bahn zum Potsdamer Platz, sie bleibt vor den Schaufenstern stehen. Das meiste ist unerschwinglich und sowieso nur auf Marken zu kaufen. Sie ersteht eine Kupferbowle mit Bechern und ein Windlicht. An den Wochenenden fährt man gemeinsam hinaus. Sie hat die Ziele vorgemerkt und an den anderen Tagen bereits erkundet. Sie will Henner durch ihre Übersicht, ihre Schnelligkeit und die Kenntnisse, die sie sich angeeignet hat, überraschen. Schwanenwerder, Pfaueninsel, Jagdschloß Grunewald, Pferderennen auf dem Hoppegarten. ›Gestern allein im Tiergarten. Die Spazierwege sind schattig und werden manchmal von den breiteren Reitwegen gekreuzt. Plötzlich tritt man aus den Alleen ins Freie, trifft auf einen See, die Anlagen des Rosengartens, ein Blockhaus. Später geriet ich, ohne es zu ahnen, auf den Königsplatz, wo die Siegessäule ins Blau des Himmels aufragte. Ich stieg hinauf bis zur Plattform. Neben der Reichstagskuppel erkannte ich die Spitze des Doms, dann auch den Stadthausturm, die Hedwigskirche und das Brandenburger Tor.‹

Sie verläuft sich in den Gärten, den kleineren Parks und kommt am Abend verspätet nach Haus. Sie breitet den großen Plan auf dem Küchentisch aus und verfolgt die Wege, die sie am Tag gegangen ist. An Regentagen flüchtet sie sich in Museen und Kirchen. ›In der Dorotheenstädtischen Kirche sah ich das Wandgrab des jung verstorbenen Grafen von der Mark. Der Knabe liegt wie schlafend auf einem Sarkophag, der seitlich gedrehte Kopf ist dem Betrachter zugewandt. Schön, wie das kleine Schwert ihm aus der Hand geglitten ist. Nichts Starres in seinem Körper, als sei ein Engel von einem Hauch getroffen worden. Die Figur wirkt so lebendig, daß man erschrecken könnte, aber die schweren Girlanden an der Wand wecken einen aus diesem bösen Traum.‹

Allmählich gewinnt sie an Übersicht. Die Sektoren und Ringe der Stadt wachsen zusammen. Aber noch immer spricht sie ungern mit Fremden. In den Geschäften fällt ihre Aussprache auf. ›Es ist schlimm‹, schreibt sie an den Vater, ›daß ich nicht reden kann wie bei Euch. Überall dreht man sich um, auf mein erstes Wort hin. ›Sagen Sie das noch einmal!‹ ruft man mir zu, aber Du weißt ja, daß ich so leise spreche, so leise, daß Du zu mir sagen würdest, sprich lourer, sonst kunn se Dich net verstoan.‹ Sie beginnt, ihre Aussprache zu verbessern und achtet darauf, wie die anderen einen Satz gliedern oder ein Wort betonen. Sie murmelt vor sich hin, sie übt am Abend, bevor Henner in der Wohnung eintrifft.

An das Zusammenleben hat sie sich schnell gewöhnt. Henner ist ruhig und rücksichtsvoll, er verlangt nichts, er läßt sie den Haushalt so führen, wie sie es will. Wenn er sie einlädt, ziehen sie gemeinsam in die Innenstadt. Sie hängt sich bei ihm ein, sie fahren zur Oper, gehen ins Theater, zum Funkturm, ins Varieté. Die Abende in der Wohnung genügen ihnen nicht mehr. Sie suchen nach ›Abwechslungen‹ und Unterhaltung. Ab und zu sprechen sie von der Heimat, aber die Erinnerungsbilder beginnen unwirklich zu werden. ›Man nimmt die Stadt‹, schreibt sie nach Hause, ›nicht so auf wie eine Gegend auf dem Land. Ich glaube, sie dringt nicht in einen ein, sie überfällt dich und wuchert in dir, du erinnerst dich blitzartig, nicht allmählich, du vergißt ebensoschnell, wie du etwas gesehen hast.‹

Ich legte ihre Aufzeichnungen für einen Moment zur Seite und ging in den Keller, um mir eine Flasche Wein zu holen. Ich unterdrückte den Hunger, der sich am späten Abend meldete, öffnete die Flasche, schenkte mir ein und setzte mich vor das große Fenster, durch das ich in die Landschaft schauen konnte. In diesen nächtlichen Stimmungen fielen meine Widerstände zusammen. Ich träumte, und die innere Musik meiner Einbildungen löste die Worte und Sätze, die ich gelesen hatte, in etwas ganz anderem auf. Wie verführerisch boten sich diese Namen und Klänge an, wie leicht konnte man ihnen folgen, ohne gewahr zu werden, in welcher Zeit man sich befand. Jede Notiz schien sich zu einer kleinen Täuschung bereitzustellen, einen Strich in einem zeitlosen Bild zu entwerfen. Sie hatte von diesen wenigen Monaten oft gesprochen und sie zu den schönsten Zeiten gerechnet, die sie erlebt hatte. Aber gerade von diesen Tagen hatte sie nie erzählen können. Sie hatte sich Mühe gegeben, aber die Ansätze ihrer Erzählungen hatten sich nicht fortgesetzt oder in längeren Schilderungen geschlossen. In solchen Fällen hatte sie abgebrochen, denn es war ihr nie gelungen, Zusammenhänge anders als in der Form von Erzählungen vorzutragen. Gerade diese Wochen jedoch schienen sich gegen diese Form zu sperren, sie wußte nicht, womit sie beginnen sollte, sie fand keine Richtung für das, was nun einmal geordnet werden sollte. In Wahrheit hatte es jedoch – wie eine unüberschaubare Fülle von Einzelheiten – nur ungeordnet in ihrer Phantasie vagabundiert, sich mit erfundenen Geschichten vermengt, nach Aufhängern gesucht, die aus dem Gestrüpp des Tatsächlichen künstliche Gebilde machten. Ich wußte, daß sie statt dessen oft in ihren Tagebüchern gelesen hatte; noch heute lagen sie in der Kupferbowle, die sie damals erworben hatte, wie in einer Schatztruhe, die nur wenigen kostbaren Gegenständen vorbehalten war. Auch in diesen dunklen Kladden hatte ich einmal zu lesen versucht. Sie hatten sich jedem Verständnis entzogen und mich mit Langeweile gestraft. Denn sie enthielten scheinbar nichts als Wiederholungen, unzählige Aufzählungen, die in einem Rinnstrom von Alltäglichkeiten verlorenzugehen drohten. Mir war nie bewußt geworden, daß diese Aufzählungen mehr enthielten – die Sicherheit, Dinge gefunden zu haben, die sie plötzlich benennen konnte, die Ausdauer, den vorübereilenden Tagen mit der kontrollierbaren Anreicherung von Beobachtungen und Wissen begegnet zu sein. In ihren Tagebuchnotizen hatte sie – zum vielleicht einzigen Mal, denn sie hatte nie wieder ein solches Tagebuch geführt – ein Instrument gefunden, das ihre Anstrengungen maß und zählte. Ereignisse dagegen, die erzählbar waren, hatten mit besonderen Gefühlen, mit Freude, Leid, bestätigten oder enttäuschten Hoffnungen zu tun. Diese Wochen hatten aber die Gefühle nicht herausgefordert oder gelockt; deshalb schrieb sie vom ›Aufnehmen‹, ›Anschauen‹, ›Wirkenlassen‹. Sie hatte sich der Größe des Stadteindrucks nicht entgegenstellen wollen; sie war ihm vielmehr wie einem naturwüchsig gegebenen Gesamtbild gefolgt, das Teil für Teil studiert werden mußte. Am Ende würde sich alles zusammengefügt haben. Nur so war auch ihr Drang zu verstehen, sich der Pläne und Karten auf merkwürdige Weise zu bedienen. Sie hatte einen Gesamtplan der Stadt im Flur der Wohnung angebracht; rote Striche und Linien markierten, mit Tagesdaten und Uhrzeiten versehen, die Gegenden, in denen sie sich aufgehalten hatte. Mit der Zeit überwuchs das rote Netz ihrer Wege und Fahrten durch die Stadt den ganzen Plan, näherte sich von Westen, der Gegend der Geschäfte und Einkäufe, allmählich dem Zentrum, drang gegen Schöneberg vor, verdichtete sich in der Nähe des Kurfürstendammes, erreichte schließlich die Havel, umsäumte den Grunewald, berührte die Landhaussiedlungen an den Seen, schlug in den Osten und Norden – die Industriegebiete der Stadt – aus und sprang schließlich in die abgelegeneren Vororte des Südens zurück. Erst als sie diesen Überblick, der sich freilich schon damals in ihrer Erinnerung eher zu einer Bilderfolge von Schnappschüssen vermischt haben mochte, gewonnen hatte, hielt sie sich länger in den einzelnen Vierteln auf. Sie notierte ›Fahrten in die Stadt‹, ›Tagestouren‹ und ›Ausflüge‹, erst später kamen ›Spaziergänge‹ hinzu. Sie war in den ersten Monaten kilometerweit gelaufen, sie hatte das Straßennetz mit ihren weitausholenden Schritten zuzudecken versucht. Nur im ›Notfall‹ hatte sie schnellere Verbindungen benutzt, am liebsten noch die Straßenbahnen, die ihr eine gewisse Ruhe zum Schauen ließen. Dabei waren ihr die Kontakte zu ihrer nächsten Umgebung beinahe unwichtig geworden; sie interessierte sich nicht mehr für das, was in der Nähe geschah, es glich zu sehr den Vorfällen, die sie schon auf dem Land nur gelangweilt hatten. Merkwürdigkeiten zogen sie noch immer an, selten versuchte sie, sich diese zu erklären. Das Denkmal des Husarengenerals Zieten – warum stützte der stehende Mann den Kopf in die Hand, warum schlug er das rechte Bein über das linke, war er an dem kleinen Baumstumpf festgewachsen, der sich schräg hinter ihm erhob? Sie lehnte Antworten auf solche Fragen ab, denn sie war sicher, sie nur durch eigenes Nachdenken finden zu können; hätte es ihr jemand gesagt, sie wäre enttäuscht gewesen und hätte der Antwort mißtraut. So beschrieb sie Zieten in ihren Aufzeichnungen als vom Kriegsgott Gelähmten, den im Moment vor der Schlacht der Zweifel überfalle. Die Viktoria auf der Siegessäule hielt nicht den Siegeskranz in der Rechten – sie ließ die Höhenluft durch einen Ring wehen, um den bewundernd Aufschauenden zu zeigen, in welcher Höhe sie stand. An solchen Erklärungen hielt sie unbeirrt fest, und es machte ihr noch größeres Vergnügen, wenn Henner sie zu belehren versuchte. ›Angelesenes Zeug‹, notierte sie dann, ›angelesen, nicht angeschaut.‹ Überall da aber, wo sich Rätsel stellten, war sie eilig zur Hand. Die Tierfiguren des Märchenbrunnens im Friedrichshain, die Granitsitzbilder im ägyptischen Tempelhof des Neuen Museums, die Palastfassaden des Wüstenschlosses von M'schatta in der islamischen Kunstabteilung, die Götter der Nacht auf dem Gigantenfries des Pergamonmuseums – sie hatte sich angewöhnt, all diese Gestalten in einem Geschichtenteppich zu verknüpfen, den nur sie, die Erzählerin, Erfinderin und Gestalterin, aufzurollen fähig war. Henner hörte diese Erzählungen gern, er forderte sie immer wieder auf, damit zu beginnen, am Ende jedoch quittierte er sie mit dem spöttischen Lachen dessen, der es besser wußte. Sie aber hatte ja nichts anderes versucht, als die Überwältigung zu meistern, die Drohgebärden der Stadt zu mildern, das Große ins Kleine einzufangen.

Ja, ich verstand sie gut. Aus den ›schönen Zeiten‹ waren nur erzählbare Erfindungen zurückgeblieben, die inzwischen – gegenüber der Schönheit einiger scheinbar alltäglicher Aufzeichnungen – längst verblaßten. Daher hatte sie zu diesen Tagen geschwiegen. Zum einzigen Mal hatten die Erfindungen den Alltag nicht überwuchern und verdrängen können, zum einzigen Mal schienen die banalsten Ereignisse eine stärkere Kraft zu entfalten als die kunstvollste Ausschmückung einer reizvollen Geschichte. ›Am Landwehrkanal, Mittag, auf einer Brücke verweilt – Von den Müggelbergen auf den See geschaut, die einzelnen Kieferbäume, die aus dem sonst niedrigen Unterholz aufgeschossen sind – Die Laternenträger am Eingang zum Schloß Bellevue, ein niedriges Torgitter, der Park.‹ An solche Angaben hefteten sich keine Erfindungen; sie forderten nicht dazu auf, noch etwas hinzuzutun; sie zeigten, daß man angekommen war.

Als ich aufstand, um zu den Aufzeichnungen zurückzukehren, schellte das Telefon. ›Nichts da‹, murmelte ich, ›ich bin verreist.‹ Ich nahm das leere Glas und die Flasche mit und beugte mich wieder über die Briefe und Notizen.

Erste Veränderungen – kurze Hinweise anfangs, dann ausführlichere Schilderungen, Befürchtungen und Fragen – tauchten erst auf, als sie sicher war, ein Kind zu erwarten. Sie wurde empfindlich, plötzlich schien sich die Umgebung verwandelt zu haben. Besondere Erlebnisse kamen hinzu, sie wirkten überraschend, und sie wußte nicht, wie sie darauf reagieren sollte. An einem Mittag war sie in einen Menschenstrom geraten, der in die Nähe des Brandenburger Tores drängte. Ein Trupp von Soldaten zog auf, angeführt von einer Marschkapelle, und verschwand zur Wachablösung in der Richtung des Ehrenmals. An einem anderen Tag war sie am Tiergarten auf eine Truppenparade gestoßen; zunächst hatte sie kehrtgemacht, dann aber trieb es sie an die Straßenränder zurück, wo die Menschen die vorbeirollenden Panzer verfolgten. Immer häufiger traf sie auch in der Nähe des Hauses auf eilende Soldaten, manchmal rollten überfüllte Wagen dicht an ihr vorbei, dann hatte sie entdeckt, daß sich nur wenige hundert Meter vom Haus entfernt die Kaserne der Leibstandarte Hitlers befand. Sie begegnete den Mitgliedern der SS, die sich an den Abenden in schwarzen Uniformen, den Totenkopf an der Mütze, die schwarz umrandete Hakenkreuzbinde am Arm, auf den Weg zur Kaserne machten. Henner versuchte, sie zu beruhigen, aber sie lebte längst nicht mehr so wie noch einige Wochen zuvor. Da sie vor allem an das Kind dachte, begriff sie, was der sich ausweitende Krieg für sie bedeutete. Obwohl die Kriegsvorbereitungen in der Stadt nur am Rande in Erscheinung traten, wußte sie doch, daß sie dem Kind den notwendigen Schutz rauben könnten. Seit diesen Tagen ließ die Furcht sie nicht mehr los. Die lauten Worte, die Parolen und Gesänge, die von der Partei ausgestreut wurden, gehörten unfehlbar zu den Marschkolonnen, die durch die Straßen zogen, zur Blas- und Trommelmusik der Spielmannszüge, zu eisenbeschlagenen Stiefeln, die auf dem Pflaster staccatierten.

Henner war jedoch erstaunt, als sie am Heldengedenktag den Wunsch äußerte, an den Feiern vor der Neuen Wache teilzunehmen. Ehrenkompanien mit den Fahnen des alten Heeres marschierten die Linden hinab, SA-Trupps schlossen sich ihnen an, dann folgten die soldatischen Verbände; doch die Menschen standen zu dicht vor dem Ehrenmal, die Fahnen verdeckten den Blick, und Hitler, der von Göring begleitet wurde, war kaum zu erkennen, als er unter Trommelwirbel durch die Säulenvorhalle ins Innere des Baues verschwand, worauf eine plötzliche, unerwartete Stille folgte, niemand sich noch zu regen schien, nur eine Fahne gegen den Mast flatterte, bis man ihn wieder erkannte, im langen, grauen Mantel, die Kappe in der Linken, mit ernstem, verschlossenem Gesicht. Später war sie mit Henner den Menschen gefolgt, die, nachdem sich die Truppen verlaufen hatten, der Spur wie eine in das Innere eines Heiligtums vordringende Meute nachgegangen waren und einen Moment vor dem schwarzen Granitblock verweilt hatten, auf dem der mächtige Kranz aus silbernen und goldenen Eichenblättern vor einem einfachen Holzkreuz und zwei brennenden Kandelabern, von durch das offene Oberlicht eindringenden Sonnenstrahlen erhellt, wie der Hort eines Geheimnisses ruhte, aus dem der einsam Salutierende noch vor wenigen Stunden jene Kräfte bezogen haben mochte, die er für seine kriegerischen Befehle, Anweisungen und Reden benötigte. Henner hatte der Anblick des lichtumstrahlten Kranzes beeindruckt, er hatte noch auf dem Nachhauseweg davon gesprochen, doch sie hatte ihn mit dem Wunsch, Hitler einmal mehr aus der Nähe zu sehen, ein zweites Mal überrascht, so daß sie sich vorgenommen hatten, bei passender Gelegenheit zu der stets wartenden Menge zu stoßen, die vor der Reichskanzlei seine Auftritte auf dem kleinen, für diesen Anlaß erbauten Balkon bejubelte.

Da sie jedoch nicht hatte warten wollen, war sie an manchen Tagen schon gegen Mittag zum Wilhelmplatz aufgebrochen, um in der Nähe des Standbilds eines preußischen Generals, dessen Namen sie nicht kannte, Hitlers Erscheinen abzupassen. Doch die Balkontüren wurden nicht geöffnet, und die Gardinen hinter den hohen Fenstern blieben geschlossen. Auf dem Platz versammelten sich viele Fremde; ab und zu unterhielt sie sich, wenn sie Berlinbesuchern aus dem Rheinland begegnete, deren Sprache sie an die Heimat erinnerte.

Sie war bereits mehrmals vergeblich auf dem Platz gewesen, als sie von einer Kundgebung erfuhr, bei der auch Hitler sprechen sollte. Sofort machte sie sich auf den Weg. Der Platz war von Menschen überfüllt, schon von weitem hörte man Musik, die aus Lautsprechern übertragen wurde. Sie drängte sich bis zu der Stelle vor, an der sie auch zuvor immer gewartet hatte; sie stützte sich gegen den Sockel des Denkmals, um einen Halt zu haben. Die Musik wurde beendet, die Menschen standen still, aber es dauerte noch eine ganze Weile, bis die Türen von innen geöffnet wurden und Hitler den kleinen Balkon rasch betrat, bis zur Brüstung ging, sich vorbeugte, grüßte, hinabwinkte und eine kleine Gruppe von Offizieren ihm zögernd in einigem Abstand folgte, sich in der Nähe der Tür aufhielt, während Hitler den Balkon mit mehreren Schritten abmaß, umkehrte und mit einer kurzen Handbewegung Ruhe einkehren ließ.

Sie stand wie auf Zehenspitzen. Während der Rede zwang die Stille der Zuhörenden ihren Körper zusammen. Sie hielt ruhig und spürte den Druck. Dabei verstand sie nicht, was gesagt wurde; sie lauschte dem Singsang, dem Krachen, dem Spucken. Der Druck verstärkte sich; etwas in ihr stieg auf, kam bis zum Hals und fand in den Mund, wenn die Stimme dort oben immer wieder leise ansetzte, tremolierend, als bewege einer den Stein, der langsam ins Rollen geriet. Sie reckte den Körper empor wie die anderen, deren ›Heil!‹-Rufe wie Gebirgsecho und Wellenschnappen ineinander übergingen, bis sich die gesammelte Erwartung in einem vielfältigen, nicht zu beherrschenden Klang traf, der sich endlich an der ausgestreckten Rechten des Mannes auf dem unerreichbaren Balkon brach.

Schreien konnte sie nicht, obwohl sie dachte, daß es ihr vielleicht gut getan hätte. Als ihr die Stimme ausblieb, kam es ihr vor, als erwache sie, während die anderen noch im Klang verharrten. Sie fürchtete sich, sie wünschte das Ende herbei und stand später, ermattet wie nach einem kurzen Aufstieg und einer nicht endenwollenden Talfahrt, an der Haltestelle, bis sie bemerkte, daß sie nicht mehr mit der Bahn fahren konnte, denn es hätte die letzte Kraft gekostet.

Seit diesem Tag ging sie den Unterhaltungen, soweit es ging, aus dem Weg. Ihre Furcht deutete sie als die Vorbotin eines Schreckens, über den sie nicht Herr werden zu können glaubte. Wenn sie von ihren Einkäufen und Spaziergängen nach Hause zurückkehrte, schloß sie sich ein. Sie hatte einen Bildband erworben, der das Leben Hitlers dokumentierte; der Junge, dem sie das Buch auf einem kleinen Flohmarkt abgekauft hatte, hatte die

Aufnahmen, die der Cigaretten-Bilderdienst vertrieben hatte, in die dafür vorgesehenen Textlücken geklebt. Doch der Text interessierte sie nicht; statt dessen studierte sie die Zeichnungen, die Photographien und kleinen Skizzen, die Hitlers Auftritte und die nachgestellten Szenen privater Begegnungen darstellten.

›Es ist merkwürdig‹, notiert sie sich in ihr Tagebuch, ›daß ich in seinem Gesicht, seiner Gestalt, seinem Gang nichts erkenne. Ich finde keinen Vergleich, er erinnert mich an nichts, und ich wüßte nicht eine einzige Eigenschaft anzugeben, die mir bei der nur äußeren Betrachtung des Menschen einfiele. Wie ist das möglich? In anderen Fällen kommen sofort Vorstellungen zu Hilfe, man schaut in ein Gesicht und überlegt sich, wer vor einem stehen könnte. Sprache, Worte und Sätze tun ein übriges, das Bild entsteht allmählich, verdichtet sich, wird korrigiert. Anders bei diesem Menschen. Es will sich kein Bild festsetzen, und die Vorstellungen helfen nicht nach. Woran liegt das? Seit ich ihn das erste Mal gehört habe, scheint sich sein Tonfall nicht verändert zu haben. Ich verstand ihn schon immer sehr schlecht, und Vater bekam von seinen langen Reden kein einziges Wort mit. Auffällig auch, daß ich nichts in Erinnerung behielt, keinen Satz, höchstens die letzten Worte. Der Eindruck, den seine Reden hinterließen, war aufrührerisch, als habe er vom Wichtigsten gesprochen, von dem man überhaupt reden könne; man wurde still, manchmal andächtig, man war erleichtert, die Rufe der Menge zu hören, die sich auf diese Weise des scheinbar hohen Anspruchs der Worte und Deklamationen entledigten. Die Wirkung zielte vielleicht an festen Erwartungen vorbei; er schien nicht zu bestimmten Themen zu sprechen, deren Erläuterung oder Erklärung anstand, er streute Melodien unter das Volk, eine leise, beharrlich aufsteigende, von seltsamer Energie vorangetrieben, eine mittlere des gefälligen Tons, ein Atemholen, Ausschreiten, Niederlegen, schließlich die laute der großen Worte, der übertriebenen Wendungen, des letzten Besitzes, den er von der Sprache nahm. Nein, er redete wohl gar nicht, er intonierte; er zog einen an sich heran, er warb, forderte auf, doch näherzurücken und gab sich endlich den Andrängenden preis. Aber wo war er? Seine Gestalt machte die Bewegung der Rede mit, aber sie war nichts sonst, sie diente nur diesen Worten und Feilschereien. Ich habe keinen einzigen Satz in Erinnerung, in dem er sich einer privaten Laune hingegeben hätte. Noch wenn er von seiner Vergangenheit sprach, war es die des Märtyrers, der zum Helden aufgestiegen war, um sein Volk zu erlösen. Also habe ich mir dieses Buch gekauft, es enthält private Photographien neben denen, die ihn bei den öffentlichen Auftritten zeigen. Er ist nie zu verwechseln, dafür sorgt der Abstand, den die anderen zu ihm einnehmen, dafür sorgen der strenge Scheitel, das Bärtchen, der – gegenüber den Umstehenden – auffallend häufig unbedeckte Kopf. Andererseits ist er auch in dieser Unverwechselbarkeit immer derselbe, dieser Mensch ohne Ausdruck, nur mit einer Gestik bewaffnet, die er meist nach unten ausschickt, zu Kindern und anderen Bewunderern, ein Signal, das auftaucht, um so schnell wie möglich wieder zu entschweben. Vielleicht erfassen ihn diese Bilder nicht, vielleicht geben die Reden, die er hält, einen einseitigen Eindruck von seinem Ausdrucksvermögen. Wie aber ist es möglich, daß ich ihn mir nie befreit vorstellen kann, in einem kleinen Kreis den Gesprächen hingegeben, einer Musik zuhörend, sich in ein Buch vertiefend?‹

›Er sitzt zusammengesunken im offenen Wagen, neben dem Fahrer, eine Landkarte aufschlagend; er hat am Fensterplatz eines Flugzeuges Platz genommen, noch immer trägt er den Mantel, er hat ein Buch bereitgelegt, aber er blättert nur darin, das Kinn ist heruntergesackt; er verläßt die Maschine nach dem Flug und geht, wie angemeldet und aufgefordert, die Hundepeitsche in der Linken, auf den Photographen zu, während die anderen noch Begrüßungen austauschen und die Uniform richten; im Kreis einer Bauernfamilie wirkt er wie der Fremde, der alle einschüchtert, in die Kamera schauend, hält er eines der Kinder an der Hand, das einen Schritt zur Seite, von ihm weggewichen ist; er streckt die rechte Hand zu einer Begrüßung aus, läßt die linke fallen, während die Person, die ihn fest anblickt, keine Gelegenheit hat, ihm mit der Hand entgegenzukommen; er spricht vor der Feldherrnhalle, leicht nach vorne geneigt, das rechte Bein etwas vorgesetzt, die Hände haben das Pult ergriffen, es mag ein Augenblick vor Beginn einer Rede sein; bei einer Rede vor einem kleinen Kreis von Zuhörern steht er auf freiem Feld, das Gras reicht bis zur Höhe seiner Schaftstiefel, er hat die rechte Faust geballt, er wird ausholen; in beinahe derselben Haltung zeigen ihn Aufnahmen vom Reichsparteitag – wußte er nie, wo er war, achtete er immer sorgfältig darauf, jede Begegnung zum Auftritt, jedes Wort zur Ansprache zu nutzen? Bei Görings Hochzeitsfeier sitzt er neben der Braut; die Festgäste lachen und haben sich in diesem

Ausdruck nach vorne versteift, nur er lehnt mit dem Rücken noch immer gegen den Stuhl, er ist ernst, wie einer, der gleich aufstehen wird, um die unvermeidlichen eindringlichen Worte zu sagen, die den anderen das Lachen rauben werden; viele Bilder zeigen ihn, wie er sich nach innen zuräuspert; obwohl ihn die Menschen im eigentlichen Sinn nie bedrängen, steht er auch nie ganz allein; es stört einen nicht, daß niemand um ihn ist, er hat sich seinen Platz zurechtgetreten, breitgestampft und wirkt jetzt wie angewurzelt; oh, während einer Rede vor Tausenden erkennt man zu seiner Linken einen Tisch, auf dem zwei Gläser und eine Flasche mit Wasser stehen; er hat beide Hände in Richtung der Mikrophone gehoben, es käme einem nie in den Sinn, daß er je an diese Gläser rühren könnte; ebenso scheint es ausgeschlossen, daß er einmal gelaufen, gesprungen ist; Kindern legt er gern eine Hand auf die Schulter, der aufgerichtete Daumen streicht über die Backe des Jungen; einmal sieht man ihn bei einer Mahlzeit, aber nein, während Goebbels den Löffel bereits zum Mund zu führen scheint, stützt er noch immer beide Arme auf die Lehnen des Stuhls, nein, er wurde nicht überrascht. Überhaupt zeigt ihn keines dieser Bilder getroffen, also von einem allzu privaten Gefühl beansprucht; vielleicht hat er den Menschen gezeigt, wie viele Haltungen es im Leben gibt, um nie aus der Rolle zu fallen. Die rechte Hand ist ausgestreckt, er berührt den Kopf eines Kindes nur mit den Fingerspitzen, als könne schon durch diese geringe Annäherung das Köpfchen herunterfallen wie von einem Tablett; auffällig, daß er nie fest zuzupacken bereit ist, eine Zeitungsseite blättert er an der äußersten Ecke um, das Rednerpult umstreichelt er; vor großen

Naturkulissen, wie denen der Alpen, schrumpft er zusammen, er setzt sich, um sich zu ducken; ja – wieder – beim Neujahrsempfang des diplomatischen Korps zupft er an den Blättern, aus denen er die Rede abliest; höheren Gästen gegenüber wirkt er manchmal unterwürfig, lauschend, wortergeben, als habe es ihm, gerade ihm, die Sprache verschlagen; es wirkt aber meist, auch bei Großveranstaltungen nicht so, als sei er eingeplant worden, er selbst ist die Mitte all dieser Bilder, die anderen rahmen ihn ein; er scheint selten zuzuhören, man sieht ihn nicht oft im Gespräch, er begrüßt höchstens, er tauscht Worte aus, aber er widmet sich nicht seinem Gegenüber, er will von ihm nichts erfahren, sondern etwas loswerden und sich von einer Antwort bestätigt fühlen; diese bereitgehaltenen, vorgeschobenen, auf ihn zugedrehten Köpfe! Nach einem Konzert sind die Menschen von ihren Plätzen aufgestanden, eine klatschende Gruppe steht vor dem Podium, da er noch sitzt, ist auch die erste Reihe sitzengeblieben, Furtwängler grüßt – von oben herab – mit einem leichten Nicken, sie schauen sich an, und – seltener Fall – er schaut beinahe ergriffen von unten zurück; nein, auf Musik kann er keine Antwort gefunden haben. Anders erscheint er während eines Besuchs in einem Atelier; ihm werden Modelle eines Stadtentwurfs vorgeführt, er mustert sie lüstern von oben, als könne er die kleinen Häuser zu sich emporziehen. Stumpf aber der Blick, als er im Haus der Deutschen Kunst eine nackte Liegende betrachtet; es hat den Anschein, als sei sie von seinen Blicken abgeprallt und sofort erstarrt. Auf seinen Zeichnungen und Aquarellen erkenne ich keinen einzigen Menschen; sie sind verscheucht. Ich glaube aber, daß nur einer wie er diese

Bauten betreten können wird, die man plant; sie haben anscheinend nur einen Eingang, für ihn, im Inneren wird es sehr still sein, wie in der Neuen Wache, und er wird aufrecht darin stehen, bis er sicher ist, daß auch draußen niemand mehr wagen wird zu sprechen. Er telefoniert – auf diesem Bild ähnelt sein Lächeln dem seines triumphierenden Zeitungsblicks; ja, er wird nur Neuigkeiten erfahren, aber all diese Neuigkeiten, die wie zwangsläufig an öffentliche Ereignisse gebunden sind, werden nur für einen Augenblick die private Regung in ihm hochspülen: die Neuigkeit setzt sich in ihm ab, sie breitet sich nicht aus. Die vielen, auf manchen Photographien sehr steil anmutenden Treppen, die er hinaufgestiegen ist, jede Stufe ein Zeichen der wachsenden Konzentration, der Annäherung! Neben Hindenburg – immer ein Fremder, aus einer ganz anderen Welt. Das Ruckartige seiner Bewegungen, das Ein- und Ausklappen des Armes, das Ein- und Ausknicken der Knie, das Ein- und Ausholen der Faust; nach solchen Bewegungen baumeln die Glieder an ihm herunter, sie haben sich von ihm losgesagt. Er ist die Puppe seines Dienstes.‹

Ich habe diese Passagen aus ihren Notizen zusammengefügt; manche Bilder hat sie zerschnitten, kein einziges ist noch vollständig erhalten. Sie hat die Ausschnitte, auf die es ihr ankam, neben ihre Eintragungen geklebt. Man sieht eine Hand, gekrümmte Finger, einmal hat sie das Gesicht, wie um es festzuhalten oder sich einzuprägen, mit einem Bleistift umrundet, ein anderes Mal ist sie die Züge in der Partie der Mundwinkel nachgefahren. All diese Notizen hat sie in einer besonderen Kladde untergebracht; sie wird auf der ersten Seite als ›Tagebuch‹ bezeichnet. Aber es finden sich darin keine privaten Eintragungen, nur ein einziger Satz ist ihnen beigefügt, der sich – wie ich erst später entdeckte – dann am Anfang von einem ihrer Briefe findet. Ich habe diesen Satz bis jetzt nicht verstanden: ›In Berlin regieren zwei Stimmen – seine und meine, und was Ihr von ihm zu hören bekommt, mache ich Euch durch meine Briefe vergessen.‹

›Ihr Lieben daheim, ich mache mir meine Gedanken; glaubt nicht, daß ich Angst hätte, soweit ist es noch nicht, aber etwas Furcht überfällt mich zuweilen, das ist ein kurz aufflammendes, stechendes, brennendes Gefühl, nicht mehr als eine Minutenglut. Gut, daß Henner noch in meiner Nähe ist; die große Umgehungsbahn für die Güterzüge ist noch immer in Planung, er arbeitet an der Trassierung der Strecken mit. Doch es ist Krieg, und ich denke mir, sie werden ihn nicht mehr lange auf diesem Abschnitt belassen, sie werden ihn in anderen Gegenden einsetzen, denn wer wird sich am Ende noch um diese Stadt kümmern, in der die Menschen noch sorglos leben, einkaufen, spazieren, ins Kino gehen, um Brot anstehen? Es ist eine große Bewegung in der Stadt, ein Kommen und Gehen, hier verläßt einer seine Familie, dort kommt einer für einen Tag auf Besuch, fremde Soldaten verbringen ein paar Urlaubsstunden, die Bahnhöfe sind überfüllt, und vieles verstärkt den Eindruck, daß das Reisen, Abschiednehmen und Aufbrechen kein Ende mehr nehmen wird. Nennt das alles nur böses Geträume, Henner spricht so davon und beredet mich, nicht schwarz zu sehen. Böses Geträume – Ihr auf dem

Land werdet mich vielleicht nicht recht verstehen, oder Ihr werdet den guten Nachrichten, die uns von den Kriegsschauplätzen ereilen, mit Erstaunen entgegensehen. Aber Du, Mutter, wirst mich verstehen, denn der Falke, der auffliegen wird, um endlich die Leine abzustreifen, an der ich ihn noch halte, wird schließlich vom Adler zerrissen werden; ja, da bin ich nun sicher. Auch solche Furcht rechnet Henner zum bösen Geträume, und in unduldsamen Minuten fragt er mich, woher ich es habe, dies dunkle Gefühl, diese Unsicherheit. Ich weiß es nicht genau, aber ich weiß, daß alles, was von diesem Krieg kommt, was von ihm ausgeht und die Menschen in die Keller treibt, auch uns nicht verschonen wird. Ich habe es gewußt, ich habe es am ersten Tag gewußt, damals schon im September, als ich vom Kriegsbeginn erfuhr und für einen Moment, ohne daß ich es selbst fassen konnte, weinen mußte, weinen vielleicht nur aus einer plötzlichen Regung heraus, denn dieser Krieg und unsere Ehe, die schienen gegeneinander zu stehen, und – Du verstehst mich, meine Mutter – das eine wird das andere trennen. So lebe ich denn im Gehege, kann nicht heraus, und ich mache mir meine Gedanken, wie schütze ich das Kind, wie entreiße ich es dieser Stadt. Auch davon will Henner nichts hören, nichts, nichts. Nein, ich bin ihm nicht mehr gefolgt, als Hitler von der Westfront zurückkam und die Meldungen umgingen, er treffe am Anhalter Bahnhof ein; frühmorgens schon brachen die Mitglieder seiner Leibstandarte in ihren schwarzen Uniformen aus der nahe gelegenen Kaserne auf, kaum übersehbare Schlangen, manche marschierend, andere in Motorradstaffeln. Ich konnte nicht einmal den Lärm ertragen, diese beflügelte

Stimmung, und während die anderen Hausbewohner später – ich hörte es deutlich – an die Empfänger stürzten, hielt ich mir die Ohren, rannte aus dem Haus, stürzte auf die Straße, in den Botanischen Garten, irgendwohin, denn es kam wieder hoch, dieses böse Geträume. Es käme wohl nicht dazu, wenn ich mich nicht – von vorneherein – als Ausgesetzte, Alleingelassene erlebte, denn, wie ich schrieb, Henner wird mir nicht bleiben. Und dann wohin, wie bin ich vorbereitet auf die Geburt, auf das Leben des Kindes, auf die Nächte in den Kellern, auf Fliegerangriffe, Bomben und all die kleinen Gefahren, die ich noch nicht kenne. Sie haben Hitler, wie Henner erzählte, mit Blumenteppichen empfangen, sie haben die Glocken läuten lassen und Dankchoräle gesungen, aber ich weiß mehr von ihm, denn ich war mit seinen Bildern zusammen, die viel verraten, und daher weiß ich, daß er ihnen nur die lang verborgene Furcht nehmen wollte, daß er sie aus ihren Herzen wegfegen, diese Herzen lüften, sie emporziehen wollte. Wißt Ihr, daß ich das selbst erlebte, wißt Ihr, daß ich in den Stunden, in denen ich ihm begegnete, dieses Gefühl nicht unterdrücken konnte, dieses Wärmerwerden, Angehobensein, Ausfüllen des Inneren? Wie das kommt, wohin das geht? Nirgendwohin, ich weiß es längst; er beschert einem den Traum des Augenblickes, er läßt einen alles zusammenpressen, zusammenfügen, was man in sich hat, aber hinterher steht man mit leerem Herzen da, verbraucht, erschöpft. Das ist sein Geheimnis; er sammelt die Herzen, aber nur obenhin, und wenn er sie wieder zurücklassen muß, sterben sie um so heftiger. Und so wirkt, geht, handelt er selbst: er hat kein Leben, er weiß nichts von Dauer, er ist der unfruchtbare

Erzeuger, und seine Taten sind Scheinschwangerschaften, aufgeblähte Bäuche, Träume und Phantasien, Geburten aus Luft, Stickstoff und nicht verbranntem Eiweiß. Das weiß ich, versteht Ihr mich? Ich kann es Henner nicht sagen, ihm ist solch ein Erzählen zuwider, aber es ist schlimm, davon nicht sprechen zu können, und daher lies Du diesen Brief, meine Mutter, und zeig ihn keinem anderen, wenn es denn sein muß! Zur kleinen Wahrheit ist mein böses Geträume schon geworden, die ersten Luftangriffe liegen hinter uns, Bomben fielen in Pankow und Lichtenberg, zwölf Menschen sind tot, und die anderen streuen noch immer Blumen, lassen Glokken läuten, singen Dankchoräle.

Auch ich sehne mich danach, Gott zu danken, aber wie könnte ich es, da ich doch reden müßte, besser ist es auf den Herrn zu bauen als auf Menschen zu vertrauen, besser ist es, auf den Herrn zu bauen als den Herrschern zu vertrauen, alle Völker umringten mich, im Namen des Herrn beugte ich sie, sie umringten mich, ja sie umringten mich, im Namen des Herrn beugte ich sie. So müßte ich singen, so dürfte ich danken; aber – sänge ich so, dann höhnte ich Gott, dann wäre mein Wort nichts als Versuchung. Da siehst du, Mutter, welches Leben die Worte nun führen, sie stehen Kopf, und die, die früher ein Zeugnis waren, werden zum Hohn und zum Fluch. Soll ich denn sagen, ich danke Dir, Herr, daß Du mich erhört hast, mein Gott bist Du, ich will Dir danken – soll ich so falsches Zeugnis geben und die Worte verdrehen? Hier spricht man von einer möglichen Evakuierung der Kinder, sie sollen verschickt werden, den Familien entrissen, aus Vorsorge, denn die Engländer könnten wohl Gas einsetzen; Masken wurden in den letzten Tagen schon ausgegeben. Da soll ich hoffen, sitzen und danken? Mein böses Geträume nährt sich, und ich sehe mich schon im Luftschutzraum sitzen, das Kind im Körbchen zu mir ziehen, Frau Sorge in weißer Unterjacke, mit schwarzer Mütze, schnupfend und hustend. Wie komme ich nur darauf, es träumt aus mir selbst – aber hat man denn für uns gesorgt, hat man den Menschen hier Schutz zu bieten, wo gibt es Bunker genug, uns aufzunehmen, wo Wasser zum Löschen? Also wohin, jetzt wohin – doch will ich das Träumen lassen, das Kind in meinem Leib wendet sich und schlägt aus – da verschwindet Frau Sorge und kleidet sich um.‹

Sie wurde schweigsam, scheuer als sie es früher gewesen war, sie las heimlich in den Büchern, die in der Truhe eine nur vorläufige Ruhe gefunden hatten. Sie begann ein leises Gespräch mit sich selbst und begriff allmählich, warum diese Bücher den Machthabern hätten gefährlich werden können, denn die Lektüre verlieh Kräfte, die einen an die Worte fesselten, ohne daß man sich hätte aufgeben müssen. Von lauteren Gegenden hielt sie sich fern. Aufmärsche und Versammlungen verabscheute sie mit einem Instinkt, der von Tag zu Tag regsamer wurde. Sie wagte nicht mehr, ihre Empfindungen dem Tagebuch anzuvertrauen, sie ließ ihnen nur in den Briefen einen begrenzten Raum. Ihre Unterhaltung mit sich selbst setzte sie noch eindringlicher fort. Sie hörte sich zu, sie unterbrach sich, sie tadelte, fragte. In ihrem Inneren entstanden zwei Gestalten: ich frage, rede – du hörst, gibst Antwort. Bald wußte sie nicht mehr, welche Stimme Recht hatte. Mochte es nicht so sein, daß sie die Klagestimme dem erwarteten Kind lieh, daß sie nicht mit sich selbst sprach, sondern mit der Stimme des Kindes, die noch unverbraucht war und weit vor jeder Vergangenheit?

›Ihr Lieben daheim, ich dachte es mir, nun ist es so gekommen, wie ich vermutete. In unserem Haus hatten bereits zwei Nachbarn einen Einberufungsbefehl erhalten, gestern erfuhr Henner von seiner Versetzung nach Polen. Er wird dort am Ausbau des kriegsnotwendigen Eisenbahnnetzes mitzuwirken haben. Ich werde allein sein, doch Henner hat mir versprochen, alle vierzehn Tage am Wochenende zu kommen. Er spricht nicht mehr von meinem bösen Geträume, er macht sich seine Gedanken. Wie aber sollte ich jetzt neben ihm stehen und die Hände zum Himmel recken? Noch hat ihn der Krieg nur in der zweiten Linie eingeholt, dafür will ich danken. Allerdings hat sich die Versorgung in den letzten Wochen verschlechtert. Selbst Brot, Gemüse und Obst sind kaum noch zu bekommen. Wenn Ihr mir weiterhin ein Kistchen mit Eiern schicken könnt, habe ich wertvolles Tauschgut. Häufiger als früher sitzen wir nun an unseren letzten Abenden zusammen und sprechen von Euch in der Heimat. Habt Ihr von Hacker gehört? Schaut Ihr noch ab und zu hinauf zur Decke Eurer Kirche? Wie gerne ginge ich noch einmal die alten Wege, überquerte die Sieg, nähme den kürzesten Weg nach Katzwinkel oder Birken, liefe den alten Freunden hinterher, die sich längst hier oder dort verstecken mögen! Jetzt wohin – nach Rottscheid, nach Eichhahn, häst de gehürt, kumm hinnerher, nach Langenbach und Helmeroth, häst de gehürt? Aber das soll nicht sein, es ist Krieg, und die wenigen Schritte, die ich noch nach draußen mache, sind vorsichtige. Immer, wenn Ihr Euch meldet, bin ich ein wenig erleichtert.‹

Als ich diesen Brief gelesen hatte, wußte ich, daß ich nun gleichsam in die Zone der Gefahr vorgedrungen war. Ich selbst hatte diese Zone immer gemieden, ja ich hatte sie verabscheut mit der Wut dessen, der das Ende nicht mehr aufhalten oder verändern kann. Vor dieser Zone endeten die Erzählungen, die meine Mutter noch erinnerte. Ich hatte von dem, was danach geschehen war, gehört, aber meist nur in Andeutungen. Ich hatte davon – wie von vielem anderen – nichts hören wollen. Denn noch der Zuhörer schien sich ins Unvermeidliche zu fügen, noch in ihm kamen Impulse zum Vorschein, die dagegen ankämpften, daß es so, wie es gewesen war, gewesen sein konnte. Diesmal las ich die folgenden Briefe und Notizen. Dann stand ich auf, ließ die Lampen im Haus brennen, schloß die Haustüre ab und ging hinaus zu meinem Wagen. Ich ließ den Motor laufen und öffnete das große Tor, welches das Grundstück am oberen Ende verschloß. Dann fuhr ich hinaus. Ich drehte das Fenster herunter, die Nachtluft fuhr in den Wagen. Ich achtete nicht genau darauf, wohin ich fuhr. Es war mir gleichgültig, ich wollte nur für eine halbe Stunde vom Grundstück verschwinden.

Ich weiß nun, diese Geschichten könnten mich hilflos machen. Am Ende bin ich ihnen ausgeliefert, und es wird die Not des Hilflosen sein, die mich treibt, ihnen zu entkommen, mich aus ihren Schlingen herauszuziehen, um wieder, endlich Atem holen zu können. Aber auch das alles könnte ein Trug sein. Ich bin müde geworden in den letzten Tagen, ich kann nicht einmal sagen, daß ich mich zur Erschöpfung getrieben hätte. Oh nein, ich habe noch wenig genug getan, nichts ist getan, der Ausweg ist noch längst nicht gefunden. Warum zittere ich aber? Warum denke ich unentwegt daran, nicht standhalten zu können? Das sind, wenn ich es nur recht bedenke, lächerliche Befürchtungen; ich benötige nichts mehr als Gelassenheit, den ruhigen Überblick des Konstrukteurs, der die Teile auseinandernimmt, sie geduldig betrachtet, um sie am Ende wieder zusammenzusetzen. Ich lüge, ich weiß es; ich lüge wieder.

Ich bog auf der Hauptstraße nicht nach links ein, im Gegenteil, ich wollte mich auch von Knippen entfernen. Die schmale Straße hat in dieser Gegend nicht einmal einen Mittelstreifen; wenn sich zwei Fahrer begegnen, fahren sie langsamer, um vorsichtig herauszubekommen, ob die Wagen ohne Schaden passieren. Aber zu dieser Nachtstunde war kaum noch mit Verkehr zu rechnen. Ich schaltete das Radio ein und suchte nach einem Sender, der klassische Musik brachte. Ich dachte daran, wie erstaunt Marie gewesen war, als sie herausbekommen hatte, daß ich Klavier spielen konnte. Ihr zuliebe hatte ich es in einem Lokal noch einmal versucht, aber ich konnte die gierig-verträumten Blicke der wenigen Zuhörer nicht ausstehen und hörte bald auf. Ich war nachlässig im Spiel geworden, ich hatte lange nicht mehr konzentriert geübt; nur die alten Routinestücke gelangen mir noch einigermaßen. Marie hatte davon nichts bemerkt; mein Spiel fügte dem Bild, das sie sich von mir gemacht hatte, eine neue, nicht erwartete Variante hinzu. In ihren Augen erhielt ich etwas ›Innerliches‹, wenn ich spielte. Ich wußte, was sie damit meinte, ich hatte mich bei früheren Studien mit Hilfe eines Spiegels beobachtet. Wahrhaftig veränderte ich mich, wenn ich spielte. Die strenge Distanz zu den Dingen, die ich aufgebaut hatte, wich einer harmlosen Sympathie für diese Tasten und Zwischenräume. Es gefiel mir, wie meine Finger schwierigere Sprünge und Griffe beherrschten, sie veräußerten meinen Tatendrang, ohne daß ich ihn allzu sehr bemerkbar gemacht hätte. In solchen Augenblicken verlor ich das Zeitgefühl, so war es mir auch damals gegangen. Erst als ich am Ende des Stückes angekommen war, hatte ich bemerkt, was geschehen war. Ich war angeekelt.

Das Scheinwerferlicht tastete sich durch die kleinen Wälder, die immer wieder von großen Schneisen unterbrochen wurden. Ich hatte die Orientierung verloren, irgendwo mußte ich gegen meine Gewohnheit abgebogen sein. Ich dachte an die Briefe zurück.

Auch im Elternhaus meiner Mutter hatte man die besondere Dringlichkeit empfunden, ihr zu helfen. Man hatte die jüngere Schwester geschickt, aber auch in ihrer Begleitung war sie in der Zukunft nie allzu weit aus dem Hause zu bewegen gewesen. Zurückgezogen bereitete sie sich auf die Geburt vor. Manchmal kam Henner an den Wochenenden zu Besuch, und sie fuhren noch einmal hinaus, zum Wannsee, nach Schwanenwerder, zur Pfaueninsel. Sie fürchtete sich, ihm ihre Angst zu gestehen. Pflanzenduft erschreckte sie, wenn die Bahn einmal still stand und die Fenster geöffnet wurden. Noch immer brachte sie die Stille mit der Heimat in Verbindung, aber sie dachte sich auch dieses nur herbeigesehnte Bild eines Friedens wie ein weiches Grau über dunklem Blau, das nicht zerfließen will.

In einem Anfall von Mut hatte sie Henner vorgeschlagen, Berlin zu verlassen. Der Gedanke hatte ihn befremdet; er konnte ihre Furcht nicht verstehen und hielt sie an, sich nicht ›zu drücken‹. Als die Luftangriffe zugenommen hatten, war ihr der Raum für Spaziergänge genommen worden. Die große Stadt, die sie sich vor ihrem Aufbruch als ein weites Terrain der Lebenslust vorgestellt hatte, schrumpfte auf einen kleinen Bezirk zusammen, in dem sie sich von nun an aufhielt. Mit den anderen Mietern und der Schwester erlebte sie die ersten Bombeneinschläge in der Nähe, das ›Herunterrauschen der Engelsflügel in die Dunkelheit‹.

Ihre Schwester hatte davon in langen Briefen nach Hause berichtet. Ich war mir nicht sicher gewesen, ob sie ihr all diese Briefe vollständig vorgelesen hatte. Manche enthielten jedenfalls Andeutungen über sonderbar erscheinende Veränderungen, die auch die Schwester sich nicht hatte erklären können und die sie mit großer Ratlosigkeit geschildert hatte.

Einmal war meine Mutter aus Kraftlosigkeit nicht in den Keller gegangen. Die Schwester hatte sie gedrängt, aber sie hatte von allen Befürchtungen nichts wissen wollen. Still hatte sie sich auf eine Liege gekauert. Da hatte die Schwester, hinter den schwarzen Rollos eingepfercht in die Verdunklung, ihr Murmeln bemerkt, das lauter geworden war, je näher man die sirrenden, pfeifenden, wie durch eine Schallmauer einbrechenden Töne glaubte. Es war wie aus einer ihr selbst unbekannten Ferne aus ihr emporgekommen, und sie hatte die fremden Laute herausgestoßen, die ihre Schwester erschreckt hatten, ›ewiges immerlicht ... des werke underget nimmer ... der helle abgrundes stifter ... der erden kloßes bauer ...‹ Sie hatten sich auf den Boden geworfen, es war mehrmals in der Nähe eingeschlagen, die Bilder waren von den Wänden gefallen, die Scheiben zersplittert, Brandbomben hatten das Dachgestühl des Nachbarhauses getroffen, und als sie später hinausgelaufen waren, begegneten ihnen rauchgeschwärzte Menschen, die sich mit nassen Wolldecken aus dem Kalkschutt befreiten. Aus den geplatzten Wasserrohren schossen Fontänen, glühende Phosphorblättchen funkelten in der Dunkelheit.

Kaum eine halbe Stunde später hatten die Wehen eingesetzt, die Schwester hatte in all der Eile eine Taxe besorgt. Als sie das Krankenhaus erreichten, blieben die Herztöne des Kindes plötzlich aus. Sie gebar einen Toten.

Ich stoppte den Wagen, als ich nicht mehr weiterwußte. Ich schaltete die Lampe im Wageninneren ein und nahm die Karte aus dem Handschuhfach. Ich schlug sie auf und verfolgte den Weg, den ich gefahren sein mußte, mit dem Finger. Dann wendete ich auf der schmalen Straße, bog an einer kleinen Kreuzung ab und fuhr zurück. Ich drehte das Fenster wieder hoch, es war kühl geworden an diesem späten Abend. Wieder spürte ich die Versuchung, den Aufzeichnungen zu entkommen. Ich fuhr einen kleinen Umweg und sah aus der Ferne das Knippener Nachbardorf in der Siegsenke liegen. Was suchte ich dort? Ich schüttelte den Kopf und fuhr weiter. Das Licht sprang manchmal wie selbstvergessen über die Straße, hüpfte gegen einen Baum, zuckte über die Felder, wippte zurück auf die kleine Fläche der Straße, die ich noch überblicken konnte. Als ich an die einsame Arbeit des Schreibens und Notierens dachte, überfiel mich für einen Moment ein Schauer. Es war die Kälte, sonst nichts. Ich beeilte mich, nach Hause zu kommen, ich schloß das Tor und schob den großen Riegel vor, dann fuhr ich den Wagen in die Garage. Ich ging ins Haus zurück und öffnete alle Fenster, erst im unteren, dann auch im oberen Stockwerk. Ich lehnte mich ins Fenster und schaute eine Zeitlang hinaus. Beruhigte mich dieser Blick? Der Nachtwind bewegte die Bäume, die in der Nähe des Hauses standen, aber der Wald unten im Tal hatte sich zu einer schwarzen Front verschlossen. Ein paar Sterne waren zu erkennen.

Ich schloß die Fenster wieder, nahm das Papier und ging hinüber ins Blockhaus. Auf dem Tisch lagen die zerstreuten Blätter, die ich in der vergangenen Nacht hier zurückgelassen hatte. Sie waren feucht, am Rand leicht gekrümmt, ich schob sie zusammen und legte sie neben den Tisch auf den Boden. Mochte das Papier nach und nach den ganzen Boden bedecken und am Ende wie faules Laub hinausgekehrt werden! Ich rückte die kleine Lampe zurecht und beugte mich über das weiße Blatt. Ich schrieb.

SAMSTAGABEND

›Ich schrieb‹ – seltsam, wie sehr mich diese Wendung, die ich nun schon mehrmals gebrauchte, beruhigt! Die Nächte ähneln immer mehr Expeditionen, und die Tagesarbeit hat – mit diesen intensiven Stunden verglichen – keinerlei Bedeutung, ja ich erinnerte mich nicht einmal mehr an sie, wäre sie nicht ein unumgänglicher Teil der nächtlichen Studien. Die Nacht gibt mir erst wieder, was ich am Tag entbehre – Ruhe, Aufmerksamkeit, einen gewissen Halt. Ich breite die Unterlagen vor mir aus, das Licht der Lampe scheint sie noch dichter aneinanderzurücken, meine Gedanken mischen sich mit diesen seltsam heftig und ausdrucksvoll aufsteigenden und wieder verschwimmenden Worten, ich lasse mich fallen, folge ihnen, schrecke auf, ermahne mich zur Aufmerksamkeit, setze wieder an, kontrolliere mich, vergleiche – und bin aufs neue diesen Sätzen und Erinnerungen preisgegeben. Aber es ist etwas anderes als früher! Diesmal bin ich nicht mehr der stumme Zuhörer, der ungeduldig mit den Füßen scharrt, wenn ihm die alten Erzählungen aufgetischt werden, diesmal werfe ich einen Blick in diese aufeinanderfolgenden Kabinette, Stuben, Plätze und Räume, ich kann mich jederzeit zurückziehen, fliehen, die sich aufdrängenden Vergangenheiten durch eigene Geschichten blockieren, alles in eine neue Fassung bringen. Aber – um es nicht zu übertreiben: noch längst nicht bin ich der Herrscher über diese Erzählungen, es hat nur manchmal den Anschein. Nie werde ich alles in der Hand halten, nie werde ich triumphieren können, doch das Ziel, dem ich mich nähere, ist die Geduld, die Geduld dessen, der vieles geprüft, verglichen, gelesen hat, und durch anderer Leute Urteile nicht mehr umzustimmen sein wird. Es ist lächerlich, aber ich altere, während ich an den Abenden meine Notizen mache, ich wachse, und am Ende sitze ich – glühend, erschöpft, verbraucht – über den Stößen von Papier, die meine Hand mit der Feder in wachsender Hast bedeckte, ein Ermatteter, der seine Lasten endlich abgeworfen hat.

Gestern nacht jedoch wurde ich zum ersten Mal gestört. Ich hatte wie immer nicht auf meine Umgebung geachtet, und ich hatte nicht damit gerechnet, daß ein Fremder auf dem Grundstück auftauchen konnte. Das große Tor war verriegelt, die kleinere Pforte im unteren Teil des Geländes verschlossen; ein Eindringling hätte den Zaun überklettern müssen, um das Haus zu erreichen. Ich hatte an eine solche Möglichkeit nicht im geringsten gedacht, und ich war um so überraschter, als ich plötzlich Rufe und kurze Schreie in der Nähe hörte.

Ich verließ das Blockhaus und ging hinaus, aber es war niemand zu erkennen. Ich schaute in der Umgebung des Wohnhauses nach, die Läden waren geschlossen, auch vor der Haustür entdeckte ich nichts; ich suchte noch eine Weile unschlüssig, aber es war nichts mehr zu hören. Erst als ich wieder das Blockhaus erreichte, sah ich Adelheid, die durch ein Fenster ins Innere starrte. Stumm zeigte sie mir ihre verdreckten Hände, ihr Rock war zerrissen, anscheinend war sie über den Zaun geklettert und dabei zu Fall gekommen. Ich nahm sie schweigend mit ins Haus, sie säuberte sich, war jedoch wegen des kleinen Unfalls nicht zu beruhigen. ›Dat hann ich davon‹, wiederholte sie unablässig; ich wußte nicht, was sie suchte, sie erschien mir unruhig, ich erkannte sie kaum wieder. So hatte ich sie noch nie erlebt. Sie erkundigte sich aufgebracht danach, was ich im Blockhaus machte. Sie hatte die Papiere, Zettel und Briefe gesehen, ihr Hunger auf Neuigkeiten war nicht zu stillen. ›Wat häst de erfahrn‹, fragte sie oft und zog mich am Arm, wenn ich ausweichen wollte. ›Wat weest de jetzt?‹ drängelte sie weiter und ging mir hinterher, als ich ihr etwas zu trinken holte. Ich mußte sie ablenken, aber ich wußte nicht, wie ich es anstellen sollte. ›Es sind Arbeiten für das Büro‹, antwortete ich ungeduldig, ›Skizzen, Pläne und Zeichnungen.‹ ›Du leust‹, entgegnete sie sofort, und ich hatte bereits geahnt, daß man mir die Lüge anhören mußte. Sie trank das Glas, das ich vollgeschenkt hatte, in einem Zug aus und schaute mich an, als könne sie so mehr in Erfahrung bringen; aufdringlich rückte sie näher, nahm mich wieder am Arm und begann, auf mich einzuschimpfen. ›Du wullst et net saan?‹ fragte sie, aber ihre Worte klangen nicht mehr nach einer Frage. Sie wollte mir befehlen, ihr von meiner Mutter zu erzählen. Plötzlich begriff ich, daß auch sie diese Geschichte nur sehr unvollständig kannte. Zum Teil war sie an ihr vorübergegangen, sie hatte an ihr schon früher ein seltsames Interesse genommen, sie hatte sich sogar einmal überwunden und meine Mutter nach dem Krieg besucht. Doch war meine Mutter ihr immer ausgewichen; sie hatte sie abgedrängt und ihr nichts mitgeteilt. Ich wußte, daß ich mich viel energischer verhalten mußte. Sie war nicht abzuwehren, sie ließ sich nicht vertrösten. Ich sagte ihr, daß ich noch viel zu arbeiten hätte, schließlich packte ich sie entschlossen am Arm; sie widersetzte sich und machte sich los, aber ich faßte nach, obwohl es mir peinlich war. Man hätte uns sehen sollen, niemand hätte diesen verbissenen, beinahe stumm geführten Kampf verstanden. Sicher hatte sie damit gerechnet, von mir empfangen und angehört zu werden, sie brannte darauf, mir etwas zu erzählen, sie wollte über meine Unwissenheit triumphieren. Während ich sie hinausdrängte, lachte sie, ich sah, daß sie ansetzen wollte, mich mit ihren Erzählungen zu überraschen, sie erschien gespannt, aber ich ließ sie nicht zu Wort kommen. ›Ich wull nix hürn‹, sagte ich plötzlich und erschrak zugleich, als ich meine Stimme hörte. ›Er wull nix hürn‹, äffte Adelheid mich nach, hüpfte auf der Stelle und geriet in immer stärkere Emphase. ›Wull nix hürn, wull nix hürn‹, schrie sie endlich, und es kam mir vor, als könnte es ihr noch gelingen, mir ihre Erzählungen aufzudrängen. Sie wollte sehen, wie ich erschrak, sie genoß meine aufflackernde Hast, sie legte sich meine Unruhe als Furcht aus, sie weidete sich an meiner Hilflosigkeit. Ich war der Sohn einer Frau, die sie nicht mochte, ja die sie bekämpfte, der sie noch die Vergangenheit heimzahlen wollte! ›Nix hürn, von Hecke nix hürn‹, rief sie, ›dat glöwen ich gern. Ich hann et geahnt, ich hann et gewußt!‹ Ich stemmte mich ihr entgegen, ich drängte sie mit beiden Händen aus dem Zimmer, sie griff nach jedem Halt, zog eine Decke vom Tisch, warf einen Schirmständer um; ich öffnete die Haustür hinter ihrem Rücken und hielt sie mit der anderen Hand in Schach. ›Geh ruff nach Hecke‹, schrie sie endlich, als sie bemerkte, daß der Kampf aussichtslos war, ›geh ruff, nach Hecke, nach Hecke!‹ Sie stand draußen, rasch zog ich die Tür zu und schloß ab, aber für einen Moment dachte ich daran, daß sie hinaufgehen und die Papiere im Blockhaus vernichten könnte. Die bisherige Arbeit wäre zerstört, sie hätte ihr Ziel erreicht! Da, in diesem Augenblick fiel mir auf, daß ich diese Arbeit niemals noch ein zweites Mal würde aufnehmen können. Meine Anstrengungen mußten in dieser Woche zu einem Ende führen, dafür hatte ich all die Kraft der letzten Tage hingegeben. Es würde mir nie gelingen, irgendwann, zu einem anderen beliebigen Zeitpunkt noch einmal von vorne zu beginnen. Ich saß, ja ich saß im Käfig dieser Geschichte – und es gab nur den Ausbruch oder das klägliche Ende eines Versagens, das von nun an für alle Zeit feststehen und von keinem noch so gut gemeinten Versuch mehr aufzuheben oder zu verändern gewesen wäre. ›Halt!‹ rief ich vor mich hin, ›nichts da‹, schrie ich lauter, schloß die Tür wieder auf und lief hinauf zum Blockhaus. Ich hatte recht gehabt, Adelheid hatte die Tür des kleinen Hauses aufgerissen, sie stand im Inneren, sie hielt einige Seiten in der Hand. Ich rannte, stürzte, rappelte mich wieder auf. ›Nix hürn!‹ schrie sie mir entgegen und wedelte mit den Papieren, ›Zeichnungen, Pläne‹, triumphierte sie noch lauter. Ich war zu allem entschlossen, mein Atem ging rasch, ich war beinahe außer mir, als ich vor ihr stand. ›Du verschwindest‹, brüllte ich, ›du machst dich davon, sofort, sofort!‹ Sie starrte mich an. Ohne Zweifel – jetzt erkannte sie mich nicht wieder. Sie wußte, wie ruhig ich mich sonst gab, sie war erschrocken, ich mußte einen grauenerregenden Eindruck machen. Jedenfalls legte sie die Blätter wieder auf den Tisch, schaute mich noch einmal unsicher an und ging hinaus. Sofort schlug ich die Tür zu und verriegelte sie von innen. Ich war mit den Blättern allein. Sie hätte nun tun können, was sie wollte, ich wäre nicht herausgekommen. Aber nach einigen Minuten schien sie sich wahrhaftig entfernt zu haben, denn als ich das Fenster öffnete und mich hinauslehnte, sah ich sie nirgends. Ich setzte mich, noch aufgeregt über den Zwischenfall, wieder an den Tisch. Ich versuchte, mich zu konzentrieren. Mit aller Macht wollte ich den Versuchen widerstehen, die mich von der Arbeit abdrängten. Ich schrieb, ohne mich noch ein einziges Mal zu unterbrechen; ich atmete auf, als ich vom letzten Satz aus auf die vorliegenden Seiten zurückblicken konnte; ja, ich hatte ›geschrieben‹.

Noch am Morgen des gestrigen Tages hatte es anders ausgesehen; als ich mich später daran erinnerte, erschien mir Adelheids abendliches Eindringen nur wie ein Schlußstrich unter eine lange Kette von Störungen. Man schien sich gegen mich verschworen zu haben, und wie meist, wenn man sich eine bestimmte Tätigkeit vorgenommen hat, wurde ich derart von Störenfrieden unterbrochen, daß dunkle Gedanken eine geheime Absprache nahelegten. Doch gewiß hatte es eine solche Absprache nie gegeben; vielmehr hatten sich nur die Zufälle gehäuft und aus mir, dem empfindlich Gewordenen, ein erbost schnaubendes Untier gemacht.

Am frühen Morgen hatte mich Telefonläuten geweckt. Verschlafen war ich an den Apparat gegangen. Frank hatte herausbekommen, daß ich in den Westerwald gefahren war. ›Na‹, rief er viel zu laut, ›so spät noch verschlafen?‹ Meist freue ich mich, wenn er anruft, diesmal war es anders. Mürrisch gab ich Auskunft. Schon früher hatte ich mich nie daran gewöhnen können, am Morgen von ihm gestört zu werden. Oft war er als einer der ersten im Büro gewesen und hatte sich einen Spaß daraus gemacht, mich anzurufen. Er gehörte zu den Begnadeten, die, von magischen Kräften gezogen, bei Sonnenaufgang aus den Betten fielen, um sich sofort in die Kleider zu stürzen. Er liebäugelte nicht mit den Minuten, er benötigte keinen Wecker, er sprang aus dem Bett, fest entschlossen, den Tag ›anzugehen‹. Gegen Mittag hatte er die meisten Arbeiten schon hinter sich, und wenn ich mich am Nachmittag auf meine Projekte zu konzentrieren begann, verließ er das Büro, um ›seine Erfahrungen zu machen‹. Ich haßte den Morgen, ich verstand nie, welche Energien die Menschen trieben, ihr Bett gegen einen Stuhl, ihre Träume gegen ein paar handfeste Pläne, das Blinzeln gegen das Licht in Bussen und Straßenbahnen einzutauschen.

›Ich komme zu dir am Wochenende‹, sagte Frank, ›wir schauen uns um, wir machen einen Ausflug nach Köln.‹ ›Nein‹, sagte ich schnell, ›es tut mir leid, Marie wird kommen, sie hat sich schon angemeldet.‹ ›Läuft das noch immer?‹ fragte er enttäuscht, und ich log ein wenig vor mich hin. Frank hatte Marie nicht ausstehen können. Sie reagierte nicht auf seine Schmeicheleien, seine heftigen Anfälle von Eifersucht, seine Attacken und sein Fluchen. Sie lehnte sich in ihrem Stuhl zurück, legte eine Hand auf meine Schulter und bewies ihm so, daß sie mit meinen Freunden Geduld hatte, jedoch lieber mit mir allein gewesen wäre. Es war mir immer peinlich gewesen, derart im Mittelpunkt zu stehen.

Nach einiger Zeit hatten wir unsere Treffen zu dritt aufgegeben.

Ich atmete durch, es hätte mir keine passendere Ausrede einfallen können. Frank schwatzte noch ein wenig, um sein Angebot in Vergessenheit zu bringen. Dann hängte er ein.

An Schlaf war nicht mehr zu denken. Ich ging ins untere Stockwerk und öffnete die Läden. Das Licht platzte herein und machte sich überall breit, so daß ich noch den Staub auf den Schränken erkennen konnte. Ich setzte das Teewasser auf, aber das Telefon läutete ein zweites Mal. Klumpp kümmerte sich um mich; er habe eben mit Frank gesprochen, mit mir ›stimme etwas nicht‹, er habe sich das auch schon gedacht, ob er vorbeikommen solle. ›Nein‹, rief ich, ›es ist sehr viel besser, ihr laßt mich alle in Ruhe.‹ Es tat mir etwas leid, so grob gegen ihn sein zu müssen, doch gerade Klumpp hatte es nicht anders verdient. Ich hängte ein.

Als es kurze Zeit später ein drittes Mal läutete, schrie ich auf. Marie meldete sich; sie habe gerade von Klumpp erfahren, daß es mir nicht gut gehe und ich sie nun doch am Wochenende erwarte. ›Es ist ein Mißverständnis‹, sagte ich ruhig, ›die Dinge nehmen ihren Lauf, und es ist am besten, ihr haltet euch da heraus.‹ ›Wovon sprichst du eigentlich?‹ fragte sie noch, aber ich hatte wieder eingehängt. Für einen Moment dachte ich daran, daß alle drei auf denselben Gedanken kommen könnten, mich dennoch zu besuchen. Aber soviel Kampfgeist traute ich ihnen nicht zu. Vielleicht kam mir auch zugute, daß ein jeder den anderen verdächtigte, nach mir sehen zu wollen. So mochten sie sich gegenseitig abhalten, ihre Pläne in die Tat umzusetzen.

Das Teewasser kochte, und ich ließ es über die Blätter laufen, dann nahm ich das Sieb heraus, schenkte mir ein und trank. Der Tee war besonders stark geworden. Ich wollte gerade hinausgehen, um nach den angepflanzten Buchen zu schauen, als das Telefon klingelte. Meine Mutter wollte mich sprechen. ›Ja?‹ fragte ich kurz. ›Wie geht es dir?‹ wollte sie wissen. ›Ja‹, sagte ich unaufmerksam, als wäre das eine Antwort auf ihre Frage. Sie tat, als habe sie es überhört und erzählte von ihrem Aufenthalt in der Schweiz. Aber ich wußte, warum sie anrief. Sie wollte mir ihre Ankunftszeit mitteilen! Ich behielt recht. Am Ende rückte sie mit der Nachricht heraus. Sie werde am späten Sonntagabend eintreffen, eine Stunde vor Mitternacht. ›Gut‹, sagte ich nur noch, als hätten wir einen Pakt geschlossen. Es war ausgemacht, daß ich sie abholen würde. Ich hängte ein und ging nach draußen. Ich dachte mir, daß es so weitergehen würde; ein geheimer Bann war gebrochen.

Der Boden war trocken, ich schöpfte mit einer großen Kanne Wasser aus dem Bottich, der neben der Garage stand, und trug es zu der Pflanzung, um es dort zu verteilen.

Dann verließ ich das Grundstück, ich wollte noch nicht wieder zu den Papieren zurück. Ich schlug den kleinen Landweg Richtung Paffrath ein. Kurz nachdem ich das Gut erreicht hatte, bog ich in den Wald ein. Schließlich traf ich auf die Bank, von der aus man leicht den Hähner Hof und seine Umgebung überblicken konnte. Die kleine Bucht hinter dem Hof war von Campingwagen umzingelt, die dort den ganzen Winter über standen. Im Sommer begannen hier die Wildwasserfahrten. Eine Frau kehrte vor der großen Einfahrt, ein Traktor wendete gerade neben der Scheune, bald würden die ersten Gäste in der Wirtschaft eintreffen. Auch auf dieser Bank hatte ich oft mit meiner Mutter gesessen. Der weite Ausblick war einer von denen, die sie ›beflügelten‹. Sie starrte hinab ins Tal und begann zu erzählen, und plötzlich belebten sich die neumodisch-verfransten Gegenstände, man übersah die Campingwagen und dachte sich in eine ganz andere Zeit zurück. Nein – ich wollte von diesen Täuschungen nichts wissen! Ich stand auf und ging den Waldweg zurück; in der Nähe des Gutes lief mir ein Hund entgegen, den ich schon oft unterhalb der kleinen Quelle gesehen hatte, die hinter dem Gutshof aus dem Boden trat. Er begleitete mich den weiteren Rückweg, bis ich die Landstraße auf der Höhe des Holzkreuzes verließ und quer über die Felder zum Grundstück zurückging. Als ich das Wohnhaus erreichte, schellte das Telefon. Ich lief hinein und hob den Hörer ab. Meine Tante sorgte sich um mich. Sie sprach davon, daß meine Mutter sie angerufen hatte; es gehe mir nicht gut, ich sei wortkarg, ein böses Zeichen, daß ich mit Schwierigkeiten nicht fertig würde. Meine Tante weiß solche Nachrichten richtig zu bewerten. Ich konnte sie mit wenigen Worten beruhigen, aber ich mußte ihr versprechen, am Nachmittag zu erscheinen. ›Keine weiteren Gäste‹, rief ich noch in den Hörer, aber sie beruhigte mich.

Unruhig würde meine Mutter jetzt die Stadt durchstreifen. Es wäre der erste Morgenspaziergang, den sie ohne meinen Vater unternähme. Sie hätte ihn im Hotel zurückgelassen, aber später wäre er ihr wie auf leisen Sohlen gefolgt und hätte sie irgendwo entdeckt und gestellt.

Dann hätte sie bereits die meisten Geschenke gekauft, von denen eines auch für mich bestimmt gewesen wäre, das teuerste, das überflüssigste. Gegen Mittag wären die Boten von den Geschäften ins Hotel geeilt, um die Gegenstände abzugeben. Mein Vater hätte sich in das Unvermeidliche gefügt. Aber meine Mutter wäre unruhiger gewesen als die Tage zuvor. Sie hätte sich an den Anruf erinnert; ich hatte versäumt, den zufriedenen Eindruck zu erwecken, den sie von mir erwartete. Seit den Kindertagen hatte sie mich mit dieser Erwartung geplagt. Es erschien unmöglich, Geschenke zurückzuweisen, sie zu enttäuschen; selbst wenn man den Grund der Unzufriedenheit angab, geriet sie in heftige Empörung. Sie hatte für mich gesorgt, an mich gedacht; mit nichts anderem waren ihre Gedanken beschäftigt gewesen. Aber ich kam in diesen Gedanken vor allem als das Kind vor, dem es um jeden Preis gutgehen sollte. Nichts durfte es stören, alles sollte ihm gefallen, das Kind war der kleine König, der seine Herrschaft freilich noch an die Mutter abgetreten hatte, die für ihn Land und Leute verwaltete . . .

Aber ich wollte daran nicht denken; andererseits konnte ich die Vorstellungen, die mich überfallen hatten, nur schwer loswerden. Tat es mir leid, daß ich sie beunruhigt hatte? Nun würde sie längst ihre Vermutungen zurechtgelegt haben; sie hätte alle Möglichkeiten bedacht, wäre das Haus Raum für Raum durchgegangen, um zu prüfen, was mir hätte mißfallen können. Hatte es an der mangelnden Verpflegung gelegen, streikte die Heizung, hatte ich zuviel im Garten gearbeitet, kam ich mit meinen Plänen und Zeichnungen nicht voran? Oh, sie würde vergeblich nach einer Antwort suchen!

Entschlossen ging ich zu den Briefen und Aufzeichnungen zurück. Ich nahm das kleine Bündel, das ich bisher noch nicht durchgegangen war, in die rechte Hand, als müßte ich es wiegen. Ich pfiff leise vor mich hin, die linke hielt sich am Tisch fest. Dann entknotete ich die Schnur, die das Bündel zusammenhielt. Ich stand noch einmal auf, um den Telefonhörer auszuhängen. Ich nahm wieder Platz, ich las, langsam, immer wieder von vorne.

›Ihr Lieben, Ihr habt vom Schrecklichen gehört. Ihr habt vom Schrecklichen erfahren. Ich denke unentwegt daran, ich begreife es nicht. Hatte ich es nicht längst geahnt? Wovor ich Angst hatte, das traf mich, wovor mir graute, das kam über mich. Hatte ich mich nicht ruhig gehalten? War ich nicht still? Ich hatte weder Frieden noch Glück, und doch war ich ruhig geblieben. Nun aber kommt solche Unruhe, und ich lebe nicht mehr mit der Hoffnung. Denn die Zerstörung hält an, und sie wird uns umwenden, daß man uns nicht mehr erkennt. Sie wird die Familien zerreißen, den Lebenden ein Grab schaufeln, sie wird das Gute trennen und das Böse aufleben lassen. Wie sollen wir noch leben, wo man uns alles nimmt, wohin sollen wir fliehen am Ende, da doch niemand mehr nach uns kommt . . .‹

So begann der erste Brief, den meine Mutter nach der Totgeburt an die Eltern geschrieben hatte; sie hatte ihn in einer einzigen Nacht verfaßt, eingeschlossen in die Küche, in der sie tagelang nichts gegessen hatte.

Nach ihrer Entlassung aus dem Krankenhaus hatte sie das Gefühl, niemals mehr auf ungezwungene Weise allein zu sein. Sie ging vorsichtig, mit Katzenseitenblikken, als käme sie so der Beobachtung zuvor. Manche Häuser hielt sie für Verstecke der Kindstöter, die Hekken für Quartiere der Kriegsstifter, deren Parolen und Losungen sie erst jetzt ganz zu verstehen schien. Sie horchte auf, sie achtete auf jedes Wort, jede Wendung erschien ihr verdächtig, konnte etwas ›anzetteln‹, wandte sich gegen sie, wenn sie falsch gebraucht wurde.

›. . . nun bemerke ich erst, wie sehr sie uns verachten, die Wort- und Gesetzeshüter, die uns blind machen wollen für unser Unglück und die doch davon reden, wir müßten blind einstehen für die Bewegung, blind tun, was man uns sagt, blind glauben, blind überzeugt sein, blind gehorsam. Nein, ich habe sie erkannt, sie können die Worte nicht mehr vertauschen. ›Diesen Verlust müssen Sie einstecken‹, sagte man mir, als das tote Kind zur Welt kam, ›es wird Sie nicht fertigmachen, nicht erledigen, Sie sind noch jung.‹ Oh, ich habe das alles gehört, ihr Zischen, Stänkern und Vertrösten, uns soll der Atem nicht ausgehen, wir sollen uns das Blut aus den Augen wischen, damit wir wieder klar sehen können – und schon soll es in die nächste Runde gehen. Sie haben das Leben zum Kampf gemacht und den Kampf zum Sport erklärt; bald wird man für Fehlgeburten Abgaben zahlen müssen. Die Geburt war ›vorgeplant‹, ich war eingesetzt, ich habe versagt – abgetan, ausgeschieden. Unter Einsatz meines Lebens habe ich dem Führer ein Stück Leben vorenthalten. Ja, ich höhne, aber ich will nichts, nichts mehr wissen von ihren Reden, seit diesem Tag ist alles entschieden . . .‹

Anfangs hatte sie die Schwester zum Einkaufen geschickt, sie traute sich nicht hinaus, schaltete das Radio nur ein, wenn Musik gesendet wurde. Sie versuchte sich tagelang an Briefen, die sie dem Bruder und den Eltern schicken wollte, aber es fehlte ihr immer wieder an Worten. Sie konnte sich nicht mehr so ausdrücken wie früher, sie gab an, die Worte seien mit Kot, Schmutz und Dreck belagert. Statt dessen sollte die Schwester nach Hause schreiben; als sie jedoch die Briefe überflog, die die Schwester geschrieben hatte, wollte sie nicht, daß sie abgeschickt wurden. ›Nachrichten‹, notierte sie, ›wer will noch Nachrichten? Wie kann man das aufschreiben, wie kann man so tun, als ließe sich all dieses Unglück mit ein paar Strichen verzeichnen? Dabei sind wir nur ein lächerlicher Rest der Katastrophe. Wie wird es denen ergehen, deren Kinder und Männer im Krieg fallen, wie wird es um die stehen, die nach Hause kommen und das zerbombte Haus vorfinden? Nachrichten! Ich will nicht mehr, daß noch etwas ›bekanntgegeben‹ wird. Jede ›Bekanntgabe‹ ist ein Hohn auf unser untätiges Leben, auf unser gedemütigtes Warten, auf dieses Blasen in die Luft, aus dem doch nur ein neues Feuer wird.‹

Sie verfiel in grüblerische Stimmungen, die niemand von ihr gewohnt war. Die Schwester weinte, sie war hilflos geworden, heimlich schickte sie ihre Briefe nach Hause, sie fürchtete sich und hielt es in der Nähe meiner Mutter nicht mehr aus, die sich tagsüber häufig einschloß. Als Henner sie besuchte, wollte sie ihn zunächst nicht sehen. Dann führte sie ihn ins Zimmer, setzte sich neben ihn, schloß die Tür ab und weinte. Sie antwortete nicht auf seine Fragen, es war ihr unmöglich zu schildern, wie alles geschehen war. An Einzelheiten erinnerte sie sich nicht mehr. Während ihrer kurzen Schilderungen schien sie zu ersticken. Man holte Wasser, aber sie wollte nicht trinken. Sie versuchte, ruhig von den Ereignissen zu erzählen, aber jedesmal wenn sie an die Schwelle kam, von der sie sprechen wollte, versagten ihr die Worte. Als sie in das Krankenhaus eingeliefert worden war, war das Kind bereits tot gewesen. Man hatte sie abgehorcht und schnell festgestellt, daß es zu spät war. Um sie nicht zu beunruhigen, hatte man ihr nichts gesagt. Andere Operationen waren vorgegangen, man hatte sie in ein Zimmer geschoben und dort ihren Gedanken überlassen. Sie hielt den Betrieb auf, beinahe unwillig hatten sich die Ärzte später darangemacht, sie zu operieren. Erst nach der Operation hatte sie erfahren, daß das Kind längst nicht mehr zu retten gewesen war. Die Infamie des Personals, das sie mit fadenscheinigen Ausreden hingehalten hatte, ließ sie auffahren. Sie hatte einige Beruhigungsspritzen erhalten. Sie galt als ›Störfall‹, man wollte sie nicht lange im Krankenhaus behalten. Sie redete viel, sie fragte nach, sie konnte die einfachsten Erklärungen nicht begreifen und bezog sie auf die Zeitumstände. Um ihre Fragen zu verhindern, hatte man ihr Schlafmittel gegeben. Man wolle, so hatte man ihrer Schwester mitgeteilt, der drohenden Erschöpfung vorbeugen. Schließlich schob man sie ab, einige Tage früher als geplant. Betten wurden gebraucht, jede Geburt war ein Volksgeschenk, besondere Prämien waren ausgesetzt worden. Zur Nachuntersuchung meldete sie sich nicht mehr. Sie erhielt einen schriftlichen Bescheid, man drohte ihr mit einem Verweis. Die Ursachen der Fehlgeburt sollten geklärt werden, es bestand ein amtliches Interesse an ihrem Versagen. Der Hausarzt bescheinigte ›Kraftlosigkeit‹ und eine ›vorübergehende Schwächung‹. Sie lehnte es ab, noch einmal im Krankenhaus zu erscheinen. Niemand konnte sie umstimmen.

›. . . ›Einsatz, Einsatz!‹ Wie hasse ich jetzt solche Worte, die mit der Verführbarkeit spielen, uns anstacheln, uns glauben machen, wir dienten dem Ganzen. Wir sollen erobern, gewinnen, entfesseln, was an Kräften und Gefühlen in uns ist, wir sollen alles abgeben und nicht danach fragen, was mit unseren entleerten Körpern geschieht, wo noch Platz für sie ist, wo sie niemanden belästigen. Eisern, zäh und ehern – so sollen wir uns hingeben, es wird von uns erwartet; bleiben wir stehen, stürmt man über uns hinweg. Kein Wunder – das Sterben wird man einmal ›selbstverständlich‹ nennen, den Tod braucht man uns nicht mehr zu prophezeien, wir werden auch ihn geduldig ertragen. Ihr Lieben – nun helft mir doch gegen den Widersinn, mit dem man uns umgibt, steht mir etwas bei im Krächzen gegen die Blinden, wir müßten uns wohl nach außen stülpen, damit unsere Haut die Luft nicht mehr aufnimmt, die sie vergiftet haben. Selbst die Verzweiflung kann keine Lasten mehr bewegen, selbst sie ist beinahe gebändigt – denn wohin sollte sie sich wenden und auf welches Wort hätte sie noch ein Recht . . .‹

Da die Schwester ihr nicht mehr beistehen konnte, bat man die Mutter, sie zu besuchen. Als diese auf dem Bahnhof eintraf, holte die Schwester sie ab. Der Besuch verschaffte meiner Mutter Erleichterung, sie wagte sich wieder hinaus und begleitete die anderen auf Spaziergängen. Henner hatte sich für einige Tage Urlaub genommen und kam ebenfalls nach Berlin. Gemeinsam räumte man die Sachen weg, die vor der Geburt bereitgestellt worden waren, die Wiege, das Tragebett, mit dem sie hatte auf Reisen gehen wollen. Die Mutter wollte sie in die Heimat einladen, aber sie fühlte sich noch zu schwach, die weite Fahrt anzutreten. Allmählich schien sie ruhiger zu werden; an den Abenden saß man zusammen, strickte, erzählte. Sie hörte zu und versuchte, sich zu fassen. Als Henner wieder nach Polen aufbrechen mußte, brachte sie ihn allein zur Bahn. ›Er hat noch immer nicht verstanden, wie es um uns steht‹, hatte sie zur Mutter gesagt. Einige Tage später reisten Mutter und Schwester ab. Sie war wieder allein.

›Lieber Bruder, ich habe Deinen Brief erhalten, und ich danke Dir. Ich weiß nicht, wie oft ich ihn in den letzten Wochen gelesen habe, doch haben mir Deine Worte mit der Zeit geholfen, das kann ich sagen. Und ist es nicht viel, wenn Worte heute noch helfen? Ja, es ist sehr viel. Ich danke Dir auch, daß Du mir nicht geschrieben hast, ich solle den Kopf wieder aufrichten, ich solle Mut fassen, ich solle auf Gott vertrauen, ich solle an Henner denken und an die Eltern in der Heimat – nein, das alles hast Du nicht geschrieben, und ich gebe zu, daß ich solche Sätze erwartet hatte, als ich Deinen Brief öffnete. Es war gut, daß Du auf diesen sehr allgemeinen Trost, der bereits geschäftsmäßig ausgestreut und unter die Leute verteilt wird, verzichtet hast. Nicht wahr, Du hast – wie ich auch – bemerkt, wieviel dumme Dreistigkeit in solchen Worten verborgen ist, wie sich diese Worte nach dem Wind richten und nur aufzuschieben versuchen, was längst als drohendes Ende über uns verhängt wurde. ›Es ist Dir ein großes Unrecht geschehen‹ – so hast Du statt dessen geschrieben. Ich sehe es auch so, und wer anders spricht, hat nicht verstanden, was geschehen ist. Das Kind ist tot, unter anderen Umständen jedoch wäre es noch am Leben. Wen trifft nun die Schuld? Heute geht man über so etwas hinweg, sie rechnen die Toten in Tausenden. Ich habe, obwohl Henner es nicht wollte, eine Todesanzeige in die Zeitung setzen lassen; der Einzelne scheint kaum noch ein Recht auf solche Nachrichten zu haben, selbst derartige Anzeigen sind zu Werbeaktionen für die Partei verkommen. Auch der religiöse Trost, an den man sich in früheren Zeiten halten mochte, ist dem Trost gewichen, daß einer für das Vaterland, den Führer, die großdeutschen Ideale gefallen sei. Was soll uns dieser Krieg? Ich habe an den letzten Tagen mit Nachbarn darüber gesprochen, deren Sohn schon vor einem Jahr eingezogen wurde. Sie rechnen täglich damit, daß er bei den schweren Kämpfen in Rußland umgekommen ist. Sie waren mit mir einer Meinung; dieser Krieg hat keine Notwendigkeit, sein Ausgang wird uns alle ins Unglück treiben. Auch sie lassen sich von den Kriegsberichten nicht mehr irreführen. Ich kenne aber auch andere, die das Geschehen mit einer Gelassenheit ertragen, für die ich kein Verständnis habe. Sie haben sich im Keller eingerichtet, sie nehmen das stundenlange Warten bis zur Entwarnung ohne Murren hin, später eilen sie zu den Stellen, wo die Bomben eingeschlagen sind. Neugierde mischt sich manchmal mit Schadenfreude. Ja, der Krieg regt diese Menschen beinahe an, er versetzt sie in Spannungen, denen sie, wenn wieder einmal alles ›vorüber‹ ist, freien Lauf lassen. Sie leben noch, und sie genießen es doppelt. Sie steigen aus den Kellerlöchern und folgen den Rauchschwaden, die aus der Ferne herüberziehen. Am Tage treffe ich diese Menschen wieder; es sind die, die sich in den Schlangen vor den Geschäften herandrängeln, einen anreden, es eilig haben, nach Neuigkeiten fahnden. Es wäre besser, sie hielten sich nicht mit uns im Keller auf, da man sich wegen ihrer Aufdringlichkeit nicht einmal dort frei unterhalten kann. Oh, sie verstehen nichts, sie kauen auf den Worten, noch die geringste Abweichung vom geregelten Sprachgebrauch entgeht ihnen nicht. Daher muß ich vorsichtig sein. Meine Sehnsucht nach Gesprächen wächst; man ist stundenlang mit Menschen zusammen, die einen nichts angehen, einem aber auf den Mund schauen. Auch darin lebt etwas Teuflisches, das bloße Zusammensein garantiert eine wachsame Kontrolle, die alle stillschweigend ausüben. Man lebt in Phantasien, in Träumen, in Selbstgesprächen, und den Kreis der geduldig ausharrenden Nachbarn, die sich manchmal Abend für Abend im Keller treffen, nimmt dieses innere Reden in die Pflicht. So funktioniert die Ohnmacht, selbst sie bedarf der Organisation, um nicht zur Gefahr zu werden.

Inzwischen spricht man hier davon, daß man alle Frauen unter 45 Jahren, die ohne Arbeit sind, dienstverpflichten wird. Man denkt wohl daran, sie in den Betrieben und Fabriken einzusetzen, um den Nachschub zu sichern. Ich erwarte, daß man Henner bald zum Militär einzieht. Sollte es soweit kommen, werde ich versuchen, in die Heimat zurückzukehren. Ich werde nicht hier warten und ausharren, bis mir die Post seine Hinterlassenschaft zustellt, ein paar Bücher, vielleicht noch einen Orden, ein Messer, ein Taschentuch. In Berlin wäre ich am wenigsten sicher, die Luftangriffe werden zunehmen. ›Laßt mich in Frieden‹, sagte am gestrigen Abend ein Mann zu uns im Keller, als man ihn aufforderte, seinen Platz für eine Familie zu räumen. Einige lachten. So ist es. Man wagt nicht mehr, diese Worte in den Mund zu nehmen, sie wären ein Hohn.

Wohin sind all unsere schönen Jahre? Haben wir nur geträumt, was einmal war? Wovon wir dachten, es hätte Bestand, war das alles nichts? Es kommt mir vor, ich hätte geschlafen und wüßte nichts mehr. Aber ich sah's doch, ich sah, wie es heraufzog, es war noch fern, nun ist es Leid geworden . . .‹

Ihre Vermutungen bestätigten sich, als Henner eingezogen wurde. Er wurde einem Eisenbahnpionierbataillon zugeteilt, das in Fürstenwalde zum Einsatz kam. Für einige Wochen waren sie an den Abenden wieder zusammen; sie sprach nicht viel, wirkte scheu und verschlossen, Henner versuchte sie aufzumuntern. Aber sie hielt die Nachricht noch geheim. Erst als er sie aufforderte, ihr nichts zu verschweigen, nichts zu verbergen, gab sie an, ein Kind zu erwarten. Diesmal war Henner mit ihrem Vorschlag einverstanden. Sie packten das Notwendigste zusammen, sie fuhr zurück in die Heimat.

Ich schaute auf die Uhr. Ich wollte meine Tante nicht warten lassen. Noch nie hatte ich sie so häufig gesehen wie in diesen Tagen. Wir waren uns früher nicht aus dem Weg gegangen, wir hatten vielmehr keinen besonderen Grund gehabt, einander zu besuchen. Sie ist eine unterhaltsame Gesprächspartnerin, aber auch sie legt keinen Wert darauf, ihre Zeit nur mit Plaudern zu verbringen. Seit dem Tod ihres Mannes hat sie sich in Organisationen und Verbänden nützlich gemacht. Ihre Munterkeit kommt ihr dabei zugute, die meisten sind froh, einen Menschen vor sich zu haben, der um Posten und Stellen nicht aus Ehrgeiz kämpft. Meine Tante empfand es als selbstverständlich, ihre freie Zeit diesen kleinen Aufgaben zu widmen. Mit der Zeit sind immer mehr Menschen zu ihr gekommen, die von Sorgen geplagt wurden. Sie versuchte zu helfen, und ihre engen Kontakte zum Pfarramt der Gemeinde richteten oft etwas aus. Ihre Einladungen sind im ganzen Dorf berühmt. Sie empfängt ihre Gäste schon auf der Treppe, sie vermittelt ihnen das Gefühl, voller Sehnsucht erwartet zu werden. So war es auch mit mir. Sie zog mich gleich aus dem Flur in das Speisezimmer und ließ mich am Fenster Platz nehmen. Der Tisch war gedeckt, wir hatten denselben Gedanken. ›Gut, daß wir uns einmal häufiger sehen‹, sagte sie. Ich stimmte ihr zu, aber ich wußte, daß es auch ihr guttat, von der Vergangenheit zu erzählen. Es packt sie bei solchen Berichten keinerlei Scheu; sie weiß, daß sie nicht eben gekonnt erzählt, aber es macht ihr nichts aus. Wenn sie die rechten Zuhörer gefunden hat, vertraut sie auf deren Vorstellungskraft. Sie gibt ihnen Gelegenheit, Fragen zu stellen, sie weicht nicht aus, meist kommt auch sie nicht zügig vorwärts in ihren Erzählungen. Knippener Geschichten gehören keiner Zeit an, sie sind wiederholbar, werden ausgebessert, bei Bedarf geflickt, entstaubt und am Ende den staunenden Enkeln vorgesetzt, die sie längst nicht mehr hören wollen. Meiner Tante kommt häufig die Aufgabe zu, ironische Varianten beizusteuern. Sie vermeidet es, sich über Menschen lustig zu machen, sie übertreibt nur ein wenig, was geschehen ist. Wenn es zu ernst wird, setzt sie sich über das Unbehagen hinweg, das einen ergreift, wenn man in Trauer erstickt. So begegnen auch wir uns bei den wenigen Treffen mit besonderer Höflichkeit. ›Herr Architekt‹, sagt meine Tante und bietet mir einen Stuhl an. ›Was wünschen Sie‹, fragt sie weiter und hat mir den Wunsch schon von den Augen abgelesen. Ich gehe auf dieses Spiel mit Vergnügen ein. In Knippen ist so etwas eine wahre Erholung. Wir danken uns, wir fordern uns auf ›zuzugreifen‹, wir werden ausfällig, wenn der andere nicht auf die kleinen Aufmerksamkeiten des Gegenüber eingeht. Nach einer Weile sind diese Launen verbraucht, der Kuchen wird beiseitegeräumt, der Kaffee ist getrunken, wir ziehen uns in ein anderes Zimmer zurück, meine Tante erzählt.

›Es war gut‹, begann sie, ›daß Katharina damals nach Knippen kam. Die Eltern hatten den Kontakt zu ihr zwar nie verloren, wir schrieben uns jede Woche einmal, aber unter uns fühlte sie sich sicher. Es kam uns so vor, als ruhe sie sich hier von den Anstrengungen aus, die sie in Berlin überfordert hatten. Sie schlief – ganz gegen ihre Gewohnheit – an den Morgenden recht lang, und obwohl auch hier mit Luftangriffen gerechnet werden mußte, behielt sie doch in der folgenden Zeit eine gewisse Gelassenheit. Allen fiel jedoch auf, daß sie viel schweigsamer war als früher. Wir hatten ihr das alte Zimmer eingerichtet, dort saß sie nun tagelang, las, schrieb Briefe an Henner und unseren Bruder Carl. Tagsüber ging sie wieder in die Beeren und in die Pilze, sie sammelte Fallobst im Garten, sie kümmerte sich um den Haushalt. Alle paar Tage zog sie mit dem Handwagen in den Wald, um Holz zu besorgen. Man hätte denken können, es habe nie ein anderes Leben gegeben, doch sie täuschte sich darin nie. Sie sprach noch leiser als sonst, so daß unser Vater ihr gut zuredete, ›du mußt lourer schwätzen, sonst kunn ich dich net verstoan‹. Doch sie gab sich damit keine Mühe, und wir fragten uns, wie wir sie aufheitern könnten. Einmal nahm sie mich mit in die Kirche; sie zeigte mir das Deckengemälde, als hätte ich es noch nie gesehen. Aber in ihrer Begleitung erfuhr man mehr über das Bild; sie deutete die Figuren, sie konnte sich an den Gestalten nicht sattsehen, und sie sprach davon, daß Hacker ein großer Künstler gewesen sei. Wir machten uns Sorgen um sie, aber niemand von uns kam mit ihr so recht ins Gespräch; selbst der Mutter wich sie aus. Ein wenig besser wurde es erst, als der Junge zur Welt gekommen war und sie ihn Henner präsentieren konnte, der Heimaturlaub erhalten hatte.‹

›Ich hatte‹, fuhr die Tante fort und beugte sich etwas zu mir vor, ›ich hatte damals, als Henner für einige Tage hierher kam, den seltsamen Eindruck, als hätten die beiden sich wieder versöhnt. Verstehst du mich – ich glaube nicht, daß sie sich während ihrer Ehe oft gestritten hatten, sie waren wohl auch nicht allzu häufig verschiedener Meinung gewesen. Henner sprach nicht mehr mit Begeisterung von der Partei und ihren Errungenschaften, das private Leben hatte derartige Schwülstigkeiten und Emphasen bald erstickt. Sie waren also nicht uneins miteinander, soweit konnte man nicht gehen; aber die Geburt des Sohnes brachte sie anscheinend wieder enger zusammen. Ach, so etwas ist schwer zu erklären; auf derartigen Gefühlen bauen sich meist die schwerwiegendsten Mißverständnisse auf. Doch ich hätte damals schwören können, daß Katharina ihren Henner durch diese Geburt näher an sich herangezogen hatte. Er war aufmerksamer als früher, er besuchte sie an jedem Tag mehrere Stunden im Krankenhaus, er wollte den Jungen sehen, er hielt unerwünschten Besuch fern. Katharina war glücklich in diesen Tagen, so sollte er immer sein, intensiv, neugierig, lebendig, um sie besorgt. Erst jetzt schien ihre Ehe jenen Sinn gefunden zu haben, den sie von ihr erwartet hatte. Aber es kam dann unerwartet ganz anders.

Schon in dem ersten Brief, den Henner ihr nach der Rückreise geschrieben hatte, war er auf seine Absicht zu sprechen gekommen, an einem Lehrgang als Offiziersanwärter teilzunehmen. Diese Nachricht hatte er ihr vorenthalten, als er sie besuchte. Katharina reagierte gereizt, sie fürchtete neue Schwierigkeiten, vor allem aber ertrug sie den Ton nicht, den Henner in seinen Briefen mit großem Stolz neu aufleben ließ. Dieser Ton kam zu spät – alle bemerkten es, die diese Briefe lasen. Stalingrad war verloren, die Zeit der Blitzkriege längst vorbei, jeder nüchterne Beobachter wußte das. Doch Henner hatte ein neues Hochgefühl gepackt; es kam einem beinahe so vor, als habe er es der Geburt des Kindes zu verdanken. In Berlin lebte er unter Kameraden; es war niemand da, der ihn hätte korrigieren können. Daher schrieb er uns dann seine übermütigen Briefe, die niemand verstehen wollte. Er lauerte auf einen möglichen Einsatz, er gab sich eifrig und tüchtig, er wollte den Lehrgang so schnell wie möglich beenden. Solche Sätze gingen uns nicht aus den Ohren, und Katharina fand keine Worte, wie sie ihn hätte bremsen können. Nach Abschluß des Lehrgangs war er Unteroffizier geworden, er meldete es, als werde durch diese Ernennung eine Schlacht entschieden. Nun führte er selbst einen kleinen Trupp an, der oft noch in den Nächten zum Einsatz kam. Unermüdlich schrieb er uns seine Briefe, die uns an die erinnerten, die er vor vielen Jahren einmal geschrieben hatte. Wiederum waren sie voll von Details, wiederum berichteten sie vom Glück gemeinsamer Anstrengungen, das er lange entbehrt zu haben schien. Schon an winzigen Nuancen bemerkte man, wie sehr sich seine Haltung plötzlich verändert hatte – er schrieb vom ›strammen‹ und ›abwechslungsreichen‹ Dienst, er fluchte auf die ›Terrorangriffe‹, die die Stadt und ihre Bewohner zu ertragen hätten, er wünschte ›Vergeltung‹ und ›Rache‹ herbei. Die neu erworbene Befehlsgewalt hatte seinen Tatendrang herausgefordert. Noch in der Nacht wurden die Männer geweckt, man versammelte sich auf dem Kasernenhof, Stärkemeldungen wurden ausgetauscht, Kommandos gegeben, das Einsatzgerät wurde verladen, die Motoren der Lastwagen angelassen. Es war Henners Ziel, mit seinem Trupp schon am frühen Morgen als erster an der Einsatzstelle anzukommen. Zerstörte Gleise sollten erneuert, Aufräumkommandos mit der Wegschaffung von ausgebrannten Personen- und Güterwagen betreut werden. Die Männer trafen mitten in der Verwüstung ein, an vielen Stellen brannte es noch, Aschenregen rieselte nieder, Schienen waren ausgeglüht, die Schwellen durch Brände vernichtet. Die Wagen mußten auseinandergeschoben werden, die Trümmer beseitigt, die schwelenden Feuer gelöscht. Das dauerte den ganzen Tag lang – stell dir diese Arbeit vor, wie konnte man da noch von ›Vergeltung‹ träumen? Katharina war erschrocken, seit der Totgeburt witterte sie jede Gefahr, aber sie war zu stolz, es Henner mitzuteilen. Anfangs weigerte sie sich sogar, ihm zu antworten. ›Er ist toll geworden‹, sagte sie zu uns, ›ich verstehe ihn nicht mehr.‹ Erst als er sich nach ihr und dem Jungen erkundigte, schrieb sie zurück, doch sie konnte sich an seinen Sinneswandel nicht gewöhnen. Sie reagierte maßlos, aber sie schrieb ihm davon nichts. Sie gab an, daß es dem Jungen gutgehe, daß sie selbst sich in acht nehme, daß er sich vorsehen möge. Doch mit keinem Wort erwähnte sie, was mit dem Kind geschehen war. Sie hatte einen Weg gefunden, es von Henner, aber auch von uns fernzuhalten.

Denn seit dem Tag, an dem Henner nach Berlin zurückgekehrt war, sprach Katharina mit dem Kind eine andere, schwer verständliche Sprache. Sie redete es mit Lauten an, die niemand zuvor gehört hatte und die allen zum Rätsel wurden. Einige glaubten, sie habe den Verstand verloren – das aber konnte nicht sein, denn am Abend, wenn sie den Jungen zu Bett gebracht hatte, unterhielt sie sich wie immer. Auf Fragen entgegnete sie ausweichend, es sei eine Kindersprache. Andere beobachteten, daß sie bei ihren täglichen Arbeiten teilnahmslos blieb, nie lange aufschaute, wie aus Furcht, zuviele Blicke einzufangen; erst wenn sie mit dem Kind sprach, wurde sie lebhafter, aber noch immer konnte kein anderer diese Sprache verstehen, ein Gemurmel, das oft an ein Winseln erinnerte, so daß unser Vater, erbost über soviel Fremdes, einmal vom Tisch aufgestanden war. Sie kümmerte sich jedoch nicht darum und verschwand tagelang mit dem Kind im Wald, als müsse sie es geheimhalten und als gebe es Dinge zu bereden, die niemanden sonst angingen. Betete sie, sprach sie mit sich selbst, zitierte sie aus Büchern, die sie gelesen hatte, oder mischte sie aus vielerlei Quellen eine Sprache, die nur dem Jungen vorbehalten war? Wir wußten es nicht, erst auf mehrmaliges Drängen und Fragen antwortete sie, die Sprache, derer sich alle bedienten, sei für immer häßlich geworden, lemurenähnlich, und hinter jedem Laut hocke das Sterbegemecker der Toten. So wuchsen ihre Sätze aus wilden Lauten zusammen, die sich plötzlich in ganz andere, süße, kosende, gurrende verwandeln konnten. Sie sprach nicht im gewöhnlichen Sinn mit dem Kind, sie lullte es ein, umgab es mit Lauten, die sonderbar und verführerisch klangen, sie erwiderte sein Zischen, Lallen und Schnalzen; ›karatra‹ rief sie und deutete einem Krähenschwarm hinterher, ›sitsit‹ machte sie, als sie die Fliegen verscheuchte, ›öö‹ ahmte sie die Glockenschläge nach, ›didi‹ antwortete sie auf das Hundebellen, um plötzlich all diese Laute zu einem unaufhörlichen Singsang zusammenzuziehen, an- und abschwellend, auflebend, wieder versiegend, allmählich übergehend in leise gesprochene Sätze, in Bitten, Gesänge, kleine Lieder, ins Wiegen, ins Wägen, ins Wigen, ins Wagen, ins Gigen, ins Gagen, ausholend zu beruhigenden Sprüchen und zauberischen Formeln, wigen, wagen, gigen, gagen, wenne wil es tagen.

Bei solchen Lauten merkte das Kind auf, es hielt still,

wandte sich ihr zu, man zählte die Glockenschläge, man horchte dem Hundebellen nach, keiner von beiden bewegte sich, bis Katharina den Wagen weiterschob, mit dem Kind im Grüntal verschwand, hinaufging nach Endehöh, den Kucksberg bestieg und am Abend im Unterdorf wieder eintraf. Sie ahmte die Vogelstimmen nach, sie jagte Hühner und Gänse, erschreckte die Feldvögel und lief mit dem Wagen hinter den Kutschen und Pferdefuhrwerken her. Am Abend, wenn das Kind zu Bett gebracht wurde, kamen all diese Laute in ihrer Erinnerung noch einmal zusammen, und das Kind starrte sie mit großen Augen an und hielt still, als fände es wie die Mutter in die Erinnerung zurück, ins Rot, ins Grün, ins Braun, ins Gelb, ins Ka, ins Ke, ins Bu, zur Ruh. ›Sipp sapp seepe, ich mach mir eine Flöte‹, fuhr Katharina fort, und wenn sich einer von uns dazwischendrängte, wurde er zur Seite geschoben, ›ich mach mir eine Flöte, von Thymian, von Majoran . . .‹

Was wir sagten, schien sie nicht zu beschäftigen; näherte sich einer dem Kind, beobachtete sie ihn, kam hinzu, stellte sich neben ihn. Wenn Vater aus der Zeitung vorlas, führte sie das Kind hinaus, Radiosendungen wurden ebenfalls gemieden, sie achtete störrisch darauf, daß bestimmte Worte nicht benutzt wurden; einmal hatte sie mir aus einem Brief vorgelesen, den Henner geschrieben hatte, sie riß ihn in der Mitte durch und warf mir die Zettel in den Schoß. ›Auslöschen, vernichten, niedermachen, brandmarken, ausrotten‹, schrie sie, ›was hat er noch anderes im Kopf?‹ Sie rannte ins Kinderzimmer, und ich wußte, daß sie das Weinen unterdrückte, stillhielt, bis sie die Sprache wiedergefunden hatte, ›Pipe willst du nicht geraten, schmeiß ich dich in Pfaffengarten‹, bis ich hinüberging, sie zu beruhigen, ›kommt die Kuh, frißt dich zu‹, bis auch die Mutter dazukam und sich mit ihr über die Wiege beugte, ›kommt die Maus, frißt dich aus‹. Henner ahnte und bemerkte nichts; wie hätte er sich auch vorstellen können, was in seiner Abwesenheit geschah?

Wahrscheinlich glaubte er, Katharina durch seine Briefe eine besondere Freude zu machen. Aber wovon konnte er berichten? Eine Eisenbahnbrücke war zerstört worden, und die Arbeit von Tagen galt der Reparatur. ›Bombenvolltreffer‹ hatten das Mittel- und Endfeld der eisernen Konstruktion vernichtet, die schweren Träger hingen nur noch an schwachen Verbindungsstellen. Henner legte seinen Briefen Skizzen, Baupläne und Konstruktionszeichnungen bei, wir sollten einen Eindruck von seinen Arbeiten erhalten. Um eine Behelfsbrücke einzurichten, mußte Holz herangeschafft werden, das man bearbeitete, aufstellte, montierte. Woher nahm man das Material, woher die Geräte, welche Strecken waren noch befahrbar? Henner führte uns seine Findigkeit vor, und seine Schilderungen schienen nicht davon betroffen zu sein, daß es sich doch um Reparaturen handelte, die das Ende nur weiter hinausschoben. Im Gegenteil – gerade an diesen Schadstellen entzündete sich sein Eifer, er wollte ›den alten Zustand‹ wiederherstellen, alles sollte so aussehen, als habe es nie einen Angriff gegeben oder als habe dieser nichts ausgerichtet. ›Er flickt‹, sagte Katharina, ›aber er tut so, als baue er das Alte nur noch schöner wieder auf.‹ Und so war es.

Henner war ein erfahrener Techniker geworden; seine Fähigkeiten wurden gebraucht, er erhielt besonders schwierige Aufgaben, an deren Lösung sich nur wenige heranwagten. Denn die notwendigen statischen Berechnungen mußten oft in größter Eile ausgeführt werden; man richtete ihm ein Büro in einem ausgebrannten Güterwagen ein, man besorgte Zeichenpapier, und er wuchs unter dem Druck dieser Tätigkeiten, er kam kaum noch zum Schlaf. Verbissen den Aufgaben zugetan, entging ihm, was in seiner Umgebung geschah; er verlor den Überblick, er sah nur noch geborstene Pfeiler, eingestürzte Brücken, haltlose Konstruktionen, und er machte es sich zur Pflicht, die Teile wieder zusammenzusetzen, sie ins Lot zu bringen, damit sie wieder benutzt werden konnten. Katharina hatte dafür nicht einmal mehr Spott übrig. Sie öffnete seine Briefe, las sie stumm und übergab sie uns fassungslos. ›Da geht es drunter und drüber‹, sagte unser Vater kopfschüttelnd, und Katharina wiederholte, was er gesagt hatte, mit ihren Lauten, ›es hat sich wider alles verkeret, das hinder hervür, das voder hinhinder, das under gen berge, das ober gen tale‹, so daß sich unser Vater erzürnt gegen sie wandte, ›wie, was sagst du da‹, und sie schon abwiegelte, ›gesprochen hab ich, gesprochen, damit wellen wir ende machen‹. Solche Redensarten, die das Gespräch auflösten und es in ganz andere Bahnen lenkten, gebrauchte sie häufig. Sie waren der Sprache entlehnt, die sie im Umgang mit dem Kind benutzte. Erst durch ihren Gebrauch schien sie sich von dem loszusagen und zu befreien, was sie bedrohte; ja, sie schien durchzuatmen, auf andere Gedanken zu kommen, denn sie murmelte diese Sätze leise vor sich hin, entzog sich damit einer Unterhaltung, verabschiedete sich, ging ihren Launen nach und konnte doch wenig später, als habe sich nichts Besonderes ereignet, in normalem Ton wieder fortfahren. ›Ammensprache‹ nannte sie dieses Gemisch, als sie gefragt wurde, und ich war sicher, sie hatte es sich zurechtgelegt, um das Kind zu betören, es in Sicherheit zu wiegen, es aufzuheitern und von den Ereignissen abzulenken. Denn sie sprach vor allem mit dem Jungen in dieser für uns schwer verständlichen Sprache, und es erstaunte uns mit der Zeit, daß dadurch eine Verständigung möglich erschien, denn das Kind begann allmählich, diese Laute zu erwidern, auf sie zu reagieren. Es ahmte die Worte der Mutter nach, es verlangte geradezu nach ihnen, es bildete sie zu noch unverständlicheren Silben und Lauten um, es beharrte hartnäckig auf Abweichungen, und es zeigte große Unlust, wenn man ihm andere Worte aufdrängen oder eintrichtern wollte. Auch später behielt es diese Sprache noch lange Zeit bei, obwohl es uns verstand und die normale Sprache ohne Probleme beherrschte. Dennoch wechselte es, wie es ihm gefiel – und wir erkannten darin nicht die geringste Ordnung –, von einer Spielart in eine andere. Offensichtlich benutzte es mehrere Worte für ein und dasselbe Ding, andererseits aber auch ein Wort für mehrere Dinge. Wütend reagierte es erst, wenn man es in jenem Kinderton anredete, den Erwachsene in solchen Fällen gerne benutzen. Nur die Mutter durfte mit ihm in der ›Ammensprache‹ reden, die anderen wurden von diesen Lauten und Klängen ausgeschlossen. Ich fragte mich später selbst, ob Katharina genau übersah, was sie angerichtet hatte. War sie nach einer bestimmten Ordnung vorgegangen, hatte sie Regeln zur Anwendung gebracht? Nein, so war es nicht. Die ›Ammensprache‹ war ein frei erfundenes Gemisch, zusammengesetzt aus Märchen und Reimen, Erzählungen und Gleichnissen; das

Kind aber nahm sich daraus wie selbstverständlich das, was es brauchen konnte, was ihm gefiel. Es setzte diese Geschichten in seinem Selbstgespräch um, formte aus ihnen eigene Laute und löste sich am Ende ganz von dem unerschöpflichen Vorrat, den Katharina ihm angeboten hatte. Wie erfinderisch es war, wie heiter, wie neugierig! Bestimmten Farben hatte es Laute gegeben und dabei noch kleinste Veränderungen beachtet. Vor allem erhielt jedoch alles, was man in der freien Natur beobachten konnte, einen neuen vogellautähnlichen Namen. So entstand ein Geseise, Gezische, Gestanze, an dem später alle ihre Freude hatten; denn mit der Zeit hatten auch wir solche Worte übernommen und gebrauchten sie, als hätten wir sie selbst erfunden. In Wahrheit war jedoch das Kind der Schöpfer; es war unermüdlich, aufgedreht, beschwingt, wenn es einen mit diesen Lauten überraschen konnte. Kein Wunder – unsere Eltern hatten lange genug auf den ersten Enkel gewartet; nun wurde er verwöhnt, umhegt, umsorgt, aber er ertrug die ungewöhnlich zahlreichen Aufmerksamkeiten, er ließ sie über sich ergehen und entwischte uns immer wieder, wenn wir ihn stellen wollten.

Auch Henner erkundigte sich nach dem ›Bübchen‹, solche Fragen leiteten seine Briefe ein, die aber schon nach wenigen Sätzen in neue Berichte darüber mündeten, was in den vergangenen Wochen geleistet worden war. Wie machte man aus Dachschneefängern einen pioniergerechten Koksofen, wie fertigte man über den Kohlenfeuern der aufgestellten Feldschmieden Bolzen und Winkeleisen, wie arbeitete man noch in der Nacht im Schein der Tiefstrahler mit Sägen, Bohrern und Brennschneidern? Er wußte auf solche Fragen Antworten, und er erklärte uns bis ins einzelne, wie die verschiedenen Kompanien ›ineinandergegriffen‹ hatten, um solche Aufgaben zu lösen.

Wir hatten jedoch aus Berlin Nachrichten ganz anderer Art erhalten. Die Luftangriffe hatten in erheblichem Maß zugenommen, viele Berliner hatten die Stadt längst verlassen. An den Bahnhöfen hatten sich die Massen gedrängt, viele Menschen waren obdachlos. Henner reagierte auf die Katastrophe mit Sätzen, die er von Transparenten abgelesen hatte; man könne die Heimat zerschlagen, das deutsche Herz aber nicht.

Als Katharina jedoch von den zahlreichen Plünderungen erfuhr, überlegte sie, ob sie nicht versuchen sollte, die Wohnungseinrichtung von Berlin nach Knippen zu retten. Alle rieten ihr davon ab; alle malten ihr die unüberwindlichen Schwierigkeiten aus, mit denen sie zu rechnen hatte. Sie gab zu, daß der Versuch aussichtslos zu sein schien, aber sie wollte es trotzdem wagen. Sie ließ den Jungen bei uns zurück und fuhr, mit Lebensmitteln, einer frisch geschlachteten Gans und etwas Proviant versehen, noch einmal nach Berlin.

Ich allein ahnte, warum sie das auf sich nahm. Sie wollte Henner beweisen, wie gut und überlegt auch sie planen konnte, sie wollte ihn mundtot machen, ihn vor ›vollendete Tatsachen‹ stellen. Das Wagnis dieses Umzugs diente keinem anderen Sinn. Sie rettete Hab und Gut, während er, wie sie sagte, ›an Bruchbauten herumbastelte‹.

An einem Sonntag verließ Katharina unser Knippen und machte sich auf den Weg nach Berlin. Henner war von ihrem Vorhaben nicht verständigt. Sie kam abends an und begann sofort, Geschirr und Wäsche einzupacken. Am nächsten Morgen meldete sie sich bei einer Transportfirma. Man hielt ihren Plan für undurchführbar. Sie brachte die Kostbarkeiten ins Spiel, die sie von hier mitgenommen hatte. Der Firmenchef vertraute ihr, er kam auf die Idee, einen Wagen auf diese Weise in Sicherheit und aus der zerstörten Stadt zu bringen. Doch stellte er die Bedingung, daß Katharina einen Rungenwagen auftreiben müsse, damit der Möbelwagen auf diesen verladen und, an einen Güterzug gekoppelt, ins Siegerland gebracht werden könne. Katharina eilte zur zentralen Gütertransportstelle, sie legte Henners Briefe vor, sie reichte Dokumente herum, sie redete auf die Leute ein, ihr das Gewünschte zur Verfügung zu stellen. Als sie die schriftliche Versicherung der Transportfirma vorzeigte, den Umzug zu übernehmen, willigte man ein. Am Nachmittag desselben Tages brach sie nach Fürstenwalde auf, wo sie erfuhr, daß Henner mit seinem Trupp zu Aufräumungsarbeiten auf dem Tempelhofer Feld abkommandiert worden war. Sie versuchte, ihn ausfindig zu machen, konnte ihn jedoch lange Zeit nicht finden und wurde von einem Ort zum anderen verwiesen. Ohne zu überlegen, rannte sie die Gleise entlang, überquerte die zerstörten Strecken, sprang über niedrige Hindernisse, bis sie auf eine Schreibstube traf, die in einem Güterwaggon untergebracht worden war. Sie wurde zu einem Hauptmann geführt, der über Henners Einsatz informiert war. Sie erhielt eine Tasse Kaffee, Henner wurde gerufen. Sie lehnte sich in einen Stuhl zurück, unterhielt sich mit dem Hauptmann, der ihr mutiges Vorgehen bestaunte und nicht glauben wollte, was sie ihm erzählte, als Henner, sprachlos, erschöpft und verwirrt eintraf, um Meldung zu machen. Sie sprach ihn an, er fand kaum eine Antwort. Der Hauptmann ließ ihn Platz nehmen, eine weitere Tasse Kaffee wurde gereicht. Katharina führte das Wort, sie erbat drei Tage Urlaub, ohne ihren Mann könne sie den Umzug nicht bewältigen. Der Hauptmann zweifelte, ob das Vorhaben überhaupt gelingen könne. Sie wies die Papiere vor, Henner wurde noch in derselben Stunde freigestellt und erhielt die gewünschten freien Tage zugesprochen. Er fuhr mit ihr in die Wohnung, er faßte nicht, wie es ihr gelungen war, den Hauptmann zu überreden. Es bestand Urlaubssperre. Am nächsten Morgen stand der Möbelwagen vor der Tür, das Einladen konnte beginnen. In den Nächten zog man sich in den Keller zurück, Bomben fielen ganz in der Nähe, doch am Morgen stand der vollgeladene Wagen noch immer unversehrt vor dem Haus. Er wurde zum Güterbahnhof gefahren. Katharina verabschiedete sich von Henner und nahm den Zug zurück Richtung Knippen. Noch vom Zug aus sah sie, daß der Möbelwagen ins Gelände der Transportfirma eingefahren wurde. Vom nächsten Bahnhof gab sie ein Telegramm auf, um auf die Einhaltung des gegebenen Versprechens zu drängen. Als sie am Abend des Tages bei uns eintraf, war sie völlig erschöpft. Sie hatte getan, was in ihren Kräften gestanden hatte, doch sie rechnete nicht mehr damit, daß die Aktion erfolgreich sein würde. Nur zwei Tage später erhielten wir die Nachricht, daß der Wagen am Knippener Bahnhof eingetroffen sei. Katharina meldete es Henner in einem triumphierenden Brief.

Wir gingen Katharina bei der Einrichtung zur Hand. Zwei Zimmer im oberen Stock des Elternhauses waren geräumt worden. Sie freute sich, die vertrauten Gegenstände so unerwartet um sich zu haben. Sie zeigte sie dem Jungen, sie beschenkte uns, sie war der Stadt entkommen und hoffte darauf, daß der Krieg bald ein Ende nehmen würde. Doch schlug unsere Stimmung um, als wir erfuhren, daß Henner an der russischen Front zum Einsatz kommen sollte. Lange erhielt sie keine Post von ihm. Als der erste Feldpostbrief sie erreichte, bemerkten wir, daß seine Siegeszuversicht noch immer nicht gebrochen war. Er erwähnte Schwierigkeiten bei der Proviantversorgung, er deutete an, daß man sehr provisorisch untergebracht sei; doch neben diesen schlechten Nachrichten behaupteten sich die Meldungen der kleinen Erfolge. Auch in Rußland hatte er Gleise verlegt, Schwellen erneuert, Strecken vermessen. Er verhinderte eine ›Ausweitung des feindlichen Einbruchraums‹, er half, die ›Rückzugswege zu behaupten‹, er sorgte dafür, daß eine Räumung ›gemeistert‹ wurde. ›Sie sind auf der Flucht‹, sagte Katharina, ›sie ziehen sich zurück, es darf ihm nichts geschehen!‹ Henner meldete jedoch keine Gebietseroberungen des Feindes, er schrieb vielmehr von Einbrüchen, von kritischen Situationen, von ›planmäßigen Absatzbewegungen‹. Noch immer vertraute er auf besondere Waffen, die bald zum Einsatz kommen würden, er hielt die Notlage für eine vorübergehende, und er machte sich Gedanken darüber, wie die ›Vergeltung‹ aussehen könne. Zuversichtlich orientierte er uns wie früher über seine Tätigkeiten, seine privaten Sorgen galten der Frau und dem Sohn, aber wie meist fand er kaum Worte, sie zu betonen oder zu bekennen. Die große räumliche Distanz, die uns von ihm trennte, schien vielmehr auch die Distanz zu vergrößern, die er zu unseren Gefühlen herstellte. Wir stellten uns vor, wie es ihm gehen möge, wir malten uns aus, wie es ihm gelingen könnte, den Rückzug zu überstehen, wir dachten darüber nach, wohin es ihn verschlagen würde. Aber wir empfanden nicht, daß er sich auf ähnliche Weise in unsere Lage versetzte. Er grüßte uns, er fand ein paar Worte zum Trost, aber das alles glitt an uns vorüber, als habe es uns ein Fremder gesagt. ›Er hält sich unter Kontrolle‹, sagte Katharina dazu, und ich wußte genau, was sie meinte. Er wollte uns nicht fühlen lassen, wie es um ihn stand. Stolz und unbeugsam beharrte er darauf, mit seinen Sorgen allein fertig zu werden. Er vermied es, bei inneren Schwankungen ertappt zu werden. Aber warum das alles? Warum ließ er nicht von dem Heldenbild los, das ihm vorschwebte, warum täuschte er uns über seine Empfindungen?

Katharina erschrak, als sie längere Zeit nichts von ihm hörte. Dann erhielt sie die Nachricht, er sei schwer verwundet worden und liege in einem Krankenhaus nahe der Front, werde jedoch in den nächsten Tagen mit einem Lazarettzug in ein weiter entfernt liegendes Krankenhaus überführt. Er hatte sich freiwillig zur Verfügung gestellt, eine Bahnstrecke zu sprengen. Während des übereilten Rückzugs waren die Monate zuvor noch verlegten Schwellen mit Sauzähnen aufgerissen worden, Henner hatte die Munition am Schienenkopf befestigt, ein Steckschuß hatte ihn in den Oberschenkel getroffen, Phlegmone waren entstanden. Katharina besuchte ihn in dem Lazarett, er hatte hohes Fieber, phantasierte, träumte unruhig vor sich hin. Sie setzte sich dafür ein, daß er nach Knippen verlegt wurde. Als es ihm etwas besser ging, erhielten sie die Erlaubnis. Auf Krücken gestützt, humpelte er zum Zug. Sie saß neben ihm, die ganze Strecke lang. Als er in Knippen eintraf, weinte er zum erstenmal, seit sich die beiden kennengelernt hatten.

Henner lag hier eine Woche im Krankenhaus, und Katharina besuchte ihn jeden Tag, in der Frühe, am Nachmittag. Der Junge sträubte sich jedoch, sie zu begleiten. In der fremden, stickigen Umgebung fühlte er sich nicht wohl, er begann zu schreien, machte sich los, versuchte, aus dem Haus zu laufen. Vor allem schien er sich nicht an den Vater gewöhnen zu können. Henner ging ruhig mit ihm um, er wollte es ihm leichter machen, aber das Kind wehrte sich, ließ sich nicht auf den Schoß nehmen. ›Bübchen, sag mal, Bübchen, wo ist der Vater‹, sprach Henner ihn an, aber das Kind drehte sich fort, schlug um sich und sprang zur Tür. Man holte es zurück, ›Bübchen, Bübchen, hierhin sollst du, hier ist der Vater‹, doch der Junge begann zu greinen, stellte sich taub und verschwand unter dem Bett. ›Blümchen, schau Blümchen‹, rief ihn Henner zurück und zeigte dem Kind die Blumen, die neben seinem Bett standen. Es war alles umsonst, der Junge ließ sich auf diese Weise nicht ansprechen, er krabbelte aus dem Zimmer, lief den Flur entlang, purzelte die Treppe hinunter, man hielt ihn zurück, fing ihn auf und trug ihn aus dem Krankenhaus. Henner hatte inzwischen herausbekommen, wie Katharina mit dem Sohn umging. Anfangs hatte es ihn nicht gestört, doch als das Kind auf die seltsamen Laute gehorsam, beinahe freundlich reagierte, wunderte es ihn.

Er hielt Katharina vor, der Junge werde die Sprache nie lernen. Da begann sie, dem Kind die Worte, die es sich einprägen sollte, auf kleinen Zetteln vorzumalen.

›Ein breites Wort, ein Felsen mit Zacken, aus kleinen Kirchtürmen ... ein fliegendes Wort, aus Lianen ... ein lachendes Wort, mit breitem Mund, hellen Augen ... wigen, wagen, gigen, gagen, wenne will es tagen ...‹ Allmählich verlangte das Kind, das diese Krakeleien gewiß nicht zu deuten fähig war, nach bestimmten Buchstaben und Worten, ja man hatte sogar entdeckt, daß es lernte, auf die Gegenwart der Mutter zu verzichten, wenn man es mit den richtigen Bilderspielen beschäftigte. Doch durfte nur die Mutter sie ihm vorlegen, sie mischen und ordnen; jedesmal, wenn Henner es versuchte, rührte der Junge das Spiel nicht an, lief davon und hing sich an Katharinas Rock.

Es war in den Wochen des letzten Kriegswinters, kurz nach Weihnachten, als Henner wieder zum Einsatz kam. Er wurde nach Berlin abkommandiert und erhielt die Aufgabe, dort Rekruten auszubilden. Als er sich von uns verabschiedete, trug er die Weihnachts- und Genesungswünsche des Präsidenten der Reichsbahndirektion in der Tasche. Noch immer war darin von der ›herrlichen Wehrmacht‹ die Rede, die den ›bolschewistischen Angriffsfronten‹ tapfer widerstanden habe, das ›uralte Fest des Lichtes und der Wintersonnenwende‹ wurde beschworen, der Frontkämpfer in Eis und Schnee, denen die Heimat den Rücken stärken solle, wurde gedacht. Doch diesmal reagierte Henner auf solche Parolen anders als früher. Der Genesungsaufenthalt in Knippen hatte ihn hellhörig, die schwere Verwundung hatte ihn weitsichtiger gemacht. Im Krankenbett hatte er das Vorrücken der Alliierten verfolgt, er hatte sich sogar eine Karte angelegt, auf der er das Näherkommen der feindlichen Truppen und die ›Frontbegradigungen‹ mit kleinen Fähnchen vermerkte. Längst schien man die Ostgebiete verloren geben zu müssen, unaufhaltsam rückten die Truppen vor. Wir begleiteten ihn zum Bahnhof, das Kind weinte, Katharina versuchte, ruhig zu bleiben, konnte sich am Ende jedoch nicht mehr fassen. Henner war durch die Erkrankung noch schmaler geworden als zuvor, er sah empfindlich und hilflos aus, die frühere Zuversicht war schlimmen Befürchtungen gewichen. Als der Zug den Bahnhof verließ, sagte Katharina zu mir, daß sie kaum noch damit rechne, ihn noch einmal wiederzusehen.

Ein einziger Brief erreichte uns in den letzten Monaten. Henner hatte in Berlin die Ausbildung aufgenommen, es wurden Straßen- und Panzersperren errichtet. Er bezeichnete diese Aktionen als ›Sicherheitsmaßnahmen‹, aber der Ton dieses Briefes täuschte nicht mehr darüber hinweg, daß der Krieg längst verloren war. Er erinnerte sich mit Wehmut an die Tage in Knippen, er grüßte den Jungen und beschwor Katharina, auf ihn aufzupassen. Die Straßen in Berlin, schloß er, seien mit langen Flüchtlingstrecks verstopft, die Menschen aus den östlichen Provinzen hätten all ihr Hab und Gut verloren.‹

Es war spät geworden. Ich wollte der Tante danken und mich verabschieden, aber sie gab keine Ruhe. ›Nun mußt du auch noch den Schluß erfahren‹, sagte sie.

›Die Fliegerangriffe hatten auch Knippen nicht verschont. Der Güterbahnhof, das Walzwerk, die großen Industriebetriebe an der Sieg wurden mit Bomben belegt. Tag und Nacht war man sich seines Lebens nicht mehr sicher. Die Spaziergänge waren zur Gefahr geworden, wir hielten uns meist im Elternhaus auf. Anfang März hatten die Amerikaner die Brücke bei Remagen genommen, nun strömten die Truppen ins Siegerland, von zahllosen Fliegerangriffen unterstützt und vorwärtsgetrieben. Ein Jagdbomber hatte den Bahnhof von Knippen getroffen, verfehlte Bombeneinschläge ließen die kleine Barackenstadt oberhalb des Weißblechwerkes in Flammen aufgehen. Unser Elternhaus war zum Glück noch verschont geblieben, doch in der Nachbarschaft sah es schlimm aus. Wir halfen, so gut wir konnten, bis unser Vater sich Gedanken machte, wie wir in Sicherheit gebracht werden könnten. Am 11. März 45 waren wir wieder durch Sirenen gewarnt worden, die Bevölkerung hatte sich in den Kellern, Bunkern und Erdlöchern versteckt, viele waren schon in die nähere Umgebung geflohen und hatten sich auf die Bauernhöfe zurückgezogen. Am Nachmittag dieses Tages setzte der schwerste Angriff ein, den das Dorf zu überstehen hatte. Das Krankenhaus und das Reservelazarett wurden getroffen, Hunderte von Kranken unter den Trümmern begraben, Familien, die in den Splitterschutzgräben Schutz gesucht hatten, starben in wenigen Sekunden, das Rathaus fiel wie ein Kartenhaus in sich zusammen, von den Häusern in den Kolonien standen nur noch vereinzelte Wände, Rauchteppiche lagen über dem Dorf, Brände loderten in allen Straßen, das Unterdorf stand in Flammen. Uns blieb weder Licht, noch

Wasser, noch Gas. Man ging daran, die Straßen zu räumen, das Wasser wurde aus der Sieg gepumpt, behelfsmäßige Unterkünfte wurden in den Schulen eingerichtet.

Wir wußten, daß wir den nächsten Angriff nicht mehr überstehen würden. Da bereitete unser Vater die Flucht nach Hecke vor. Hecke – das war der Name des großen Hofgutes, das einem befreundeten Bauern gehörte, der sich bereit erklärt hatte, uns aufzunehmen und während der letzten Kriegswochen in Sicherheit zu bringen. Bis dieser Umzug vorbereitet und durchgeführt war, sollten wir auf dem Hähner Hof ein Unterkommen finden. So zogen wir noch am Abend des schlimmen Tages zu Fuß, nur mit einigen Gepäckstücken versehen, los, und spät in der Nacht empfing uns Adelheid, die zwei Zimmer für uns hatte räumen lassen.

In den nächsten Tagen kümmerte sich Adelheid um uns. Sie hatte den Jungen ins Herz geschlossen, sie trieb sich mit ihm im Freien herum, sie zeigte ihm die Nister, die Fische, das Wehr, sie ging mit ihm in die Scheune, in den Stall, hinunter zu den Gänsen und Hühnern, sie erinnerte sich der alten Kinderspiele, sie lockte das Kind in den Garten, ›kumm her, wir trejwen den Dilldopp, kumm her, wir kleckern, kumm her, wir trejwen den Ring, kumm her, wir spielen Boxkoulöm‹. Wahrhaftig ließ sich der Junge von ihr ansprechen, er folgte ihr, wohin auch immer sie wollte, ja er lief ihr am Ende nach, wenn sie in der Scheune verschwand oder zum Füttern in den Stall ging. Katharina freute sich; sie war nie gut mit Adelheid ausgekommen, aber in diesen Tagen kam es nicht zum Streit, die Sorge um das Kind ließ sie alles vergessen, so daß Adelheid nichts mehr dagegen einzuwenden hatte, wenn Katharina in der großen Wirtshausküche aushalf.

Auf dem Hähner Hof konnten wir zum erstenmal seit langer Zeit wieder ausschlafen, eine ganze Nacht hindurch schlafen, ohne gestört, ohne durch Angriffe erschreckt oder durch Sirenen geweckt zu werden. Man hatte die Vorratskammern für uns geöffnet, es gab frische Butter, Brot, Rauchwürste und Speck, der Krieg hatte das umliegende Land noch verschont. Auch dem Jungen ging es gut, er freute sich über die Aufmerksamkeit, mit der ihn alle behandelten, er wurde umgänglicher und ließ sich von Adelheid mit Spielkugeln beschenken, ›kumm her, nimm den irdenen, den gläsernen, den ous Messing on den ous Achat, der eene gilt fönnef, der annere zehn, der dritte gilt zwanzig, jenodemm, jenodemm‹.

Erst nach einer Weile hatten wir herausbekommen, daß ihn Adelheids Siegerländer Platt an die Sprache der Mutter zu erinnern schien. Jedenfalls übernahm er ihre Worte ebensoschnell wie die Katharinas, mischte die Redensarten, tanzte mit Hut und Stock im Tanzsaal der Wirtschaft, klimperte auf dem Klavier, kletterte auf den Speicher und sprang durch die Heuluke herunter ins Stroh. Adelheid hatte einen Kreisel für ihn gefunden, den trieb er über die Straße, ›ich trejwen den Dilldopp‹, rief er dazu, und wir lachten, ›met emm stracken Nälskopp‹, rief er weiter, und wir folgten ihm. ›Der Botzeknopp, der Botzeknopp‹, schrie Adelheid ausgelassen hinter ihm her.

Am Abend nahm sie ihn auf den Schoß, und wir setzten uns neben sie an die Nister, und wir gingen dort an diesen ersten Frühlingstagen auf und ab, als sie ihn in den Schlaf wiegte oder vom Schwimmen im Sommer erzählte, ›da gon mer enn de offene See, da schwimme mer und baden, da losse mer de Steen hüppen, da singe mer Liedcher un schüne Gesäng, do gucke mer zu de Stern, da loofe mer met de nackisch Föß.‹ Und Katharina trug das Kind ins Haus, die Treppe hinauf und legte es in das Bett, und die ganze Zeit über schaute Adelheid den beiden nach, dann gingen wir zusammen am Fluß entlang, bis zur nächsten Brücke, und wir beugten uns über das Geländer, und Adelheid sagte, ›o Gott loss et su bleiwen!‹

Ja, wir hatten beinahe die Angst verloren. Später saßen wir in der Wirtschaft zusammen, und Adelheid, die wir noch nie so fürsorglich und freundlich erlebt hatten, erzählte von den Schenkhochzeiten früherer Jahre, die auf dem Hähner Hof gefeiert worden waren. Die Brautleute hatten einen Hochzeitsgaster ausgeschickt, der die Bekannten, Verwandten, Freunde und Nachbarn einladen mußte und manchmal tagelang durch das Land zog, einen Hut mit blauen und roten Hochzeitsbändern auf dem Kopf, einen Stock in der Hand, Zwirnsfäden und Nähnadeln in der Westentasche. Überall machte der Gaster seine Aufwartung, und am Tag der Hochzeit kamen die Eingeladenen aus der ganzen Umgebung, oft zweihundert, dreihundert Gäste, jeder mit einem Geldgeschenk. Nach der Messe zog man mit Pferden und Wagen durch das Nistertal zur Wirtschaft, dann gab es Kaffee und Wecken, die Kinder spielten im Garten, die Gäste gingen spazieren, bis die Mahlzeit am Mittag wieder alle an den großen Tischen versammelte. Später wurde zum Tanz aufgespielt, und das Fest dauerte bis tief in die Nacht.

Adelheid erzählte, aber den Jungen hatte es nicht in seinem Bett gehalten, ihm steckte die Unruhe der vergangenen Wochen noch im Körper, und daher polterte er zu uns die Treppe herunter, und sie nahm ihn wieder auf den Schoß, als habe sie das ein Leben lang getan und erzählte weiter, als sei nichts gewesen, von den Sommergästen, den Jägern, die im Herbst in die Wirtschaft einfielen, von den kleinen Unglücksfällen, dem Kahntreiben auf der Nister, den Booten, die ins Wehr geraten waren, vom Eintreiben des Viehs und den eiskalten Winternächten, in denen die Hitze des Ofens nicht ausgereicht habe, die Stube zu wärmen. Sie sprach auch von Henner, von den anderen Geschwistern, die verheiratet waren, sie strich dem einschlummernden Kind über die Stirn und trug es später wieder ins Bett.

Dann legten wir uns schlafen, und wir hörten sie noch in der Küche, als wir uns in den Betten wälzten, erstaunt, daß es diesen vorläufigen Frieden noch zu geben schien, glücklich, daß wir den Angriffen entkommen waren. Es waren sonnige Frühlingstage, so warm, daß am Abend die Haut brannte und man gerne ins Wasser gegangen wäre, aber wir trauten uns noch nicht, und so zog Adelheid allein mit dem Kind an den Fluß, krempelte die Röcke hoch und ging ein paar Schritte hinein, und da stand sie, schaute sich lachend zu uns um, während der Junge sein Vergnügen hatte und ins tiefere Wasser wollte, sie ihn aber auf den Schultern wieder heraustrug, bis Katharina herbeilief, um ihn aufzufangen.

Drei Tage blieben wir dort, am vierten traf unser Vater ein, er hatte in der Zeit die notwendigsten Gegenstände und Möbel nach Hecke schaffen lassen, und da wir den Weg noch nicht allzu gut kannten, schärfte er ihn uns ein, ›ihr überquert die Sieg, ihr kommt durch Brückhöfe, ihr geht den Brölbach entlang, ihr wandert auf Mühlenthal zu, dort zweigt ihr links ab, ihr wartet, der Hecker Bauer holt euch ab‹.

Als wir jedoch nach Hecke aufbrechen wollten, sträubte sich das Kind mit allen Mitteln, uns zu folgen. Schon den Namen des Gehöfts durfte man in seiner Gegenwart nicht aussprechen, es hielt sich die Ohren zu, wenn es hieß, ›nach Hecke, wir gehn ja nach Hecke‹. Die einen schrieben es der neuen Gewöhnung an den ruhigen Hähner Hof zu, die anderen verknüpften sein Verhalten mit der Empfindlichkeit, die ihm mit den Jahren durch die besondere Behandlung eigentümlich geworden war. Katharina drängte aber zum raschen Aufbruch, die anderen zogen voran, und sie wollte mit dem kleinen Handwagen und dem Kind hinterhergehen, als der Junge um sich schlug, sich ins Haus flüchtete und hinter der Theke der Gastwirtschaft versteckte.

Da machte Adelheid den Vorschlag, das Kind auf dem Hähner Hof zurückzulassen, sie werde sich um es kümmern. Doch Katharina ließ es nicht zu, sie holte den Jungen zurück, nahm ihn am Arm und zog ihn, obwohl er aufschrie und nur zu gern auf dem Hof geblieben wäre, hinter sich her. Adelheid lief den beiden noch einige Schritte nach; sie war zornig geworden, sie herrschte Katharina an, ›loss ihn hee, loss ihn hee‹, so daß am Ende auch das Kind über diesen Streit erschrokken war und schließlich der Mutter geduldiger folgte, die immer wieder leise auf es einredete. Katharina war keine Wahl geblieben; sie wollte in unserer Nähe sein, den Eltern im Notfall zu Hilfe kommen, und der Junge wäre niemals allein bei Adelheid geblieben, sosehr diese sich auch um ihn bemüht hätte.

Wir waren schon viele Schritte voraus, aber bald hatte Katharina uns eingeholt, und ich nahm ihr das Kind ab und trug es eine Zeitlang auf den Schultern, ›huckepack, huckepack‹, bis wir hörten, daß es uns zurief, ›wir gehn hucke, hucke‹, und wir ihm erwiderten, ›wir gehn nach Hecke, wir gehn doch nach Hecke . . .‹

Die Tante erzählte noch weiter, und allmählich überfielen mich die Einzelheiten dieser langen Geschichte, die ich noch nie so gehört hatte. Draußen wurde es dunkel, einmal stand die Tante auf, um die Läden zu schließen, aber ich sagte nichts mehr, ich unterbrach sie nicht, ich stellte ihr keine Fragen mehr, ich trieb sie nicht voran, wie ich es vorher hatte tun müssen, ich saß still und hörte ihr zu. Plötzlich jedoch, in einem kurzen Moment, kam es mir so vor, als liefen alle Linien, alle Gedanken und Überlegungen, die Träume, Phantasien und Rätsel der letzten Tage, an einem Punkt zusammen. Aber ich konnte diesem überströmenden Gefühl nicht standhalten, eine große Müdigkeit blieb zurück, und ich saß ruhig neben der erzählenden Tante, die von allem nichts zu merken schien. Als sie ihre Erzählung beendet hatte, wußte ich genau, daß gleichsam noch eine winzige Umdrehung zu fehlen schien, daß man nun hätte darangehen müssen, die Geschichte langsam zu wiederholen, sie sich beinahe aufzusagen, um die Stelle zu entdecken, an der man das vorwärtsgedrehte Rad der Erzählung anhalten müßte, nur für einen Augenblick, eine Sekunde vielleicht. Dieser Augenblick jedoch hätte dazu gereicht, dem Gefängnis der Geschichten zu entkommen, denn in ihm hätte ich, vielleicht unvermutet, vielleicht vorhersehbar, die Möglichkeit zu entfliehen zum Greifen nahe gewußt.

Ich ahnte, daß sich von diesem Moment, den ich in den letzten Stunden gespürt, aber verfehlt hatte, mein Zuhören herleitete, daß, um es einfach zu sagen, mit diesem Moment über mein eigenes Leben mitentschieden worden war. Aber auch diese unklaren Gedanken waren nach der Erzählung meiner Tante nicht mehr zu ordnen gewesen. Wie ein Erschlagener nahm ich von ihr Abschied. Oh, sie drängte mich nicht, etwas zu sagen, sie schien zu verstehen, wie ich ihre Geschichte aufgenommen hatte.

Ich hatte die Ruhe noch nicht wiedergefunden, als ich am Haus meiner Eltern angekommen war. Ich ging hinein, drehte den Wasserhahn auf und hielt den Kopf unter den Strahl. Ich trocknete mich ab und machte mir einen starken Kaffee. Ich ging vor dem großen Fenster hin und her, aber ich hatte keine Lust, lange hinauszuschauen. Ich hatte weder einen Blick noch ein Gefühl. Es war, als tanzte es in mir. Ich schüttelte den Kopf, trank den Kaffee aus, nahm das Papier und ging ins Blockhaus. Ich schrieb, ja, ich hatte geschrieben, bis Adelheid dazwischengekommen war.

DER LETZTE ABEND, DIE LETZTE NACHT

Gestern morgen ging ich nach Hecke. Ich verließ den Steimel und machte mich auf den Weg nach Norden, zunächst abwärts ins Tal. Es war ein sonniger Tag, aber der Wind wehte kräftig. Ich lief am Rand der langgestreckten Felder entlang, nahm schmale Wege, kletterte über die hier und da bereits eingebrochenen Zäune, hielt mich nahe am Waldrand, wo man geschützter gehen konnte, sah schließlich Knippen vor mir liegen, wechselte auf die Hauptstraße, erreichte den Ort. Die kleinen, nach dem Krieg wieder aufgebauten Häuser der Walzwerkskolonie lagen rechter Hand, ich durchquerte das Dorf und traf auf die Sieg. Die Fenster von Hackers Haus waren weit geöffnet, aber ich hielt mich nicht auf, ließ die Försterei rechts liegen, erreichte Brückhöfe und die alte Hütte, in früheren Jahren der Ausgangspunkt der Grubenbahn, die nach Katzwinkel führte. Zur Rechten lag der hohe Kucksberg, daneben die Abraumhalden des Sandberges, wohin Seilbahnwagen die bei der Eisenerzeugung abgefallene Schlacke transportiert hatten. Ich lief am Brölbach entlang, ab und zu schaute ich auf die kleine Karte, die ich eingesteckt hatte, denn ich war diesen Weg noch nie gegangen, und es war leicht möglich, sich in dieser abgelegenen Gegend zu verirren.

Im März 45 waren auf diesem Tagesmarsch die Fliegerangriffe nicht ausgeblieben. Meine Mutter hatte den Buben am Arm genommen, um ihn zu beruhigen, die Tante hatte den Wagen gezogen, aber man war nur langsam vorangekommen, da man häufig in Dekkung gehen mußte, den Weg verließ, sich auf den Boden kauerte und abwartete, bis die Tiefflieger, die einen auf der nahe gelegenen Bahnstrecke abgestellten Munitionszug treffen wollten, nicht mehr zu sehen waren. Das Kind schien nicht zu verstehen, was geschah. Es wehrte sich gegen die überhasteten Rückzüge ins Gebüsch, es zerrte an der Kleidung der Mutter und wollte sich immer wieder befreien, so daß sie es endlich am Gürtel festhielt, damit es nicht in einem unbeachteten Augenblick auf den Weg laufen konnte. Als man auf einem höher gelegenen Aussichtspunkt ankam, sah man die Silhouette des Dorfes im gleißenden Rot, schwarze Schnüre wie von Himmelsleitern darüber, die unter den aufpuffenden Schlägen zitterten. Bombenkrater lagen am Wegrand, in denen sich Wasser gesammelt hatte, Schnittblumen, gelb und giftig, tiefgrünes Unkraut, einmal kleine Fische in den Tümpeln, und später sah man den schwefelgelbgrünlichen Horizont, so daß alle wußten, mit dem Dorf war es zu Ende.

Als der Junge sich geweigert hatte, weiterzugehen, hatte man ihm auf dem kleinen Handwagen Platz gemacht. Meine Mutter hatte zwei Koffer getragen, die Tante hatte den Rucksack mit der Verpflegung auf den Rücken genommen. In den ruhigeren Momenten hatte das Kind unentwegt vor sich hingesprochen, man hatte seine Worte nicht verstehen können, so daß man das Spielgerät, die Kugeln, den Kreisel aus der Tasche gekramt hatte. Als es die Gegenstände in Händen hielt, wurde es ruhiger, verlangte aber danach, daß die Mutter mit ihm sprach. Sie mußte sich immer neue Lieder und Sprüche ausdenken, sie flüsterte, murmelte und sang leise vor sich hin, während die Tante den Wagen zog und das Kind die Beine über der Erde baumeln ließ. Wenn man sich aufhielt, versuchte der Junge den Karren vorwärtszubewegen, als es ihm nicht gelang, stöhnte er greinend wieder auf, man ging weiter, ›weire, weire, weifchen, Summer girret Peifchen‹, man stellte die Unterhaltungen, die der Junge nicht zulassen wollte, ein, ›schlet sich, dreht sich, werft sich en de Grawen‹, man achtete auf die kleinen Abzweigungen und überlegte, ob man den richtigen Weg nicht verfehlt hatte. Die Lieder gefielen dem Kind, aber nach einer Weile wollte es auch mitsingen, es unterbrach die Mutter, bis sie sich einen Refrain ausdachte, auf den es antworten konnte, ›wat wullst de mit dem Penning‹, worauf das Kind erwiderte, ›Nole kofen, Nole kofn‹, und die Mutter fortfuhr, ›wat wullst de mit de Nole‹, das Kind aber einfiel, ›Säckelcher machen, Säckelcher machen‹. Man konnte den Gesang ununterbrochen fortsetzen, man brauchte dem Kind nur die Fragen zu stellen, es zögerte einen Moment, dann hatte es eine Antwort gefunden, schlug den Kreisel auf den Wagenboden und war zufrieden, so unterhalten zu werden. Gegen Mittag erreichte man Mühlenthal, kurz darauf bog der Wippebach ab, man nahm einen steil ansteigenden Weg, den dicht stehende Tannen säumten, traf aber nach einer beschwerlichen halben Stunde auf das Wipper Kreuz, ein kleines Felsenplateau, von dem aus man in das Tal schauen konnte. Nahe einer Bank machte man Rast, man packte den Proviant aus, den Adelheid vorbereitet hatte, das Kind erhielt Butterbrote und Tee, man schob den Wagen unter die Eichen und legte sich daneben. Der Junge war eingeschlafen, als man das Fuhrwerk des Hecker Bauern, das langsam den Weg herunterkollerte, näherkommen hörte. Meine Tante verließ das Versteck und ging dem Wagen entgegen. Der Bauer hielt ein, sprang vom Kutschbock, begrüßte die Tante und lief mit ihr zu dem Plateau. Gemeinsam zog man still zum Fuhrwerk zurück, der Junge schlief, man sprach leise miteinander, verlud das Gepäck, der Bauer zischte den Pferden zu, ließ die Leine springen, und die Tiere zogen den Wagen langsam den immer steiler werdenden Weg hinauf, während die Zugestiegenen sich erschöpft zurücklehnten und auf dem hin- und herschwankenden Gefährt allmählich zur Ruhe kamen.

Kurz vor Mittag hatte ich das Wipper Kreuz erreicht. Der mächtige Felsen ragte an dieser Stelle weit vor, unterhalb schlängelte sich der Bach durch das Tal, ich erkannte Nochen und Wolfwinkel, die beiden einsam gelegenen Güter, die inzwischen von Menschen verlassen waren, weiter in der Ferne traten die bewaldeten Kegel des Wildenburger Forstes hervor, auf einer Höhe lagen, noch gegen einen Hang gedrückt, die Flecken Dietrichshof und Birkenbühl. Ich hatte die Karte aufgeschlagen und drehte sie vor mir auf dem Boden in alle Richtungen, um die Gegend besser benennen zu können, dann legte ich mich, müde geworden, auf den Rücken, schloß die Augen, hörte nichts als das Rieseln des Baches und das Knistern der Sträucher im Unterholz. Die Sonne brannte, ich breitete die Arme aus, der Felsboden war trocken, es roch nach frischem Gras, nach Moos und noch feuchtem Laub. Ich ruhte mich beinahe eine Stunde lang aus, ich bewegte mich nicht, ich spürte, wie die Sonnenstrahlen allmählich von meinem Gesicht forteilten und zur Felsspitze wanderten. Ich war sehr durstig geworden, aber ich hatte vergessen, mich mit einem Getränk zu versorgen. Als ich aufstand, schwindelte mir, ich schwankte ein paar Schritte, und als ich auf den schmalen Weg einbog, fiel mir die kühle Luft wie ein Windstrom entgegen, der eine Zeitlang zwischen den Bäumen festgehalten worden war.

Am späten Nachmittag war das Fuhrwerk auf dem Hecker Hof eingetroffen, die Eltern hatten die Ankommenden empfangen, man hatte das Gepäck ausgeladen, sich umgeschaut, der Junge war aufgewacht und vor den anderen in das große Wohnhaus gehüpft. Der Fachwerkbau war an den Seiten mit Schiefer beschlagen, rechts vom großen Eingangstor lag der Eßraum, links das Schlafzimmer, in der Mitte aber die Arbeitsküche mit dem Herd und der mächtigen Wasserpumpe. Im hinteren Teil des Hauses schloß sich der Stall an, eine Treppe führte von der Küche direkt hinab. In der Nähe des Hauses standen zwei Scheunen, ein kleiner Garten mit Obstbäumen und Gemüse schloß sich an. Man freute sich, wieder beisammen zu sein, man trug das Gepäck ins Haus, die Eltern zeigten den Töchtern und dem Kind den Wohnraum, man überlegte, wie die Gegenstände untergebracht werden konnten. Am Abend lud die Bäuerin zu Tisch, alle versammelten sich, nur der Junge schlief bereits in dem kleinen Kinderbett, das man für ihn aufgeschlagen hatte.

An den folgenden Tagen hielt man sich in der Nähe

des Hofes auf. Vereinzelt nahmen die Tiefflieger Kurs auf die nahe liegenden Ortschaften, in die sich SS-Verbände zurückgezogen hatten. Der Junge wurde ermahnt, das umzäunte Grundstück nicht zu verlassen, er kletterte am Morgen in die Stallungen, erlebte das Füttern der Tiere, wurde wieder in die Küche getragen und packte dort sein Spielzeug aus.

Meine Mutter war unruhig geworden. Je näher die fremden Truppen rückten, desto aufgeregter wurde sie, nicht aus Angst vor dem Feind, wie sie dem Vater erklärte, sondern aus Angst, das Ende könne sich in den Anfang fügen. Tagsüber half sie der Bäuerin bei der Küchenarbeit, nachts jedoch konnte sie nicht schlafen, stand immer wieder auf, ging zur Pumpe, um etwas Wasser zu schöpfen, beugte sich über das Bett des Jungen, flüsterte leise mit der Schwester. In den letzten Tagen hatte sie sich wieder verstärkt an Henners Schicksal erinnert, sie grübelte darüber nach, wie es ihm in Berlin ergehen möge, sie erschrak bei dem Gedanken, daß ihm etwas zugestoßen sein könnte. Mit den Tagen befiel sie eine Nervosität, unter der auch die anderen zu leiden hatten. Sie ließ Gegenstände fallen, sie schnitt sich mit einem Küchenmesser in den Finger, sie streunte ums Haus, sie wollte mit dem Jungen bei Fliegerangriffen in den Wald ausweichen. Meist hielt sich die Schwester in ihrer Nähe auf, sprach ruhig auf sie ein, ging ihr zur Hand, doch meine Mutter wehrte sich immer mehr dagegen, wollte allein sein, zog das Kind oft auf den Schoß, spielte gedankenverloren lange Zeit mit ihm, schleppte es in die frische Luft und kehrte wieder um, als der Vater hinter ihr dreinrief.

An einem Abend hatte sie das Kind, leise flüsternd, mit ihm redend, zu Bett gebracht. Bei Tisch war sie später zu keinem Laut mehr zu bewegen gewesen. Sie saß mit hochgezogenen Schultern auf ihrem Stuhl, rührte die Speisen nicht an, starrte vor sich hin, ging immer wieder zum Bett des Kindes zurück und legte sich selbst bald schlafen. In den nächsten Tagen nahm sie nur zum Jungen Kontakt auf, sie sprach ihn in der nur für ihn vorbehaltenen Sprache an, sie führte ihn häufiger als zuvor ins Freie, sie wich den Fragen aus. Als es ihrem Vater zuviel wurde, nahm er sie beiseite. Auf sein Drängen hin erklärte sie, bestimmte Worte müßten rechtzeitig vor dem Eintreffen der Sieger gänzlich vernichtet und aussortiert werden, damit niemand sie noch unbedacht im Munde führe.

Man fand die Zettel mit den zerrissenen oder durchgestrichenen Namen der Parteigrößen des Sicherheitsdienstes und der Sturmabteilung in der Umgebung. Man machte ihr Vorhaltungen. ›Erdbeben‹ hatte sie auf einen kleinen Zettel gekritzelt, den sie immer in der Tasche trug, während sie andere unaufhörlich zerriß, Schnipsel zurückbehielt, neu beschriftete und wieder zerriß, so daß die anderen hinter ihr her sein mußten, um den Staub von kleinen Papieren, der aus ihren Taschen rieselte, und den sprühenden Regen von Schrift, der seine Spuren in der Nähe des Gehöftes zurückließ, zu verbrennen.

So stellte sie gerade in den letzten Kriegstagen eine Quelle der Gefahr dar. Man gab ihr viel zu tun, damit nichts von dieser häufig aus ihr herausbrodelnden Sprache, ›nothelfer in allen engsten . . . fester knode, den niemand aufbinden mag . . .‹, in falsche Ohren geriet, doch sie ließ sich nicht zur Vernunft bringen, ›aller heimlicher und niemandes wissender sachen warhaftiger erkenner . . .‹, sie räumte auf und sprach auch während der Arbeit leise vor sich hin, ›wan alle ding haben sich verkeret, das hinder hervür . . .‹, bis die Schwester aufstampfte und sie zur Besinnung rief, ›sei still, Katharina, sei bitte still!‹ Sie erschrak, strich der Schwester durch das Haar, entschuldigte sich, sie sei in Gedanken, es gehe ihr so mancherlei unaufhaltsam im Kopf herum, das Sprechen beruhige sie, bald habe alles ein Ende, ja, dann wolle man ein Ende machen. Die Schwester sprach weiter auf sie ein, und sie nickte vor sich hin.

Fremde, die an dem Gehöft vorbeikamen, berichteten vom Vorrücken der Amerikaner. Die Luftangriffe auf Knippen waren eingestellt worden, doch mußten sich die deutschen Verbände noch ganz in der Nähe aufhalten, in den Wäldern versteckt. So wagte sich endlich niemand mehr aus dem Haus. Man wartete auf die Ankunft der fremden Truppen, das Hundegebell verebbte in den Tälern ringsum, und die Hahnenschreie kehrten die erwartungsvolle Stille um wie eine Glocke, die man von den Gebäuden des Gehöftes gezogen hatte.

Am Nachmittag hatte ich Hecke erreicht. Der Hof lag in einer Senke, recht weit vom Fahrweg entfernt, ich setzte mich an den Rand eines kleinen Waldstücks und schaute ins Tal. Niemand war zu sehen, das Hoftor stand offen, die Kirschbäume neben den Scheunen hatten schon Knospen angesetzt. Der Wind wehte mir gerade in den Rücken, fiel in die Senke, wedelte das Tor hin und her. Ich zog den Pullover an, den ich während des langen Spazierganges übergebunden hatte. Dann suchte ich mir einen besser geschützten Platz und lehnte mich gegen einen Baumstamm. Unverwandt starrte ich auf den Hof, ich saß still.

Am Nachmittag des 6. April, gegen 15 Uhr, sah der Hecker Bauer die Khakiuniformen der Amerikaner oberhalb der Stallungen. Sie bewegten sich langsam durch das Grün; dann erkannte er den Spähwagen, der wie ein Spielzeug aus dem Wald kollerte und langsam auf die Scheunen zurollte.

Man hatte sich in der Küche versammelt, als er die Nachricht den anderen mitteilte, die sprachlos herumsaßen und warteten, als der Junge plötzlich zu weinen begann. Zum ersten Mal redete meine Mutter ihn in der allen verständlichen Sprache an, als er heftiger weinte. Da hob sie ihn mit einer kaum glaublichen Kraftgebärde auf den Arm, lief mit der größten Schnelligkeit ins Schlafzimmer, um dort ein Bettuch von der Matratze zu reißen. Man wollte sie noch zurückhalten, doch sie lief – das weinende Kind auf dem Arm – die Stiegen hinauf zum Dach, wo sie das Tuch, nur flüchtig um eine Holzstange gewickelt, wie eine Flagge befestigte.

Erschöpft und als habe sie die letzte notwendige Tat vollbracht, die endlich den ersehnten Frieden bringe, begann sie in der Küche zu singen. Sie wirkte so ruhig, daß das Kind aufgehört hatte zu weinen und sie anbettelte. Seit sie die Flagge gehißt hatte, war nichts geschehen, doch man hörte die Panzer näherrollen, die den voraneilenden Soldaten zu folgen schienen, deren Stimmen nun ganz in der Nähe wie rasch in Bewegung geratendes Geplänkel zu hören waren. Sie nahm am Küchentisch Platz und setzte den Jungen auf den Schoß, um ihm ein Honigbrot zu schmieren, als die Soldaten in die Küche eindrangen. Die dort Versammelten erhielten den Befehl, sich vor das Haus zu begeben. Sie wurden mit hastigen Bewegungen nach draußen getrieben, Schreie und Rufe feuerten sie an, eine kleinere Gruppe von Soldaten durchstöberte die Scheunen, eine andere machte sich im Haus breit. Man drängte die Bewohner an die Wand und ließ sie dort mit erhobenen Armen stehen; ihnen gegenüber wurde ein Maschinengewehr aufgepflanzt. Aus einer Scheune wurden zwei deutsche Soldaten gezerrt, die desertiert waren und sich dort versteckt hatten. Sie wurden hinter das Haus getrieben und dort verprügelt. Ihre Schreie schreckten den Jungen auf, der neben der Mutter stand; sie redete auf ihn ein, aber er begann zu weinen. Als sich der ganze feindliche Trupp vor dem Haus versammelt hatte, erhielten die Frauen die Erlaubnis, das Kind hineinzubringen. Meine Mutter nahm den Jungen auf den Arm, die Schwester begleitete sie, die anderen folgten. Drei Amerikaner gingen mit ins Haus, um dort Wasser zu trinken. Die Frauen mußten eine Probe nehmen, die Pumpe wurde bedient. Dann setzte sich meine Mutter an den Tisch, das Honigbrot, das sie zuvor dem Jungen geschmiert hatte, lag noch auf einem Teller. Sie drückte es ihm in die Hände, er nahm es und wollte zubeißen, als die Granaten in den Raum einschlugen.

Während die anderen sich hinwarfen, blieb sie noch immer sitzen. Ein Artilleriegeschoß war ins Schlafzimmer eingeschlagen, die Wand zur Küche war durchbrochen, Schränke und Möbel zerstört, im Stall hatte sich das Vieh losgerissen.

Meine Mutter fuhr sich über die Stirn, ein Splitter

hatte sie dort gestreift, sie blutete ein wenig, war jedoch sonst unverletzt, während ein anderer, kräftigerer Splitter dem Kind in den Hinterkopf geschlagen war.

Sie richtete den toten Körper auf und begriff nicht, was geschehen war, als der Junge immer von neuem zurückfiel, einknickte und ihr schließlich aus dem Schoß zu fallen drohte. Die Maschinengewehrsalven der Amerikaner schlugen weiter unten im Wald ein, wo die versteckt feuernde deutsche Artillerie in Stellung gegangen war.

Als der Gefechtslärm aber gleichsam vor den Toren und über den Dächern des Gehöftes aufbrauste und es schon klang, als gebe es keine Ruhe, bis auch dieses Versteck mit allen Mauern im Boden versunken sei, sollen die einander feindlichen Truppen plötzlich einen hohen, wie aus der Ewigkeit des Gerichts herrührenden Schrei gehört haben, einen Laut, wie man ihn sich nicht habe vorstellen können, ein Trompeten über alle menschlichen Kräfte hinaus, das den Gefechtslärm mit einem Schlag, ohne daß dies vorher zu erwarten gewesen wäre, zum Verstummen brachte.

Sie soll die Hoftür geöffnet haben, sie soll mit dem Kind auf dem Arm hinausgekommen sein, gerade in die Schußlinie der feindlichen Lager. Niemand, sagt man, habe sich hinterhergewagt, alle hätten den Atem angehalten, und die Stille sei nun endgültig die eines Endes gewesen, das man sich nicht fürchterlicher habe denken können.

Wahrhaftig sei es auch nicht mehr zu Auseinandersetzungen gekommen, die deutsche Artillerie habe ihre Stellung wohl aufgegeben und ein Großteil der amerikanischen Soldaten habe sie ins Tal verfolgt. Die anderen hätten sich auf dem Hof breitgemacht, seien aber dort nicht zur Ruhe gekommen, ebensowenig wie die Bewohner, da meine Mutter mit dem Gestorbenen auf den Knien unter einem Kirschbaum gehockt habe, von nun an stundenlang, ohne noch einen einzigen Laut von sich zu geben, ja die ganze Nacht hindurch, ohne Bewegung, ja auch den ganzen folgenden Vormittag, bis man der wie Versteinerten das Kind habe aus den Händen reißen müssen, um es vorläufig in der Nähe zu begraben. In dem Augenblick jedoch, in dem sie den Körper des Jungen nicht mehr habe spüren können, sei sie, wie einige sagen, zur Seite gefallen und habe dort, wo sie so lange gesessen, noch Stunden gelegen.

Ich saß bis zum frühen Abend in der Nähe des Gehöfts. Der Wind war stärker geworden. Einmal war auch der Bauer herausgekommen, er war in der Scheune verschwunden. Später sah ich ihn nicht mehr. Oh nein, ich stand nicht auf, um hinunterzugehen. Ich wartete, bis es dunkelte. Dann machte ich mich auf den Heimweg. Die Obstbäume, unter denen man meinen Bruder beerdigt hatte, bewegten sich leicht. Das Hoftor schlug noch immer gegen den Rahmen. Ich umrundete das Gehöft und konnte nun auch die Stallungen von der Seite aus erkennen. Ich stand noch einige Minuten still, dann ging ich über die Wiesen, dicht an den Gebäuden vorbei. Niemand war zu erkennen, nur das Rasseln der Viehketten war zu hören.

Ich nahm nicht denselben Weg, den ich gekommen war. Ich bog vielmehr vom Feldweg ab und lief, ohne mich länger zu besinnen, durch den Wald, hinab in die Schlucht, bis ich den Brölbach erreichte.

Man hatte die Kiste, in der man meinen Bruder beigesetzt hatte, nach einigen Tagen wieder ausgegraben. Der Hecker Bauer hatte sie auf das Fuhrwerk geladen und sie nach Knippen gebracht. Der Leichnam war in einen Sarg gebettet worden, dann hatte man ihn auf dem Friedhof begraben. Meine Mutter war der Beerdigung fern geblieben.

Mit diesen Ereignissen hatte der Krieg in Knippen ein Ende gefunden. Man hatte angenommen, daß Henner während der Kämpfe in Berlin gefallen sei.

Da es spät geworden war, lief ich immer schneller. Plötzlich fiel die Dunkelheit in die Wälder ein, und ich konnte den Weg kaum noch erkennen. Ich stolperte, kam aus dem Tritt, verlor für einen Augenblick die Orientierung, hielt ein, aber die Dunkelheit schien sich nur noch dichter zusammenzudrängen, so daß ich langsamer gehen mußte. Ich versuchte, meine Gedanken zu ordnen, aber es gelang mir nicht. Was hatte ich gesehen, was hatte ich gehört? Wer war ich, was hatte mich hinauf zu dem abgelegenen Gut getrieben, dessen Namen ich in der Kinderzeit nie verstanden hatte, obwohl er mir unzählige Male zu Ohren gekommen war? ›Hecke‹ – ich hatte nie begriffen, daß es sich um einen Flecken, zwei, drei Gebäude, einige Scheunen, Obstbäume, einen Hof handelte; der Name war für mich ein Wort des unbedingten Erschreckens gewesen, den man in Gegenwart meiner Mutter nie hatte aussprechen dürfen. Es war der Name der Trauer, ihres Weinens, des Murmelns, der geheimen Gebete. In ihm hatte sich ihr ganzes Dasein vor mir verborgen, in diese seltsamen Laute hatte sie sich zurückgezogen; ich hatte sie im stillen vor mich hingesagt, aber nichts hatte sich gerührt, nichts verändert. Es waren verbotene Laute wie manche andere auch, aber diese lösten eine gesteigerte Unruhe aus, das Aufstehen meiner Mutter, das Entsetzen, das Hinauseilen, die Rufe des Vaters, der ihr hinterherstürzte. Was hatte ich gesagt, wogegen hatte ich, das Kind, verstoßen? ›Hecke‹ – für mich war es der Name der dunklen Sträucher, die unser Grundstück umzäunten, ein Name, an dem ich nichts Merkwürdiges entdeckte. Ich erinnerte mich an die Kindertage, an denen ich meine Mutter mehrmals in der Woche auf den Friedhof begleitet hatte, um am Grab meines Bruders einen Strauß in die Blumenvase zu stecken, ich erinnerte mich an die vielen Gebete, die wir gemeinsam, vor dem Grab stehend, gesprochen hatten, ich erinnerte mich daran, daß sie mich festgehalten, mich an der Schulter genommen und vor den Grabstein geführt hatte, auf dessen buntem Mosaik ein weißer Engel dem blau angedeuteten Himmel zustrebte. ›Er ist in Hecke gestorben‹, hatte sie einmal gesagt, aber auch das hatte ich nicht verstanden, und ich hatte es weiter mit den unheimlichen, dunklen Sträuchern in Verbindung gebracht und mich später geweigert, in ihrer Nähe zu spielen, wofür man zunächst keinen besonderen Grund hatte erkennen können. Auf dem Friedhof hatten wir meist unbeweglich gestanden, und ich hatte nur begriffen, daß mir mein Bruder genommen worden war, daß ich nun allein lebte, ohne ihn, mir aber noch immer seine Aufsicht und Fürsorge galt, denn wer konnte er anders sein als der weiße Engel, der ins angedeutete Blau strebte, die Hände erhoben? Oh ja, als ich den Friedhof verließ und meine Mutter noch immer schwieg, mich am Arm nahm, mich hinausführte, unterhielt ich mich leise mit ihm, dem, der schon vor mir da gewesen und auf unergründliche Weise unter die Engel geraten war. Wie kam man dorthin, was spielte sich ab im Himmel, warum ließ man mich auf dieser Erde allein? Ich flehte den Bruder an, und ich hatte ihn oft angefleht, an jedem Nachmittag, an dem wir auf den Friedhof gegangen waren, ich hatte gebetet, ihn herab auf die Erde gewünscht, zurück unter die dunklen Sträucher, unter denen etwas von ihm verborgen sein mußte; aber nie hatte ich eine Antwort erhalten. Mit der Zeit war mein Inneres in Aufruhr geraten, er ließ mich allein, er war da, unter uns, stand zwischen mir und der Mutter, ich ahnte es doch, sie unterhielt sich mit ihm, sie sprach, murmelte, flüsterte ihm zu, ich hörte die merkwürdigen Laute, von denen ich keine Silbe verstand, aber er rührte sich nicht, blieb vor mir verborgen. Kleidete er sich nur vor den Augen meiner Mutter in ein weißes Gewand, um lebendig zu werden, konnte man die kleinen Mosaiksteine nicht von der Farbe befreien, sie wieder in jenes Grau verwandeln, das man an den anderen Grabsteinen entdeckte? Ich hatte es einmal versucht, einmal war ich heimlich auf den Friedhof gegangen, aber die Steine hatten mir widerstanden, sosehr ich auch mit den Fingern gekratzt hatte, der Engel verschwand nicht, er bewegte sich nicht, ich gab erschöpft auf und setzte mich neben das Grab. War ich ungeduldig mit meinem Bruder, behandelte ich ihn falsch, in welcher Sprache mußte ich ihn anreden, um ihn zu erreichen, dieses starre Herz zu bewegen, diese Worte aus seinem Mund zu entlocken, die er meiner Mutter zu entgegnen schien? Denn sie lächelte häufig, wenn sie mit mir vor dem Grab stand, sie lächelte über diesen Grabstein hinweg, sah ihn wohl nicht einmal mehr, lächelte in sich hinein, als habe der Bruder in ihr sein Leben wieder begonnen, Worte gewechselt, das Lächeln erzeugt. ›Du‹, sagte ich, als ich vor dem Grab stand, ›du sprich‹, aber es tat sich nichts, ich wartete, ich horchte in diese Stille hinein, meine Mutter beugte sich zu den Pflanzen hinab, zupfte an den Blättern, säuberte die Grabumrandung, wechselte die Blumen aus; kam er ihr entgegen, führte er am Ende ihre Hand? Ich wußte, daß dieses Grab ihn nicht verbarg; nein, er war nicht einmal gestorben, vielleicht mochte er unter den dunklen Sträuchern liegen, aber auch das konnte ich nicht glauben. Er war überall, er begleitete mich auf den Spaziergängen, bei den Spielen – ich hielt ein und überlegte, was er gesagt hätte; er lief mir voraus und beobachtete mich, als ich das Grundstück betrat, er war der Erstgeborene, ich war der Nachkömmling, der ihm die Worte anbot, der ihm gefallen mußte, der seinen Blicken nirgends entging. Wo lebte ich? Mehr in ihm als in mir. Ich war der Zeuge seiner Wiedergeburt, ich schrieb seine Geschichte weiter; indem ich wuchs, gewann auch er wieder an Leben.

Als ich den Wald verließ, atmete ich auf. Ich erreichte Brückhöfe und erkannte aus der Ferne Hackers Wohnhaus, in dem Licht brannte. Ich ging langsam vorbei. Noch immer standen die Fenster offen – aber wieviel Zeit war inzwischen vergangen! Ich kehrte in einem Gasthof in der Nähe der Sieg ein. Der Wirt begrüßte mich, es war ein ruhiger Samstagabend, nein, es war nichts geschehen, zwei Männer saßen an der Theke und blickten zum Fernsehapparat, ich bestellte ein Käsebrot und ein Glas Wein, ich lehnte mich auf dem Stuhl zurück.

Zum ersten Mal seit langer Zeit hatte ich eine beinahe unwiderstehliche Lust, mich mit anderen, fremden Menschen zu unterhalten. Ich stand auf und setzte mich zu den Männern an die Theke. Sie schauten mich an, dann deutete einer von ihnen mit dem Kopf zum Apparat und grinste. Der Wirt stellte mir das Glas hin, und die Männer hoben ebenfalls ihre Gläser und prosteten mir zu. Sie erklärten mir die Handlung des Films, die sie wohl schon eine Zeitlang verfolgt hatten. Ich hörte zu, ich verstand, ich aß mein Brot, stellte noch einige Fragen und schaute den Film mit den Männern bis zum Ende an. Es waren keine weiteren Gäste in die Wirtschaft gekommen. Wie gesagt, es war ein ruhiger Samstagabend, nichts weiter, die meisten Knippener saßen wie immer zu dieser Zeit vor ihren Fernsehgeräten.

Ich bezahlte, verabschiedete mich und ging hinaus. Der Wind! Hatte ich ihn den ganzen Tag nicht bemerkt? Hatte ich die Wolken nicht gesehen? Vielleicht würde es noch an diesem Abend regnen. Ich beeilte mich, nach Hause zu kommen und versuchte, nicht an Hecke zu denken. Ich erinnerte mich an den gestrigen Abend, meine Tante hatte mit der Erzählung von der Heimkehr meines Vaters nach Knippen geschlossen. Auch diese Geschichte hatte ich in all ihrer Vollständigkeit erst von ihr erfahren. Ich überlegte. Während ich mich an die Einzelheiten zu erinnern versuchte, drängten sich mir die Bilder des Tages auf. Ich schüttelte den Kopf. Was hatte die Tante erzählt? Ich mußte es langsam wiederholen; ich mußte es vor mich hindenken, dann verschwand das andere.

›Wir erfuhren‹, hatte meine Tante gesagt, ›von Henners Heimkehr an einem Tag im Mai. Ein Kriegskamerad meldete sich in unserem Elternhaus. Er war mit dem Fahrrad zurückgekommen und hatte sich in der Nähe der Kreisstadt von Henner verabschiedet, den er ein Stück begleitet hatte.

Henner hatte den Endkampf in Berlin miterlebt. Er war mit seinem Trupp nach Mariendorf verschlagen worden; von allen Seiten hatten die feindlichen Kräfte den Druck auf die Stadt verstärkt. Schließlich lagen die russischen Soldaten kaum fünfzig Meter von dem Schützengraben entfernt, in den sich Henner mit seinen Leuten zurückgezogen hatte. Den Angriffen war man nicht mehr gewachsen; wenige Schritte neben dem Graben war eine Granate eingeschlagen, deren Splitter Henner in Arme und Beine getroffen hatten. Er hatte sich aus dem Graben gewälzt, mit stark blutenden Wunden war er herausgekrochen, einige Kameraden hatten ihm geholfen und ihn mitten im Gefecht, während ganz in der Nähe die Geschosse eingeschlagen waren, in eine Seitenstraße gezerrt. Dort hatte man sich im Keller eines Miethauses verborgen gehalten, bis – durch einen jener unaufklärbaren Zufälle – später ein Lastwagen vorbeigekommen war, der die Verwundeten aufgesammelt und sie in ein Krankenhaus gefahren hatte. Dort waren die Uniformen sofort verbrannt worden, kurze Zeit darauf hatten die Russen das Haus besetzt.

Nach den Kontrollen durch die Besatzungstruppen, die zu keinem Ergebnis geführt hatten, hatte Henner Wochen später, als die Verpflegung eingestellt worden war und die Kranken den Befehl erhalten hatten, den Heimweg auf eigenen Füßen anzutreten, das Haus auf

Krücken verlassen. Ein paar Kameraden schlossen sich ihm an. Nach tagelangen Märschen und Kontrollen hatten sie die Elbe erreicht, wo eine unübersehbare Menschenmenge darauf wartete, den Fluß überqueren zu dürfen. Henner war mit der Besatzung eines französischen Schleppers ins Gespräch gekommen, die ihn und einen Kameraden, der ebenfalls nur mit Krücken vorwärtskam, wohl aus Mitleid einsteigen ließ, um überzusetzen.

Der Marsch führte weiter bis Kassel. Dort trennten sich die beiden, und Henner humpelte weiter, tagelang, bis ihn ein Wagen ein Stück mitnahm. Mitte Mai hatte er das Siegerland erreicht, über zerstörte Eisenbahnstrecken, durch gesperrte Tunnels ging es weiter, an der Sieg entlang. Da hatte er den Kameraden getroffen, der uns später benachrichtigt hatte.

In Knippen hatten sich nach der Meldung sofort einige Männer mit dem Traktor zu ihm auf den Weg gemacht. Katharina hatte sie nicht begleiten wollen. Sie ging ihm auch nicht entgegen, als sie den Wagen sehen konnte, auf dem man ihn heimbrachte, ja, als sie ihm dann gegenüberstand, wich sie mit einem Mal voller Entsetzen vor ihm zurück.

Auf die Frage, wer sie denn sei, daß sie sich vor ihrem eigenen Mann fürchte, hatte sie dann später geantwortet, daß sie sich das plötzliche Erscheinen dieses Soldaten nicht anders habe erklären können als durch das Zutun eines Schutzengels. Sie habe aber, als sie den Mann in seiner abgerissenen Kleidung erkannt habe, daran gedacht, daß dieser Schutzengel, der ja niemand anders als das getötete Kind habe sein können, sich an der eiternden Wunde des heimgekehrten Hinkenden satt getrunken habe, um in der Gestalt dieses Mannes zu überleben . . .‹

Am späten Abend erreichte ich das Haus. Der Regen hatte eingesetzt. Ich dachte daran, daß es der letzte Abend war, den ich allein verbringen würde. Was sollte ich tun?

Nun läge meine Mutter bereits im Bett, doch sie könnte nicht schlafen. Innerlich würde sie sich auf die Heimkehr vorbereiten, sie würde überlegen, ob sie nichts vergessen hätte, sie würde sich vorzustellen versuchen, wie ich sie empfänge. Sie läge auf dem Rücken, die Arme zu beiden Seiten des Körpers ausgestreckt; sie würde zur Decke des Zimmers aufblicken und eine Zeitlang die Risse und Sprünge im weißen Putz verfolgen. Manchmal würde sie den Kopf zur Seite legen, um die tiefen Atemzüge meines Vaters besser hören zu können. Dann wäre sie beruhigt, dächte aber noch immer mit einiger Besorgnis an mich. Die Frage, die ich ihr auf dem Bahnsteig gestellt hatte, wäre ihr nicht aus dem Sinn gegangen. Auch in dieser Nacht hätte sie sich alles noch einmal gründlich überlegt, aber es wäre ihr schwer gefallen, bestimmte Phasen ihrer Erinnerung wachzurufen. So wäre sie die alten Geschichten, über die sie längst verfügte, noch einmal durchgegangen. Es hätte sie sehr gewundert, daß ich mich plötzlich dafür zu interessieren begann; sie hätte es sich nicht erklären können. Sie würde sich nach einer Weile auf die Seite gelegt haben, aber auch in dieser Lage hätte sie der Schlaf nicht eingeholt, nein, im Gegenteil, mit der Zeit wäre ihr wärmer geworden, irgendwann wäre sie aufgestanden, um die

Stirn gerade oberhalb der alten Narbe zu kühlen. Sie hätte sich wieder ins Bett gelegt, auf den Rücken, ein paar schwer verständliche Sätze wären ihr eingefallen, sehr plötzlich, wie Blitze, die keine Spuren zurückließen. Erst tief in der Nacht wäre sie eingeschlafen, für zwei oder drei Stunden.

Gestern abend hatte ich – wie gewöhnlich – noch eine halbe Flasche Wein geleert, den Rest aber mit ins Blockhaus genommen. Ich hatte geschrieben, doch meine Unruhe war immer stärker geworden. Ich hatte mich später auf die kleine Liege gelegt, war aber nicht eingeschlafen.

Als es am Morgen hell wurde, ging ich wieder ins Haus. Erst jetzt übersah ich die Unordnung, die ich während der letzten Tage angerichtet hatte. In der Küche standen Flaschen, Gläser und Teller herum, im oberen Stockwerk hatte ich die Schubladen aus den Schränken gezogen, Zeitungsausschnitte, Photographien und Briefe lagen verstreut auf dem Boden.

Ich ließ mir ein Bad einlaufen und machte mich daran, die Zimmer aufzuräumen. Es kam mir vor, als hätte ich bereits seit Monaten hier gehaust. Ich trug die Flaschen in den Keller und stellte sie in einem Karton zusammen, ich schaffte das Geschirr ins Spülbecken und goß die Zimmerpflanzen, ich drehte einige Runden durch die Zimmer und versuchte mich immer wieder daran zu erinnern, wie es noch vor einer Woche hier ausgesehen haben mochte. Ich nahm ein Bad, trocknete mich ab, zog mir die bereitgelegte frische Wäsche an und ging noch einmal nach draußen. Die Rotbuchen würden anwachsen, da war ich sicher! Im Blockhaus lagen meine Zettel, die Notizen und Aufzeichnungen auf dem Boden; ich öffnete die beiden Fenster, und der Wind fuhr herein und schob die kleineren Papiere an der Wand zusammen. Ich setzte mich und begann sie zu ordnen.

Wieviel war geschehen in dieser einen Woche, ununterbrochen war ich der Spur der Geschichten gefolgt. Ich konnte meine Mutter erwarten, sie würde mir nichts Neues mehr erzählen können. Sicher würde sie ansetzen, um mich zu überraschen, aber ich würde es nicht mehr zulassen. Ich brauchte mir nicht mehr die Ohren zuzuhalten, ich brauchte nicht mehr davonzulaufen. Ein Wink zu diesen Papieren hin würde genügen, sie müßte sich über sie beugen, sie würde Tage brauchen, sie zu lesen, und, am Ende, fänden wir vielleicht zu einem Gespräch, zu dem es bisher nie gekommen war. Nun hatte ich ihr jedoch etwas entgegenzusetzen, der melodische Klang ihrer Stimme, dieses Auf und Ab der Sentenzen könnte mich nicht mehr verführen, es wäre schon alles gesagt.

Ja, für einen Augenblick überkam mich das intensive Gefühl der Zufriedenheit und des Stolzes. Alle Angebote, das Grundstück zu verlassen, hatte ich ausgeschlagen, ich hatte nicht nach rechts, nicht nach links geschaut, die Tage und Nächte waren gleichsam zu einem einzigen Traum zusammengewachsen, aus dem ich jetzt aufgewacht war. Ich numerierte die Seiten der Aufzeichnungen und legte sie ordentlich aufeinander. Ein großer Stapel, die manchmal wild ausholende, bis an den Rand wuchernde Schrift, die durchgestrichenen Zeilen, die kleinen Korrekturen, die ich hatte anbringen müssen! Sollte ich alles noch einmal durchgehen? Nein, es sollte so stehenbleiben, wie ich es im ersten Entwurf aufgeschrieben hatte; nun kannte ich auch das Ende der Geschichte, ich würde es am Nachmittag, um bis zum Abend auf jeden Fall fertig zu sein, hinzufügen.

Dann ging ich ins Haus zurück. Ich räumte die Schubladen vollständig aus und sortierte die überall verstreuten Hefte und Alben wieder hinein. Die Briefbündel schnürte ich zusammen und legte ihnen kleine Kärtchen bei, auf denen ich die Briefdaten vermerkte. ›Knippen – Berlin, Berlin – Knippen‹, sagte ich leise vor mich hin, so daß allmählich fast eine Melodie daraus wurde. Ja, ich brummte in mich hinein, das Gefühl, eine anstrengende Tätigkeit hinter mich gebracht zu haben, ließ mich sogar aufjubeln, als das Telefon läutete. Frank war am Apparat. ›Alles in Ordnung?‹ fragte er vorsichtig, ›wir machen uns Sorgen.‹ ›Ach was‹, antwortete ich, ›es ist alles vorbei. Ich fühlte mich nicht wohl, eine Schwäche, eine vorübergehende Übelkeit.‹ ›Hast du was vor am nächsten Wochenende?‹ fragte er mich. ›Nichts‹, sagte ich lachend, ›gar nichts.‹ ›Wir fahren nach Köln?‹ bohrte er weiter. ›Wir fahren‹, sagte ich. ›Machen wir unsere Erfahrungen?‹ lachte er. ›Machen wir‹, erwiderte ich. Dann legte ich auf.

Ich atmete durch, ging noch einmal durch die Räume, zupfte hier und da an den Tischdecken, ließ das Spülwasser einlaufen und wusch das Geschirr ab. Dann fuhr ich mit dem Wagen in den Ort, um frische Blumen zu holen. Das Geschäft lag am Bahnhof. Ich besorgte einen großen Strauß und schaute noch einmal auf dem Ankunftsfahrplan nach. Ja, ich hatte mir die richtige Zeit eingeprägt. Ich fuhr zurück, verteilte die Blumen in die Vasen und ging wieder nach draußen. Ich holte ein paar

Gartengeräte aus dem hinteren Abstellraum der Garage und harkte die Beete auf, aber schon nach kurzer Zeit verlor ich die Lust. Hatte ich nicht genug getan? Warum bemühte ich mich so? Ich stellte die Harke gegen einen Baum und setzte mich auf den Sonnenplatz. Es war trüb, ab und zu kam die Sonne für einen Moment durch.

›Warum bemühe ich mich so?‹ wiederholte ich laut. Oh, ich hatte mich immer bemüht, vielleicht mein Leben lang. All meine Versuche und Übungen hatten keinem anderen Ziel gegolten, als ihr zu gefallen. Und sie hatte es genossen! Um wen, um was auf der Welt hatte sie sich mehr gekümmert als um mich? Seit dem Tag meiner Geburt hatte sie mich bewacht, seit den Stunden, da man ihr nach einer mehrstündigen Operation das widerstrebende, niesende, schreiende Geschöpf gezeigt hatte, das ihrer jahrelangen Furcht für immer ein Ende setzen sollte. Noch geschwächt von der anstrengenden Geburt, hatte sie es zu sich gezogen, sie hatte es fühlen wollen, um ihre Befürchtungen zu vertreiben, sie wollte ihm in die Augen schauen, um alle Ungläubigkeit loszuwerden. Hielt sie wahrhaftig ihr Kind in den Händen?

Nach Ende des Krieges war sie nicht fähig gewesen, Kontakt zu anderen Menschen aufzunehmen. Sie hatte sich völlig zurückgezogen, vor sich hingebrütet und in einer Apathie gelebt, aus der sie auch Henners Rückkehr nicht hatte befreien können. Man hatte sich nicht zu helfen gewußt. Morgens war sie zum Friedhof gezogen, Blumen in der Hand, um Stunden am Grab zu verbringen, bis einer ihr nachgeeilt war, um sie zurückzuholen. Sie achtete auf nichts mehr, sie weinte nicht, sie sprach zu niemandem, sie ging, zusammengesunken, eine scheinbar unheilbar Kranke, neben den anderen her, als müsse man ihr die einfachsten Bewegungen wieder beibringen. Alle hatten versucht, sie zu trösten, alle hatten auf sie eingeredet, doch sie hatte sich als nicht ansprechbar erwiesen, ihr Kopf war zur Seite gefallen. Bei den Aufräumungsarbeiten hatte sie nicht helfen können. Erst als ihr Bruder nach Hause zurückgekehrt war und das Haus sich wieder belebt hatte, hatte sich ihr Zustand etwas gebessert. Die meisten schrieben es den Gesprächen zu, die der Bruder mit ihr zu führen versuchte. Er nahm sie am Arm, er ging mit ihr zum Friedhof und begleitete sie auf kurzen Spaziergängen, die sich bald in die weitere Umgebung ausdehnten. Er versuchte, sie an die neuen Wirklichkeiten zu gewöhnen, aber sie hatte ihm lange Zeit nur zugehört, bis er erreicht hatte, daß sie die Mahlzeiten, die man ihr hingestellt hatte, wieder anrührte. ›Du gehst zugrunde‹, hatte er ihr gesagt, ›wenn du so bleibst, gehst du zugrunde.‹ Diese Sätze hatte er oft wiederholt, sie kamen in ihren Gesprächen immer wieder vor, sie nahm die Worte in sich auf, sie wirkte verstört und erschreckt.

Doch als die anderen schon längst wieder ihren Alltagsgeschäften nachgegangen waren, hatte sie noch immer in ihrem Zimmer gesessen und war auch Monate später nicht dazu zu bewegen gewesen, Henner zu folgen. Ihm war eine neue Dienststelle zugewiesen worden, eine Stadt weit im Norden. Er sehnte sich danach, wieder mit der Arbeit zu beginnen. Die Strecken waren neu zu vermessen, die während des Krieges unterbrochenen Tätigkeiten sollten in anderer Form fortgesetzt werden. Nun diente alles dem ›Wiederaufbau‹.

Er hatte sich um den Umzug gekümmert, da der Arzt abgeraten hatte, meine Mutter zu belasten. ›Was willst du tun, wo willst du hin, was sollen wir noch auf uns nehmen?‹ hatte sie gefragt, und Henner hatte ihr keine überzeugenden Antworten zu geben gewußt.

Es hatte fast ein ganzes Jahr gedauert, bis sie meinem Vater in den Norden nachgereist war. Carl, ihr Bruder, hatte kurz nach seiner Heimkehr die Stelle eines Pfarrers in einem kleinen Ort erhalten, der ganz in der Nähe von Knippen lag. Da sie nicht mehr länger im Elternhaus hatte bleiben wollen und in Knippen bei jedem Gang an die Kriegsereignisse erinnert wurde, zog sie zu ihm ins Pfarrhaus. Sie erhielt ein schönes, helles Zimmer; allmählich übernahm sie kleinere Arbeiten, sie kochte, kümmerte sich um die Wäsche, räumte das Haus auf. An den Wochenenden ging sie mit dem Bruder spazieren. Manchmal sprach sie von der Vergangenheit, aber sie wollte nur von den Tagen in Freiburg und in der Schweiz etwas hören. ›Wie war es?‹ fragte sie Carl, und er begann langsam, ihre Erinnerungen wachzurufen. Zuweilen unterbrach sie ihn, um ihn zu verbessern. Da wußte er, daß sie sich allmählich an die veränderten Umstände gewöhnte.

Doch sie hatte nur noch auf einen Tag hingelebt, und dieser Tag war erst mit meiner Geburt Wirklichkeit geworden. Zwei Fehlgeburten hatten ihre Angst in den ersten Nachkriegsjahren ins Unermeßliche gesteigert; sie hatte sich einer ständigen ärztlichen Kontrolle unterzogen, die von ihr äußerste Ruhe verlangt hatte. Sie durfte das Wohnhaus nicht mehr verlassen, Straßenbahnfahrten waren ihr schon lange verboten worden, dann auch die Spaziergänge; sie glaubte nicht mehr daran, ein gesundes, lebendes Kind gebären zu können, sie rief die Schwester zu Hilfe, und wie schon vor beinahe zehn Jahren war die Schwester zu Hilfe gekommen, hatte den Haushalt übernommen, sich mit ihr unterhalten, die Tage der Vorsicht, des Zweifels, der Sorge geteilt.

Die Wehen setzten nicht ein, die Geburt verzögerte sich um Wochen, sie wurde ins Krankenhaus eingeliefert; wegen ihres fortgeschrittenen Alters fürchtete man um ihr Leben und um das des Kindes. Carl reiste an, Henner hatte sich Urlaub genommen, der Arzt schlief während der Nächte in einem kleinen Raum neben ihrem Zimmer. Als ihre Lage immer gefährlicher wurde und die Herztöne des Kindes unregelmäßigen Schwankungen unterworfen waren, entschloß man sich zur Operation. Am frühen Morgen wurde das Kind geboren.

Ja, sie hatte es, aus der Narkose aufwachend, ungläubig zu sich herangezogen; doch von diesem Tag an nahm sie sich vor, nicht mehr zu klagen, die Vergangenheit zu vergessen, ihr Leben dem Neugeborenen zu widmen.

Sie hat ihr Versprechen gehalten, sie ließ mich nicht mehr aus den Augen. Ich hing an ihren Kleidern, ich lief ihr nach, wenn sie sich von mir entfernte, ich fühlte mich nur wohl, wenn auch sie im Raum war. Sie dachte an mich mit einer Anhänglichkeit, von der ich mich nicht lösen konnte, sie weckte mich, kleidete mich an, spielte mit mir, führte mich hinaus, und ich lief zu ihr zurück, zog sie an der Hand, erwiderte ihr Lachen, freute mich, wenn ich sie vergnügt sah. Damals hatte sie den vor Henner zunächst geheim gehaltenen Entschluß gefaßt, in der Nähe des Heimatortes Knippen ein Haus zu bauen. Sie fuhr mit mir zu den Großeltern, wir gingen gemeinsam spazieren, sie erklärte mir die Umgebung, wie sie sie einmal Hacker erklärt hatte. Schließlich glaubte sie, einen geeigneten Bauplatz gefunden zu haben. Er lag weit genug von Knippen entfernt, in der Einsamkeit der großen Waldungen nördlich des Dorfes. Sie borgte sich das Geld von den Eltern und kaufte das Grundstück, ohne Henner gefragt zu haben. Dann ließ sie ihn nachkommen und zeigte ihm alles. Auch er freute sich, sie lebte wieder auf, machte Pläne, ließ sich die Bauskizzen zeigen, kletterte auf die Gerüste des Baues, trieb die Handwerker an – und ich zog hinter ihr her, die Sprossen der Leitern hinauf, unter das Dach, auf den Balkon, hinab in den Keller, gemeinsam gingen wir die Räume ab, lehnten uns aus dem Fenster, spielten in den Abendstunden vor dem Rohbau, feierten das Richtfest, musterten das gedeckte Dach und zogen am Ende als erste in das neue Haus ein, ich an ihrer Hand, während der Vater uns folgte, dann auch die Großeltern, dann die Schwester und Carl, der Bruder. In diesem Haus bin ich aufgewachsen, wir verbrachten alle nur denkbaren Ferientage hier, sie wollte nicht verreisen, sie sehnte sich vielmehr danach, mich unter diesen hohen Bäumen umherlaufen zu sehen, mir nachzurufen, so daß ich mich hervorwühlte, ›hier bin ich‹, mir entgegenzulaufen, mich in die Höhe zu heben, um allen zu zeigen, wie gut es mir ging.

Ja, ich war ihr Dank schuldig, und ich versuchte, ihr diesen Dank zurückzuerstatten, ich reagierte auf ihre Worte, ich zögerte nicht, mich ihr zu zeigen, wenn sie mich suchte, ich nahm ihre Geschenke an, drehte sie lachend in den Händen, zeigte ihr, was man mit ihnen anstellen konnte, und sie nahm mich mit zu allen Gelegenheiten, die sich ergaben, denn diese Feiern, Treffen und Besuche galten nichts ohne mich. Im Haus ihrer Eltern spielte ich die ausgelassensten Rollen, ich trat auf wie ein König, ich wurde umgekleidet und zeigte mich in den seltsamsten Aufzügen. Denn ich war ja der Einzige, und ich wurde kräftiger, größer als die, die vor mir gewesen waren. Manchmal sprach man in meiner Gegenwart von ihnen, den totgeborenen, getöteten, gestorbenen Brüdern, von denen am Ende vier am Leben gewesen wären, aber ich wußte sehr früh, daß meine Geschichte allein gegen diese abgebrochenen, nicht zu Ende geführten, angehaltenen Geschichten ankommen mußte. Ich hatte mich zu bewähren, und ich nahm dieses Angebot auf. Wer konnte übersehen, daß ich mir Mühe gegeben hatte ... wie konnte ich selbst danach fragen, warum ich mir soviel Mühe gegeben hatte?

Ich war auf meinem Sonnenplatz eingenickt. Als ich erwachte, war es schon recht spät. Ich hatte noch zu tun. Ich ging ins Blockhaus, um die Aufzeichnungen zu vervollständigen. Ich hatte zu beschreiben, was am gestrigen Tag geschehen war, ich setzte an, ich versuchte mich zu konzentrieren ... ich schrieb, ich schrieb ... ja, ich habe geschrieben, bis jetzt.

In zwei Stunden wird meine Mutter hier eintreffen. Ich habe mir vorgenommen, noch einmal nach dem Rechten zu schauen. Ich werde für eine halbe Stunde ins Haus gehen, um etwas zu essen.

Ich glaube, ich habe die alte Ordnung im Haus gut wiederhergestellt. Dennoch, sie wird etwas finden, das mir entgangen ist. Aber sie wird darüber hinweggehen und kaum ein Wort verlieren. Schon seit einigen Stunden sitzt sie im Zug. Sie wird sich einen Fensterplatz ausgewählt haben, sie hat noch nie während einer Zugfahrt gelesen, geschrieben oder eine andere kleine Tätigkeit ausgeübt. Nein, sie wird hinausschauen, den Oberkörper etwas nach vorne gebeugt, die Hände liegen im Schoß. Nichts wird ihr entgehen, sie ist eine aufmerksame Beobachterin. Früher hat es mich immer erstaunt, wieviel ihr auf solchen Fahrten aufgefallen ist. Manchmal sind wir in meiner Kindheit zu dritt verreist, später kam es nicht mehr dazu. Eine Zeitlang haben wir uns kaum noch gesehen.

Vielleicht untertreibe ich ein wenig. Wir haben uns einige Jahre nicht gesehen. Wie komme ich darauf? Ich habe ihr viele Gefallen getan, und ich kann nicht sagen, daß ich mich überfordert oder gar überanstrengt hätte. In gewissem Sinn genoß ich es auch, mich für sie zu mühen. Ich wurde ein guter, nein, ein sehr guter Schüler, ich lernte wie kaum ein anderer meiner Freunde, ich rechnete, notierte und schrieb – und sie hörte mich ab, ließ es sich vorlesen und nickte dazu. Ich eilte voran, ich übersprang eine Klasse, die besten Noten belohnten mich. Sie trieb mich nicht an, sie erlebte es mit; sie ließ mich erzählen, und sie erkundigte sich nach den kleinen Tagesereignissen. Mit mir feierte sie meine Erfolge, den kleinen Ruhm, den ich mir an der Schule erwarb, sie begleitete mich nach den Schulfeiern, bei denen ich ausgezeichnet worden war, nach Hause, und es mag uns beiden so vorgekommen sein, als wäre dies alles, was geschah, nur für uns bestimmt gewesen und als würden wir so in unsere angestammten Rechte eingesetzt.

Ich machte meinen Bruder vergessen, es wurde seltener nach ihm gefragt, aber noch immer mußte ich ihr auf den Friedhof folgen, an diesen kühlen Novembertagen, im Winter, wenn wir zu den Festen ins Siegerland gekommen waren, im Frühjahr, wenn sie wünschte, daß täglich neue Blumen aufs Grab gebracht wurden.

Nein, ich habe mich nie widersetzt, obwohl ich den Sinn, den sie mit solchen Spaziergängen verband, allmählich nicht mehr begreifen konnte. Ich geduldete mich, ich hoffte darauf, daß diese Gänge sich einmal erübrigen oder wenigstens seltener werden würden.

Seit dem Tag, an dem ich mich geweigert hatte, sie zu begleiten, lockerte sich unsere Verständigung. Ich hatte mich mit allen Kräften dagegen gewehrt, den Weg zu gehen; in einem mich selbst erschreckenden plötzlichen Anfall von Verdruß, Unlust und Eigensinn hatte ich darauf bestanden, zu Hause bleiben zu dürfen. Es war zum Streit gekommen, und ich hatte geahnt, daß ich mich zum ersten Male gegen sie verteidigen mußte, um nicht unterzugehen. Sie hatte es nicht verziehen, aber auch ich ließ in meinen Bemühungen nach. Ich war älter geworden, ich wollte nicht mehr auf ihre Worte hören, ich eilte aus dem Zimmer, wenn sie mit ihren Erzählungen begann, ich trieb mich endlich im Freien herum und tauschte mein schlechtes Gewissen gegen das Vergnügen ein, allein bestehen zu müssen. Wir hielten es nur noch schwer miteinander aus, es kam häufig zu Auseinandersetzungen, denn sie begriff nicht genau, warum ich mich von ihr entfernte. Ich ließ nach, besondere Leistungen lockten mich nicht mehr, ich wurde ruhiger, gleichgültiger. Ich dachte nicht mehr daran, mir von ihr meine Fähigkeiten bestätigen zu lassen. Ich verreiste lange Zeit und meldete mich nur noch selten bei ihr. Ich hatte den Ernst verloren, der mich früher so angetrieben hatte, ich wurde verschlossen, ein Liebhaber der späten Abendstunden, der den aufgeregten Ehrgeiz der anderen nicht mehr ertrug und ihre Menschheitsspiele verabscheute.

Doch – wie soll ich es sagen? Ich hatte den Funken verloren, der innere, geheime Zusammenhang meines Lebens war mir entglitten. Ich werkelte vor mich hin, ich studierte, trat in das Architektenbüro ein, übernahm Aufgaben und Verantwortung. Aber es hielt mich nicht fest. Die Tage vergingen, ohne daß es in mir aufgelodert wäre, ich schaute durch die anderen hindurch, sie gingen mich kaum etwas an, ich saugte mich an den kleinen Dingen fest, die mir noch Vergnügen machten . . .

Nein, ich will diese Geschichte hier nicht weiter fortsetzen. Bald wird meine Mutter eintreffen. Die Zeiten, von denen ich berichte, sind längst in Vergessenheit geraten. Wir haben uns beide verändert. Von Zeit zu Zeit besuche ich sie wieder.

Lieber will ich daran denken, daß wir in kaum einer Stunde vor dem Haus eintreffen werden. Warum eilen wir so, wenn wir aussteigen, ich das Gepäck beiseite stelle, sie aber auf die Türe zustrebt? Ein Beobachter könnte doch meinen, wir sprächen da miteinander. Das ist es aber nicht. Wir werfen uns lediglich Sprachbrokken zu, ich sagte es schon. Sie hört mir nicht zu, sie überbrückt vielmehr mit ihrem Sprechen nur unsere gemeinsamen Schritte bis zur Tür. Ja, merkwürdig, früher überkam mich ein seltsames Wohlbehagen, wenn sie die Tür öffnete. Es war doch, als käme ich nach Haus. Ich weiß, warum es jetzt anders ist, ich habe es in diesen Tagen erfahren.

Wäre am Ende aber doch ein Beobachter da? Manchmal denke ich, daß sie seine Blicke fürchtet und deshalb so schnell ins Haus drängt. Warum eilen wir sonst so? Mag sein, daß wir noch immer ineinandergehakt gehen, mag sein, daß sie sich jetzt von mir losgelöst hat, um den Weg zu bahnen. Denn – das muß ich doch sagen – manchmal geht sie beinahe, als habe sich ihr hier draußen einmal einer in den Weg gestellt. Sie will ihn aber wohl nicht mit Worten zur Kenntnis nehmen.

Ein Beobachter – mag es ihn denn geben – könnte wohl denken, sie zöge mich jetzt durch einen Strudel und ich liefe an dieser viel zu kurz geknüpften Leine, die sich erst löst, wenn wir beide vor der Türe stehen.

Ich kann mir die Verwirrung aber vorstellen, die einen Fremden überfallen könnte, wenn er sie beim Aufschließen des schweren Schlosses, dem mehrmaligen Umdrehen des Schlüssels sähe; dann nämlich löst der Schlüssel dieses mir sehr vertraute Knacken aus, als würde ein Stein zur Seite getreten und flöge nun fort, aber unerreichbar – wie soll ich es sagen – weit hinter den Horizont. Meist gehen wir gemeinsam hinein, während sich plötzlich ihr Sprechen verändert, ›nu hat sich wider alles verkeret‹, die alte Sprache hervordrängt, ›das hinder hervür, das voder hinhinder‹, und ich, ›das under gen berge, das ober gen tale‹, sacht hineingeschoben werde in diese Zimmer, mit diesen Schritten untergehe im Schlund ihrer Laute, der sich erst schließt, wenn die Tür dann ins Schloß fällt und es ihr – doch ganz gegen meinen Willen – wieder gelungen ist, den Schlüssel von innen umzudrehen, so daß jetzt, am Ende, sich kein Beobachter mehr zwischen uns drängen könnte.

Wird es so sein? Wird es sein wie immer? Komme ich noch dazu, sie in die Küche zu führen, ihre Aufmerksamkeit zu gewinnen oder zurückzuerhalten? Wird sie nicht auf mich einsprechen, mit mir durch die Zimmer eilen, und werden nicht ihre Worte meine Gedanken und Überlegungen allmählich beiseitedrängen?

Ich will ihr diese Blätter schenken. Meine Bemühungen haben ihr immer gefallen, soviel sie auch manchmal daran auszusetzen hatte. Stets hat sie den guten Willen anerkannt. Auch darum liebe ich sie. Vielleicht ist sie meine einzige verständnisvolle Zuhörerin, wenn man einräumt, wieviel in ihrem Verständnis verborgen ist. Nur wird sie nicht davon sprechen. Sie wird stumm bleiben, obwohl sie mich mit ihren Worten überhäufen wird, sie wird schweigen, obwohl wir versuchen werden, uns zu unterhalten.

Ich ahne, daß wir im großen Zimmer Platz nehmen werden; oh ja, sie wird erzählen, und ich werde ihr, ja ich werde Dir gegenübersitzen, um zuzuhören wie immer. Du wirst darauf achten, wie mir Deine Erzählungen gefallen. Du wirst Dich bemühen, sie für mich farbiger und lebendiger zu gestalten. Wir werden uns ein wenig vergnügen, Du wirst den Mantel längst abgelegt, Du wirst das Kleid längst gewechselt haben. Wie immer wird es Dir vor allem auf Deine Erzählungen ankommen, und Deine ganze Sorge wird meinen argwöhnischen Blicken gelten, die Deine Züge abtasten, die beobachten, wie es Dir geht, was Du betonst, was Du verschweigst. Nicht wahr, wir sind dieses Spiel schon lange gewohnt, wir beherrschen es gut. Ich stehe auf und hole zwei Gläser herbei, ich öffne eine Flasche Wein. Du wirst über die Blumen sprechen, die ich für Dich bereitgestellt habe, wir werden den Wein kosten. Du wirst Dich freuen, mit mir anzustoßen. Dann werde ich mich wieder zurücklehnen, um Dir zuzuhören ... Ich werde nicht einmal allzuviel Zeit finden, Dir diese Blätter zu geben. Du wirst sagen, daß Du sie später einmal lesen wirst. Du wirst sie beiseitelegen, und wir werden unsere Unterhaltung wohl fortsetzen. ›Hast Du Dich nicht zu sehr überanstrengt?‹ wirst Du mich fragen. ›Nein‹, werde ich antworten, ›ach was, denk' doch nicht daran ...‹

So könnte es sein, ich habe es mir in den letzten Tagen oft heimlich so vorgestellt. Jetzt weiß ich, daß diese Arbeit umsonst wäre, wenn ich bliebe. Verstehst Du mich auch? Hörst Du mir zu? Ich bliebe so gern, glaube nur nicht, daß ich etwas verberge; ich bliebe gern, aber Du siehst selbst, meine Arbeit wäre vergeblich gewesen. Verstehst Du mich?

Nimm mir nicht übel, wenn ich so kurz vor Deiner Ankunft verschwinde. Ich gehe jetzt hinunter ins Haus. Ich werde Dir eine Taxe bestellen, der Fahrer wird auf Dich warten. Mach Dir keine Sorgen, ich bitte Dich! Du wirst die Haustüre öffnen, um in die Küche zu eilen. Ich werde Dich nicht begleiten. Auf dem Tisch wirst Du diesen Stapel entdecken; ich werde ihn zuschnüren, sehr fest, so daß Du mit aller Gewalt die Kordel lösen mußt; ich werde einen kleinen Zettel beifügen. ›Wem sonst als Dir?‹ werde ich daraufschreiben, und vielleicht wirst Du die Frage erkennen. Ich habe sie abgelauscht, ich habe in den letzten Tagen nichts anderes getan. Aber ich habe das Haus gut gehütet, meine Notizen berichten Dir davon. Ich hoffe, wir sehen uns bald wieder. Ich wage nicht daran zu denken, daß Du all diese Blätter liest. Aber ich gehe jetzt, ich gehe. Adieu –

INHALT

Hanns-Josef Ortheil
in der Collection S. Fischer

Fermer
Roman
Fischer Taschenbuch Bd. 2307

2. Auflage

Ausgezeichnet mit dem Aspekte-Literaturpreis 1979

»Interessant an diesem Buch ist, was ich eine unaggressive Angst nennen möchte: Lethargie. Ortheil läßt seinen modernen Taugenichts in einer totalen Indolenz durch die Welt treiben ... Was Hanns-Josef Ortheil entworfen hat, ist ein Bild des Frosts: Gesellschaft als Packeis.«
Fritz J. Raddatz in *Die Zeit*

Mozart – Im Innern seiner Sprachen
Fischer Taschenbuch Bd. 2328

»Und kaum je zuvor, nicht bei Jahn und Abert, nicht bei Mörike und Annette Kolb, und auch nicht bei Hildesheimer, wähnen wir uns Mozart außerhalb seiner Musik so nahe, seiner Art zu denken und sich zu artikulieren wie in diesem Essay.«
Horst Koegler in *Stuttgarter Zeitung*

»Aber daß auch in Mozarts Briefen, nicht nur in seiner Musik, die Wirklichkeit dieses Menschen so enthalten ist, daß eine Annäherung bei genauem Hinhorchen gelingt, dies hat Hanns-Josef Ortheil eindrucksvoll gezeigt.«
Wolfgang Schreiber in *Süddeutsche Zeitung*

Hanns-Josef Ortheil erhielt 1982 den Förderpreis des Landes Nordrhein-Westfalen.